W0070247

Die in diesem Buch dargestellten Zusammenhänge, Erlebnisse und Thesen entstammen den Erfahrungen und/oder der Fantasie der Autorinnen und/oder geben ihre Sicht der Ereignisse wieder. Etwaige Ähnlichkeiten mit lebenden Personen, Unternehmen oder Institutionen sowie deren Handlungen und Ansichten sind rein zufällig. Die genannten Fakten wurden mit größtmöglicher Sorgfalt recherchiert, eine Garantie für Richtigkeit und Vollständigkeit können aber weder der Verlag noch die Autorinnen übernehmen. Lesermeinungen gerne an feedback@conbook.de

2. Auflage
© 2011 Conbook Medien GmbH, Meerbusch
Alle Rechte vorbehalten.

www.conbook-verlag.de

Projektleitung und Lektorat: Julia Kaufhold
Einbandgestaltung: David Janik, Linda Kahrl
unter Verwendung des Bildmotivs ©istockphoto.com/earleliason
Satz: David Janik
Druck und Verarbeitung: Ebner & Spiegel GmbH, Ulm

Printed in Germany

ISBN 978-3-934918-74-0

FETTNÄPFCHENFÜHRER

FRANKREICH

C'est la vie – aber wie?

Bettina Bouju und Johanna Links

Voilà, la France: Ein Lebenskünstler mit Schnurrbart und Baskenmütze schlürft im Café seinen Pernod, bevor er mit einem Baguette unterm Arm mit seinem Malerfreund eine schwarze Zigarette raucht. Der Malerfreund porträtiert gerade eine hübsche blonde Touristin, die sich Hals über Kopf in ihn verliebt, die Stadt nie wieder verlässt, um auf dem Montmartre Froschschenkel zu kochen.

Mal ehrlich: Was wissen wir eigentlich über Frankreich und die Franzosen? Wie ist französische Höflichkeit richtig zu verstehen? Warum ist eine Terrine keine Suppe und Bier zu *foie gras* kriminell? Und wie und wie oft küsst man sich eigentlich zur Begrüßung?

Paula, die als Austauschstudentin ein Jahr bei einer französischen Familie verbringt, muss erst in viele Fettnäpfchen treten, bevor sie so richtig ankommt. Und ihre Eltern Manfred und Eva sowie Bruder Anton, die in der Bretagne Urlaub machen, verstehen manchmal die Welt nicht mehr. Und dann ist da noch Katja, die mit einem Franzosen verheiratet ist, zwei Kinder hat, in Paris arbeitet und aus ihrem langen Erfahrungsschatz plaudert.

»Gegen Blamagen im käse- und baguettebegeisterten Nachbarland kann man sich mit dem ›Fettnäpfchenführer Frankreich‹ wappnen, der unterhaltsam in Form einer fiktiven Story um Teenager Paula von peinlichen Vorfällen in Paris erzählt.«
(börsenblatt - Wochenmagazin für Deutschen Buchhandel)

»Ich habe mich so köstlich amüsiert: Typisch, klassisch, zutreffend, witzig. 1001 Anekdoten über Mentalitäts- und Kulturunterschiede zwischen unseren befreundeten Heimaten...und doch so verschieden.« (Serge Lapierre)

Bettina Bouju schloss ihr Ethnologie-, Literatur- und Journalismusstudium in Hamburg mit einem Magister ab. Außerdem studierte sie Film an der HfbK (Hochschule für bildende Künste) Hamburg und ging nach ihrem Diplom 1999 mit einem DAAD Stipendium für ein Jahr an die Filmakademie in Bukarest, Rumänien.

Seit 2001 ist sie freiberuflich als Regisseurin, Autorin und Produzentin tätig.

Johanna Links hat an der Freien Universität Berlin den interdisziplinären Diplomstudiengang Frankreichstudien absolviert, ein Semester mit dem DAAD in Rennes/Frankreich verbracht und anschließend für den französischen Verlag Actes Sud in Arles gearbeitet.

Nach Stationen bei den Ullstein-Taschenbuchverlagen und Hoffmann und Campe in Hamburg ist sie jetzt Lektorin im Berliner Sachbuchverlag Ch. Links. Nebenher betreut sie Übersetzungen aus dem Französischen.

Inhalt

Inhalt

Inhalt

Inhalt

Inhalt

Inhalt

Inhalt

Für Julien und Johann

Einleitung

Wie die Füße am besten in den Teller stellen

Winston Churchill hat einmal so etwas gesagt wie »Bei den Engländern ist alles erlaubt, was nicht verboten ist. Bei den Deutschen ist alles verboten, was nicht ausdrücklich erlaubt ist. Bei den Russen ist alles verboten, auch was erlaubt ist. Und bei den Franzosen ist alles erlaubt, auch was verboten ist.« Was Frankreich betrifft, hat er damit auf jeden Fall recht: Wenn man über die Fettnäpfchen schreibt, die einem als Deutscher in Frankreich zur Verfügung stehen, dann lassen sich unendlich viele finden – oder gar keine. Denn einerseits fühlt man sich als Deutscher schon aufgrund seiner Erscheinung und seines Verhaltens wie ein einziges großes mobiles Fettnäpfchen und andererseits ist, wie die Franzosen sagen würden, alles erlaubt. Denn, so sehen das die Franzosen: Man darf in Frankreich alles tun, was nicht gegen das Gesetz verstößt. Fragt man also nach Regeln und sozialen Codes, bekommt man kaum eine Antwort; jedem bleibt selbst überlassen, welchen gesellschaftlichen Regeln er sich beugen will. Doch hinter dieser vermeintlich liberalen Oberfläche stecken umso rigidere soziale Codes. Denn die meisten Franzosen finden es selbstverständlich, sich an gewisse Regeln zu halten und zu wissen, dass man die Dinge »so und nicht anders« macht. Und genau aus diesem »Wie« meint man in Frankreich, eine »gute« oder »schlechte« Erziehung ablesen und

darüber auch auf den sozialen Stand des Einzelnen schlie-
ßen zu können. Theoretisch darf man also machen, was man
will, doch wehe dem, der das tatsächlich tut. Denn Franzosen
schätzen ihre Regeln und sozialen Codes; sie durchziehen
alle Teile der Gesellschaft: darunter die Etikette, die Mode,
ethische Fragen, die Kunst und die Literatur. Alles, was getan
wird, muss »in der richtigen Art und Weise« erfolgen. Denn:
Il faut *savoir vivre!* Gewusst, wie! Für die Deutschen bedeutet
der Begriff in seiner Übersetzung etwas vollkommen anderes
– unter *savoir vivre* verstehen wir in etwa: »Leben wie Gott in
Frankreich«. Also Essen und Schlemmen, bis Gott persönlich
vorbeikommt. Was für die Franzosen eine jahrelange strenge
Schule ist, hat sich in der deutschen Kultur durch Literaten
wie Goethe und Thomas Mann ins Gegenteil verkehrt:
Savoir vivre bedeutet bei uns die Kunst von unbeschwertem
Lebensgenuss, den gelassenen Umgang mit allen Anforderungen und Verwicklungen, die das Leben mit sich bringt,
bis hin zu dem Anspruch, das eigene Leben als Kunstwerk
zu gestalten. Während für Deutsche das *savoir vivre* also die
Kunst ist, die eigene Unvollkommenheit als kreative Quelle
zu erkennen und zu nutzen, ist für die Franzosen das *savoir
vivre* ein praktisches Regelwerk, das sicherstellt, dass die
eigene Unvollkommenheit nicht mehr sichtbar ist und so weit
verdrängt wird, bis sie, hoffentlich, ganz verschwindet. Perfektion ist das Ziel. Perfektion in Stil, Aussehen, Konversation,
in Höflichkeit und Freundlichkeit – hier nimmt die Liste gar
kein Ende. Wenn man in einem französischen *savoir-vivre*-
Buch blättert, dann finden sich dort Hinweise dazu, »wie man
es schafft, ohne große Anstrengung sowohl eine charmante
Gastgeberin zu sein als auch ein bewundernswerter Gast, eine

beneidenswerte Kollegin, eine vortreffliche Freundin und eine perfekte Verlobte«. Also, wie man sich praktisch immer und überall beliebt macht, indem man die Regeln mit solch einer Inbrunst befolgt, als hätte man sie selbst aufgestellt. Durch und durch muss man wissen, *ce qui se fait* (was man macht) und *ce qui ne se fait pas* (was man nicht macht).

Versuchen Sie gar nicht erst, perfekt zu sein! Das werden Sie sowieso nicht schaffen, schon an der französischen Sprache werden Sie wahrscheinlich scheitern. Außerdem gilt der *Boche*, *Teuton*, *Chleu* oder *Fritz* (alte Schimpfwörter für den deutschen Erbfeind) ohnehin als stillos, dick, rotgesichtig und schlecht angezogen. Hinzu kommt, dass die Franzosen als Sieger des Zweiten Weltkrieges den Deutschen gegenüber ein Überlegen-heitsgefühl entwickelt haben. Und auch die ältere Geschichte sagt den Franzosen, dass ihre Kultur das Maß aller Dinge ist: Während die Germanen noch in ihren sumpfigen, dreckigen Wäldern hausten, wurde in Frankreich schon der Champagner kalt gestellt und dazu eine heiße Wanne eingelassen – so überliefern das die Franzosen. Gegen all diese Klischees kommt man kaum an, ohne nicht selbst als etwas rückständiger Deutscher dazustehen. Versuchen Sie es also gar nicht erst, treten Sie lieber mit Genuss und Eleganz in die schönsten Fettnäpfchen, denn auf das »Wie« kommt es schließlich an!

Dieses Buch gibt Ihnen sowohl einen guten Einblick in die französische Kultur als auch einige praktische Tipps, wie Sie es schaffen, »ihre Füße in die größten Teller zu stellen« – *mettre les pieds dans le plat* heißt auf Französisch »ins Fettnäpfchen treten«. Dass das so heißt, ist kein Zufall, denn alles, was wichtig ist, hat in Frankreich mit Essen zu tun. Präsident Sarkozy ist nämlich nicht der Einzige, der findet »Wir haben die beste

Küche der Welt«: Ende 2010 hat die UNESCO das traditionelle französische Menü mit Aperitif, Vorspeise, Hauptgericht, Nachtisch, Käse und Kaffee zum Weltkulturerbe ernannt. Deswegen dreht sich auch in diesem Fettnäpfchenführer sehr viel um das Thema Essen. Unser Protagonist Manfred Fischer (Manni) genießt es auf seine Art, *il fait des gaffes* (auch ein Ausdruck für »ins Fettnäpfchen treten«). Er besucht mit Frau Eva und Sohn Anton seine Tochter Paula, die ein Austauschjahr in Paris verbringt, und entwickelt eine geradezu blinde Gewissheit darin, sich immer und überall die schönsten Fettnäpfchen auszusuchen. Paula kommt natürlich während ihres langen Frankreichaufenthaltes auch nicht drum herum, sich zu blamieren. Und sogar Katja, die Paula im Supermarkt kennenlernt, und die als Deutsche mit einem Franzosen verheiratet ist, in Paris lebt und arbeitet, weiß ganz genau, wie es sich anfühlt, plötzlich mit den Füßen in einem fremden Teller zu stehen. Lassen Sie sich das alles auf der Zunge zergehen! Wir wünschen *bon voyage et bon appétit*!

1   À la parisienne

Wie Paula zum ersten Mal französisch frühstückt

Paula konnte sich kaum daran erinnern, jemals so ein Glücksgefühl gehabt zu haben. Voller Energie und mit bester Laune stieg sie am Morgen aus dem Bett: Sie war in der Welt der Mode angekommen, in der Welt des Stils, des *savoir vivre* – sie war mitten in Paris. Ihr Leben lang hatte Paula sich vorgestellt, wie es sein würde, einfach Tschüss zu sagen und ihre Mutter mit den Worten »Ich komme doch zurück!« zu trösten, um sich dann umzudrehen und ein eigenes Leben zu beginnen. Sie liebte die französische Kultur, das französische Essen, diese weiche, klangvolle Sprache, die Freundlichkeit der Menschen. Sie liebte die Architektur in Paris, die verwinkelten Straßen, die kleinen Geschäfte mit den herrlich dekorierten Schaufenstern, sie liebte die französische Literatur. Und die Landschaft, den Wein ... sie mochte es, wie sich die Französinnen kleideten – mit einer perfekten Mischung aus Charme und Raffinesse stellten sie ihre Weiblichkeit aus, ohne zu übertreiben. Ein selbstverständlicher *esprit* für Schönheit, für das Erhabene. Jeder Tag ein kleines Fest, ein Feiertag des Lebens. Denn war nicht letztendlich die Schönheit entscheidend, das Erhabene?! Paula hatte sich nicht umsonst für ein Jahr Frankreich entschieden und sie hatte diesen hohen spitzen Freudenschrei ausgestoßen, als die Lehrerein in der Klasse verkündet hatte, dass sie, Paula

Fischer, in eine Gastfamilie nach Paris durfte. Wie sie von ihren Freundinnen beneidet wurde!

Paula hatte ein niedliches, kleines Zimmer mit einer fast antiken Blümchentapete, in die Wände waren Schränke eingebaut und eine Tür führte in ein eigenes kleines Bad mit Dusche. Als sie sich unter das warme Wasser stellte, musste sie unwillkürlich an ihre erste Französischstunde in der Schule denken. Sie war an dem Tag heulend nach Hause gekommen und hatte ihrer Mutter versichert, dass sie nie wieder in den Französischunterricht gehen werde. Diese Striche und Apostrophe, diese komische Aussprache und überhaupt diese komplizierte Sprache, das würde sie nie im Leben begreifen! Als sie damals am Abend mit der ganzen Familie am Tisch saß, versicherten ihre Eltern ihr immer wieder, dass das überhaupt nicht schlimm sei, sie selbst hätten auch nie Französisch gelernt und fänden die Franzosen ohnehin arrogant. Es gäbe bestimmt eine Lösung. Sie könnte zum Beispiel Spanisch lernen! Doch so leicht war Paula nicht zu beruhigen gewesen. Stattdessen begann sie ... zu lernen. Und weil die anderen auch alle ihre Probleme mit dem Französischen hatten, war Paula bald Klassenbeste. Und ihr Ehrgeiz wuchs mit den Aufgaben. Ihr Motto war: Was ich nicht weiß, muss ich lernen. Und genau dafür war sie jetzt hier. Heute war Samstag und sie freute sich auf das erste gemeinsame Wochenendfrühstück. Endlich hatte sie etwas Ruhe und Zeit, um mit ihrer Gastfamilie zu plaudern, und vielleicht konnte sie auch schon einiges über ihre Eltern erzählen. Und wie sie in Berlin lebte und was sie später alles mal machen wollte. Außerdem hatten sie vielleicht eine Idee, wo sie eine schöne kleine Boutique finden könnte. Paula wollte sich unbedingt etwas Neues zum Anziehen kaufen. Und sie würde endlich den berühmten *café au lait* (Milchkaffee) trinken können! Oder doch lieber eine *chocolat chaud* (heiße Schokolade)? Paula sah sich schon mit dem *bol* in den Händen, dieser fantastischen, überdimensional großen Schale, in den Tag hineinträumen. Und danach: »Aux Champs Élysées! Aux Champs Élysées!« Juhu, ein kleiner Einkaufsbummel auf der berühmtesten Straße der Welt! So stand es jedenfalls in ihrem Französischbuch. Ihre Eltern wären um diese Zeit schon dreimal rauf und runter promeniert, wie der Deutsche so schön französisch sagte. Aber nein, Paula musste erst mal das richtige, französische *savoir vivre* auskosten! Vielleicht wurde ja auch ein gemeinsamer Ausflug geplant? Ins Schloss, nach Versailles? Pfeifend und strahlend hüpfte Paula in die Küche.

Claudine, ihre Gastmutter, stand wie eine Eins an der sauberen Holzplatte und schnitt das lange Baguette in viele kurze Stücke. Sie warf Paula ein schnelles »*Bonjour, Paula, bien dormi?*« (Guten Morgen, Paula, gut geschlafen?) zu. »*Eh oui!*«, kam es noch ziemlich holprig aus Paulas Mund. Wie im Film, schoss es ihr durch den Kopf. Sie sah wirklich aus wie Catherine Deneuve! Diese Eleganz, schon so früh am Morgen – wow! Paula war hingerissen von Claudines perfekter Anmut. Eva machte sich nie so schick und von Manni, ihrem Vater, ganz zu schweigen. Das musste sich unbedingt ändern, beschloss Paula. »*Je peux vous aider?*« (Kann ich Ihnen helfen?), fragte sie, ganz beflügelt von der Grazie ihrer Gastmutter. »*Non, non, c'est presque prêt!*« (Nein, nein, ist fast fertig!). Mit ein paar blitzschnellen Handgriffen waren Butter, Konfitüre und fünf Joghurts auf den Tisch gestellt, die Kaffeemaschine in Gang gesetzt und Teller und Tassen bereitgestellt. Paula kam mit dem Gucken kaum hinterher. Sie wollte gerade anbieten, Käse und Wurst aus dem Kühlschrank zu holen, da saßen ihre Gastgeschwister auch schon mit einem müden *»Bonjour, tout le monde«* (Guten Morgen, zusammen) am Tisch und gossen sich den dampfenden Kaffee in die – wie Paula jetzt bedauernd feststellen musste – ganz normal großen Tassen. *»Assieds-toi, Paula!«* (Setz dich, Paula!), rief Claudine jetzt leicht hektisch. *»Du lait et du sucre?«* (Milch und Zucker?), donnerte es hinterher und Paula antwortete mit einem schnellen *»Oui, oui!«*, obwohl sie gar keinen Zucker im Kaffee mochte. Aber sie wollte Claudines Morgenrhythmus um keinen Preis unterbrechen. Diese schenkte den Kaffee jetzt umso dynamischer ein, goss Milch aus der Packung nach, versenkte darin ein Stück Würfelzucker und gab Paula die Tasse zurück. Das also war der französische *café au lait?* Paula war mehr als enttäuscht. Jetzt bloß keine Flappe ziehen, sondern schön in Ruhe essen. Nur war das mit der Ruhe so eine Sache. Marie und Stéphane bestrichen fast synchron und in Windeseile ihre Minibaguettehälften mit Butter und Marmelade, schlürften dazu ihren Kaffee und wirkten irgendwie geistesabwesend. Claudine aß überhaupt nichts. Gar nichts? Klar, die Catherine-Deneuve-Figur bekam man schließlich nicht von hellem Baguette und hochprozentigem Käse. Apropos, wo waren eigentlich die vielen Sorten, die gestern Abend noch so andächtig reihum gereicht wurden? Paula traute sich nicht zu fragen, weder nach dem Käse noch nach irgendwelchen Wochenendplänen. Keiner sagte hier ein Wort, jeder aß für sich – und das in Rekordzeit. *»Bon, je vous laisse«* (Ich muss los), nuschelte Marie in die steife Morgenstille, sprang auf und verschwand. *»Moi, aussi«* (Ich auch), machte Stéphane es ihr nach. Paula blieb verdutzt sitzen, während Claudine sich bereits ans Abräumen machte. Und wo war eigentlich der Hausherr? Der frühstücke am Wochenende nie, wurde Paula sogleich unterrichtet und dann kurz nach ihren Wochenendplänen gefragt. *Äh, alors, faire du shopping, peut-être.*« (Vielleicht einkaufen gehen.) »*Très bonne idée, amuse-toi bien, Paula!*« (Sehr gute Idee, viel Spaß, Paula!) Und schnurstracks war der Tisch wieder komplett freigeräumt, bis auf Paulas Teller und Tasse und ein paar vergessene Joghurts. »*Tu as fini?*« (Bist du fertig?). »*Oui, oui*«, log Paula, die in der kurzen Zeit gerade mal zwei Baguettehälftchen geschafft hatte, ein weiteres Mal. Aber auf den Champs Élysées würde es ja hoffentlich ein gutes Schinken-Käse-Sandwich geben – für die vielen Touristen, die noch nicht richtig gefrühstückt hatten. Und eigentlich war es ja gar nicht so schlecht, für ein paar Monate aufs Frühstück zu verzichten, dachte Paula. Vielleicht würde sie dann am Ende aussehen wie die Tochter von Catherine Deneuve?!

Was ist diesmal schiefgelaufen?

Von wegen französisches Frühstück! Franzosen schenken dem Frühstück grundsätzlich wenig Aufmerksamkeit. Denn sie speisen lang und ausgiebig am Abend. Unter der Woche nehmen sie morgens kaum etwas zu sich, und wenn, dann trinken sie schnell im Stehen einen Espresso und essen eventuell dazu einen Joghurt. Am Wochenende gibt es dafür immerhin frisches Baguette mit etwas Butter und Konfitüre und dazu Obst, Joghurt oder Müsli. Das klassische deutsche

Käse-Wurst-Frühstück existiert allerdings nicht. Das Frühstück, das in Cafés oder Bars angeboten wird, besteht immer nur aus zwei kleinen Baguettehälften mit Butter und Konfitüre oder einer »Süßigkeit« (wahlweise Croissant Natur oder mit Schokolade), einem Espresso oder *café crème* (Kaffee mit heißer Milch) und einem Glas Orangensaft. Das Croissant wird tatsächlich gern in den Kaffee getunkt, das ist aber auch das einzige, was vom deutschen Klischee des französischen Frühstücks bleibt. Frühstück wird nur bis mittags angeboten und nicht wie vielerorts in Deutschland bis 14 oder 15 Uhr. In Frankreich verabredet man sich mit Freunden viel eher zum Mittag- oder Abendessen und weniger zum Frühstück. Das ist von allen dreien die »kommunikationsärmste« Mahlzeit in Frankreich, was Paula natürlich nicht wissen konnte. Meist essen die Familienmitglieder noch nicht einmal zusammen. Während Mittag- und Abendessen oft an Familientraditionen gebunden sind und stets gemeinsam eingenommen werden, kann beim Frühstück grundsätzlich jeder machen, was er will. Brunchen, wie es in Deutschland üblich ist, kennt man in Frankreich nur vom Hörensagen. Paula hatte sich auf ein üppiges, deutsches Frühstück und eine ausgelassene Plauderstimmung eingestellt. Stattdessen wurde sie mit der eher hektischen und wortkargen Form des französischen Frühstückens konfrontiert und hatte Mühe, sich darauf einzustellen. Denn auch am Wochenende gilt in vielen französischen Familien die Regel, dass tagsüber jeder seinen Erledigungen und Verabredungen nachgeht und man sich dann abends zum gemeinsamen Abendessen trifft. Wer nicht daran teilnehmen kann, sollte das unbedingt mitteilen, da ein unangekündigtes Fernbleiben sonst als Affront empfunden werden könnte.

Was können Sie besser machen?

Paulas Verwirrung und Enttäuschung sind durchaus nachvollziehbar. Sie wollte ihr erstes Wochenende in Paris mit einem herrlichen Start in den Tag beginnen und sich mit ihrer Gastfamilie in Ruhe austauschen. Dass das viel eher abends und weniger morgens geschieht, konnte sie nicht wissen. An der Situation selbst hätte sie allerdings nichts ändern können. Hier prallen unterschiedliche Gewohnheiten aufeinander, die verschiedene Erwartungen nach sich ziehen. Damit sollte man sich arrangieren, will man nicht immer aufs Neue enttäuscht werden. Wer Kontakte, ob privater oder beruflicher Natur, in Frankreich pflegen und intensivieren möchte, sollte sich dafür grundsätzlich eher das Abendessen aussuchen – bei gutem Rotwein und kräftigem Fleisch sind die Franzosen um ein Vielfaches gesprächiger!

Mahlzeit!

Das Frühstück (*petit déjeuner*) fällt bescheiden aus und besteht meist nur aus einer Tasse Kaffee und einem Croissant. Oft wird nicht einmal der Tisch dafür gedeckt, man frühstückt, wenn man aufsteht und Hunger hat, und wartet nicht auf die anderen. Die Madame des Hauses deckt sich selbst nicht einmal einen Teller, sondern krümelt überall hin. Gefrühstückt wird zum Kaffee, Tee oder zur *chocolat chaud* oft nur eine *tranche de pain* (meist ein gegrilltes Stück Brot) oder eine *brioche* (ein weiches, süßes Brötchen).

Das Mittagessen (*le déjeuner*) findet zwischen 12.30 und 15 Uhr statt. Hier wird ausführlich geschlemmt, vor allem im Urlaub. Während der Arbeitszeit bleibt die Mittagspause meist auf eine Stunde beschränkt, damit man rechtzeitig zum Abendessen zu Hause ist.

Die Zwischenmahlzeit: Wer zwischen dem Mittagessen und dem Abendessen etwas zur Überbrückung braucht, ist in Frankreich nicht gut dran. Dafür gibt es nicht einmal eine offizielle Bezeichnung.

Bei Kindern nennt man diese Zwischenmahlzeit *un goûté*, was so viel heißt wie »Nascherei«. Meistens handelt es sich dabei also um etwas Süßes. *Une goutte* bezeichnet den »Tropfen« und *goûter* heißt »probieren« – es geht also um kleinste Mengen. Unter Erwachsenen ist es eher unüblich, regelmäßig ein *goûté* einzunehmen.

Das Abendessen (*le dîner*) beginnt gegen 20 Uhr. Während es in Gebieten, in denen viele Touristen unterwegs sind, kein Problem ist, bereits vor acht Uhr in einem Restaurant etwas zu essen zu bekommen, kann dies im Hinterland und in touristisch wenig erschlossenen Regionen durchaus zum Problem werden. Das Abendessen ist den Franzosen heilig, meist essen kleine Kinder vorab, damit die Erwachsenen für die nächsten zwei Stunden ungestört am Tisch sitzen können. *Le dîner* besteht meistens aus einer bestimmten Speisenfolge, einem Menü. (Mehr dazu im Infokasten »*Le menu* – die Speisenfolge auf einen Blick« in Kapitel 12.)

2 Bienvenue en France!

Auf der Autobahn in Frankreich konnte Manni sich endlich hinter dem Steuer entspannen. Der Verkehr floss plötzlich viel gleichmäßiger. Bis auf ein paar Holländer, Schweizer oder Deutsche fuhr kaum jemand schneller, als es die 130 Stundenkilometer vorgaben. Und Manni mit seinem alten Campingbus sowieso nicht. Er lehnte sich zurück, während Anton hinten im Auto Gameboy spielte und seine Frau Eva auf dem Beifahrersitz angestrengt aus dem Fenster schaute und schließlich enttäuscht feststellte: »Sieht ja genauso aus wie bei uns.« »Wart's doch mal ab!«, sagte Manni. »Wir sind gerade erst über die Grenze«. Über eine Grenze, die gar keine mehr war, nur ein *Bienvenue en France*-Schild markierte nach zwei Weltkriegen die Landesgrenze zwischen den ehemaligen Feinden. Der langsamere Verkehr war das einzige Indiz dafür, dass sie endlich in Frankreich angekommen waren. Und das zum ersten Mal in ihrem Leben. Das hatten sie ihrer Tochter Paula zu verdanken, die mit ihren zarten siebzehn den Eltern gesagt hatte: »Ich möchte Französisch studieren und dafür ein Jahr nach Frankreich gehen.« Sie hatte ihnen das Antragsformular unter die Nase gehalten, das sie in der Schule verteilt hatten, und Manni und Eva konnten es nicht fassen: »Aber warum Frankreich?«, »Das ist so weit weg!«, »Und die Franzosen sind furchtbar arrogant!«, »Bei denen dreht sich alles nur ums

Essen!«, »Und diese Sprache versteht eh kein Mensch!«. Doch irgendwie fanden sie ihre Tochter auch ganz schön mutig und waren insgeheim stolz, als sie ihre Sachen packte und in diese nahe und doch so fremde Welt aufbrach.

Manni und Eva kamen ursprünglich aus Ostberlin, und obwohl sie inzwischen viel aufgeholt und die halbe Welt bereist hatten, blieb ihnen Frankreich immer noch etwas unheimlich. So viele Regeln und Umständlichkeiten, diese übertriebene Verherrlichung der eigenen Kultur – da war ihnen der einfache, ehrliche, direkte Deutsche doch irgendwie lieber. In ihrer Jugend hatten sie gemeinsam in Ostberlin einen Französischsprachkurs besucht – nur so zum Spaß. Die Wahrscheinlichkeit, den Eiffelturm jemals live zu sehen, war gleich null und somit hatten sie sich einfach eine Gaudi daraus gemacht, etwas Fremdes und Exotisches in ihr Leben zu holen. Die Figur in ihrem Sprachführer hieß damals Jean-Luc und gemeinsam mit ihm hatten sie eine imaginäre Reise in das Land der fabelhaften Küche, der höflichen und gut aussehenden Menschen und der einzigartigen Sehenswürdigkeiten angetreten. Das einzige, woran sich Manfred heute noch erinnern konnte, war *Je m'appelle Manni* (Ich heiße Manni), und Eva brachte noch ein paar bedeutende Sätze wie *Où est la gare?* (Wo ist der Bahnhof?) und *Je viens de Berlin* (Ich komme aus Berlin) zustande.

Manni war jetzt ziemlich aufgeregt, aber zugleich auch distanziert und abwartend. Hier hatte man schließlich mit allem zu rechnen. Während er so in Gedanken war, bemerkte er etwas spät, dass der Verkehr plötzlich gänzlich zum Erliegen kam. Vor ihnen tauchte eine *péage*-Station (Mautstelle) auf, die ersten Autobahngebühren wurden fällig. »Das ging ja schneller, als ich dachte.« Manni hatte es ja gewusst, man musste mit allem rechnen. »Kaum in Frankreich und schon zahlen!« Er steuerte auf ein Häuschen zu – erstaunlich schnell fuhren die Autos weiter –, denn man musste zunächst nur eine Karte ziehen. »Das ist ja wie im Parkhaus«, sagte Anton, der kurz von seinem Gameboy aufblickte. Manni zog eine Karte, die Schranke öffnete sich und er konnte wieder anfahren. Doch bevor er auf der Fahrbahn angekommen war, wurde er bereits rechts und links überholt und angehupt. Manni musste richtig Gas geben, um mit den anderen mithalten zu können, die so heftig beschleunigten, als seien sie beim Formel-Eins-Rennen. Das wäre schon mal geschafft!

Manni war zufrieden mit sich und der Welt und stellte vergnügt das Radio an. Laute Musik ertönte. »Cool, Hip-Hop im Radio!« Anton war begeistert. Aber Eva meinte gleich: »Das kann ich nicht hören, davon kriege ich Kopfschmerzen.« »Dann such du doch was, Schatz!« Manni wollte sich seine gute Laune nicht verderben lassen. Eva drehte genervt am Regler. Ein Musiksender jagte den nächsten, dazwischen immer wieder plappernde Franzosen, die in einem Affentempo irgendetwas anpriesen: *super bon marché, Supermarché, Hypermarché, la Totale.* »Ich finde nichts, das geht mir alles viel zu schnell.« »Jetzt hab dich doch nicht so.« Manni übernahm wieder die Radioführung. »*Voyage, voyage*« sang da jemand. »Oh ja, lass mal, das kenne ich, das ist aus den Achtzigern!« Eva war zufrieden. Und Manni auch. Anton spielte genervt weiter. Seine Eltern hatten eben einfach keinen Geschmack.

Das Ziel der Familie Fischer war zunächst Paris. Dort hatte Paula gerade ihr Auslandsjahr begonnen. Sie wollten sich mal die französische Gastfamilie anschauen, bei der Paula für den Rest des Jahres bleiben sollte. Sie hatte durchblicken lassen, dass sie nicht so richtig glücklich war und die Umstellung doch größer, als sie gedacht hatte. Manni würde notfalls mal ein Wörtchen mit denen reden oder Paula einfach wieder mitnehmen. Schließlich geht es nicht an, dass sie dort unglücklich ist! Von Paris aus würden sie dann in die Bretagne fahren. Den Fotos nach zu urteilen, gab es dort malerische Orte. Da sie bisher fast alle Urlaube gemeinsam als Familie unternommen hatten, verbrachten sie dieses Jahr eben ihren Vierer-Urlaub in Frankreich, auch wenn Manni und Eva nicht besonders scharf auf ihre unheimlichen Nachbarn waren.

Wieder verlangsamte sich der Verkehr und vor ihnen tauchte eine weitere *péage*-Station auf. Manni reihte sich schnurstracks in die kürzeste Schlange ein – nicht schlecht, nur zwei Autos vor ihm. Alles ging rasend schnell. Die Fischers waren dran. Manni ließ das Fenster runterfahren und wollte lässig die Karte in den Automatenschlitz einführen, doch da war kein Automat. Da war gar nichts. Kein Mensch, kein Automat! Wie sollte er denn jetzt diese Schranke passieren? Mit Magie? »Was soll das denn?«, fragte er seine Frau, die schließlich immer auf alles eine Antwort hatte. Eva stieg schnell aus und ging um das Fahrzeug herum auf die Fahrerseite. Dabei wurde sie von lautem, aggressivem Hupen begleitet. Der Fahrer hinter ihnen brüllte etwas, das sie nicht verstand, und zeigte ihr wild gestikulierend einen Vogel. Eva betete, dass Manni das nicht gesehen hatte. Sie fand ebenfalls keinen Anhaltspunkt dafür, wo man hier die Autobahngebühren zahlen konnte. »Tja, so werden wir das nächste Level nicht erreichen«, amüsierte sich Anton auf dem Rücksitz. Er freute sich, dass was los war, und schnitt den anderen Autofahrern Grimassen. Manni hatte das zum Glück nicht gehört, denn er hatte jetzt einen unscheinbaren Knopf entdeckt, den er zu betätigen versuchte. Bestimmt käme dann jemand oder es würde eine Stimme erklingen, die ihnen weiterhalf. Aber er kam nicht an den Knopf heran. Sein Bauch war im Weg. Ein paar Autos hinter ihnen scherten schon aus der Reihe aus und stellten sich woanders an. Als Manni gerade ausstieg, kam der Fahrer aus dem Wagen hinter ihnen auf ihn zu. Manni war erfreut. Endlich ein Mensch, und er sah genauso aus wie Jean-Luc aus dem Sprachführer! *Je m'appelle Manfred*«, sagte er und streckte dem Mann im Anzug erfreut die Hand entgegen. Der warf einen kurzen Blick auf Mannis Birkenstock-Sandalen, seine weißen Socken und die kurzen, beigefarbenen Hosen, erwiderte den Handschlag nicht, sondern fragte unfreundlich: *Êtes-vous abonnés au télépéage?*« (Nehmen Sie an der Télépéage teil?). Eva und Manni schauten sich fragend an. *T*«, sagte der Franzose und zeigte auf ein Zeichen. *Télépéage. Êtes-vous abonnés au télépéage?*« (Sind Sie zur Télépéage angemeldet?) Manni und Eva verstanden nur *télé* und konnten sich keinen Reim darauf machen, was denn jetzt das Fernsehen damit zu tun haben könnte. Eva schüttelte den Kopf und brachte eine Mischung aus einem englischen *no* und einem französischen *non* hervor. Der Mann im Anzug, halb freundlich, halb ungeduldig, erklärte: *Ici, this, only télépéage.*« Manni wurde das Ganze immer peinlicher. *We have money*«, sagte er in seinem besten Englisch und zeigte als Beweis einen Fünzig-Euro-Schein. Mittlerweile waren alle Autofahrer kopfschüttelnd über die Deutschen aus der Reihe geschert und hatten sich in andere Schlangen eingereiht, was nicht ganz ungefährlich war, da von der Autobahn immer wieder neue Fahrzeuge mit ziemlichem Tempo auf die *péage*-Station zudonnerten. Manni war das peinlich, aber er war auch sauer: Wegen drei Euro siebzig so einen Aufstand zu machen, warum musste das denn alles so kompliziert sein?!

Doch da war Jean-Luc, wenigstens einer, der sich ihrer annahm. »*Where go?*«, fragte Manni ihn so freundlich, wie das die Situation zuließ, und in abgehacktem Englisch, weil er sich sicher war, dass Franzosen sowieso kein Englisch sprechen, und wenn, dann bestimmt noch schlechter als er. Also möglichst kurze Sätze bilden. Und Jean-Luc antwortete ebenso abgehackt, weil er davon ausging, dass ein Neandertaler in Öko-Latschen bestimmt kein Englisch sprach. »*Here no! You go!*« Er zeigte auf eine andere Schlange mit Kartenhäuschen, wo jemand saß, der kurz zu ihnen herüber sah. Bevor Jean-Luc wieder in sein Auto stieg, machte er mit der Hand Bewegungen, als würde er Katzen von einem Esstisch scheuchen. »*Go!*«, sagte er, »*go, go, go!*« und fuhr rückwärts aus der Schlange. Manni stieg schnell ein und manövrierte den Bus umständlich rückwärts aus der falschen Schlange heraus, wobei Eva hinten stand und Schweiß überströmt wedelnde Gesten machte, während sie außerdem versuchte, den anrasenden Autos Zeichen zu geben. Auf diese Hilfe hätte Manni gerade noch verzichten können.

In der neuen Schlange dauerte es abermals eine halbe Ewigkeit, und als die Fischers endlich an der Reihe waren, fand Manni die Karte, die sie an der letzten Station bekommen hatten, nicht. Eva suchte hektisch und Manni versuchte, die Zeit mit Fragen zu überbrücken. »*Why television here?*« Der Mann am Schalter verstand gar nichts. Auch er erzählte irgendetwas Unverständliches von *télé* und zeigte auf das große T. Bevor Manni sich erneut aufregen konnte, reichte

Eva ihm die Karte und das Geld. Die Schranke öffnete sich und Manni versuchte, so schnell wie möglich von null auf hundert zu beschleunigen.

Was ist diesmal schiefgelaufen?

Manni war vollkommen überzeugt, dass die kürzeste Schlange – wie überall auf der Welt – die beste sein müsste. Sein einziges Ziel war: Er wollte schnell und unkompliziert vorankommen. Dabei hat er sich nur leider nicht eine Sekunde lang auf das französische Autobahnsystem eingestellt. Anstatt kurz innezuhalten, das Geschehen einen Moment lang zu beobachten und einen Autonachbarn höflich auf Englisch nach den allgemeinen Regeln zu fragen, ist er sofort blind und rücksichtslos vorgeprescht. Das hatte zur Folge, dass er den Verkehr unnötig aufgehalten hat, die betroffenen Fahrer aggressiv wurden, was ein lautes Hupkonzert zur Folge hatte. Das wiederum geht in Frankreich grundsätzlich schneller und energischer vonstatten. Selbstbewusstes Hupen gehört quasi zum guten Fahrstil eines jeden Franzosen.

Es ist ratsam, sich vor dem Urlaub einen kurzen Überblick über das französische Autobahnsystem zu verschaffen. Dann hätte Manni nämlich auch gewusst, dass die Franzosen die *péage* (Mautstelle) wie das Amen in der Kirche meistern. Doch wenn man die Regeln nicht kennt, können die Zahlstationen für den Besucher höchst unangenehm werden. Manni hatte sich bei einem Schild mit der Aufschrift »T« eingereiht. Dieses T steht für *télépéage* und hat natürlich nichts mit *télévision*, Fernsehen, zu tun. *Télépéage* ist nur für diejenigen zugelassen, die sich anmelden und dann über einen elektronischen

Kasten, der in ihrem Auto montiert wird, identifiziert werden können. Sie bekommen einmal im Monat eine Rechnung mit der Post. Diese *télépéage*-Kunden fahren viel und regelmäßig und sind es leid, sich in lange Schlangen mit Touristen einzureihen. Gerade deshalb sind sie natürlich doppelt verärgert, wenn sich dann die Touristen in die Schlange einreihen, die extra nur für sie gedacht ist.

Und warum wurde Manni nach der ersten *péage* von allen Seiten angehupt und kam sich vor wie bei einem Formel-Eins-Rennen? Ganz einfach: Es ist ein beliebter Sport der Franzosen und ein unausgesprochener Wettbewerb, nach der *péage* sofort richtig Vollgas zu geben, um als erster wieder bei 130 auf der Autobahn zu sein und seine Nachbarn ordentlich abzuhängen. Da man auf Autobahnen in Frankreich grundsätzlich ein Tempolimit hat, werden die PS auf diese Weise ausgereizt. Jahrelanges Training hat dazu geführt, dass französische Autofahrer parallel dazu Karten wieder im Geldbeutel und Geldbeutel wieder in Handschuhfächern verstauen können, gleichzeitig die Scheibe hochkurbeln und das Radio wieder aufdrehen, während sie auf die Straße starren, um nicht mit Vollkaracho einen Konkurrenten zu rammen. Seit es elektrische Fensterheber gibt und dieser Sport drohte, zu langweilig zu werden, kam zum Glück das Handy dazu. Dauertelefonieren gehört hierbei unbedingt zum Sport!

Was können Sie besser machen?

Grundsätzlich gilt: Halten Sie Ihre Kreditkarte und möglichst viel Kleingeld bereit und stellen Sie sich im Zweifelsfall dort an, wo ein Mann mit Mütze abgebildet ist, auch wenn die Schlange etwas länger ist. Sich wie Manni einfach in der kürzesten Schlange einzureihen, ist leider meistens verkehrt. Auch die geringsten Beträge werden in Frankreich mit der Kreditkarte, der sogenannten *carte bleue*, bezahlt. Wenn man eine funktionierende Kreditkarte besitzt und sich nicht gerade bei einem T anstellt, gibt es eigentlich keine Probleme.

Die *péage* – die Maut

Weil dem Staat das Geld zum Autobahnbau fehlte, erließ Frankreich 1955 ein Gesetz, das ein Mautsystem zur privaten Finanzierung des Autobahnbaus vorsah. Um das Autobahnnetz zu verdichten, ohne den Staatssäckel anzutasten, beschloss der französische Staat, die Finanzierung im Rahmen von Konzessionsverträgen privat abzuwickeln. Fünf Tiefbaukonzerne gründeten gemeinsam mit den Banken *Société Générale* und *Paribas* die erste Autobahngesellschaft *Confiroute*.

Jede *péage* (Mautstelle) ist, je nach Betreiber, anders: Mal zieht man erst eine Karte und zahlt später den betreffenden Preis für die gefahrene Strecke, mal zahlt man einen festen Betrag, auch wenn man erst später auf die Autobahn aufgefahren ist, also nicht die ganze Strecke in Anspruch genommen hat. In der Regel jedoch kassieren Mautstellen die Gebühren im Zuge einer Auffahrt oder einer Abfahrt oder eines Autobahnwechsels.

Ein grüner Pfeil zeigt an, wenn ein Schalter personell besetzt ist. Vielfahrern, die eine elektronische Gebührenerfassung mittels Chip nutzen, ist die Fahrspur mit der Kennzeichnung »T« vorbehalten: die *télépéage*. Mehrere Münzen deuten daraufhin, dass man mit Bargeld bezahlen kann; eine Karte heißt, dass Kreditkarten genommen werden; ein Mann mit Mütze bedeutet, dass jemand in einem Häuschen sitzt und die Bezahlung nach den Wünschen des Fahrers erfolgt. Auf www.autoroutes.fr kann man sich die Kosten für eine Strecke ausrechnen lassen.

Grundsätzlich erfolgt die Erhebung an festen Mautstellen durch Personal, durch Automaten oder die sogenannte *télépéage*. Durchschnittlich zahlt ein PKW-Fahrer knapp sieben Cent pro Kilometer. Zur Bezahlung per Kreditkarte werden derzeit frankreichweit Mastercard, Visa und die meisten Tankkarten (Total, DKV, UTA ...) akzeptiert.

Warum Paula nichts versteht

Paula freute sich, »nach Hause« zu kommen, so man das schon sagen konnte. Irgendwie war doch alles noch ziemlich fremd und Paula hatte oft Heimweh. Ihre Sehnsucht nach Berlin, ihren Freunden und ihrer Familie wurde beständig größer. Auf der anderen Seite konnte sie sich ihre Eltern, die schon auf dem Weg hierher waren, kaum in diesem Ambiente vorstellen. Sie hatte Angst, dass sie von einem Fettnäpfchen ins nächste treten würden. Sie musste ihre Gasteltern unbedingt darauf vorbereiten. Außerdem wünschte sie sich, sich jemandem zu öffnen und ihre Probleme mitzuteilen. »*Bonsoir Paula, comment ça va?*« (Guten Abend, Paula, wie geht's dir?), wurde sie von ihrem Gastvater Bernard begrüßt. Er blickte von seiner Zeitung auf und sah ihr direkt in die Augen. Das tat gut. Paula setzte sich hin und überlegte, wie sie es sagen sollte. »*Bonne nuit, Bernard*«, begann sie. »*Je ne sais pas. Je suis un peu perdu. Un peu triste, mais je ne sais vraiment pas pourquoi ...*« (Ich weiß nicht. Ich fühle mich etwas verloren, ein bisschen traurig, aber ich weiß nicht, warum ...). Sie wollte noch weitersprechen, doch Bernard unterbrach sie. »*Tu verras: Tout ira bien.*« (Du wirst sehen, alles wird gut.) Mit diesen Worten vertiefte er sich wieder in seine Zeitung und ließ Paula spüren, dass er nicht mehr gestört werden wollte. Paula war enttäuscht. Wie hatte sie aber auch ernsthaft glauben können, dass dieser Bernard, den sie kaum kannte, sich ihrer persönlichen Probleme annehmen würde? Andererseits, er war doch ihr Gastvater. Und er hatte sie gefragt, wie es ihr ging. Paula schämte sich in Grund und Boden, sie kam sich vor wie ein naives Kind. Schnell verließ sie den Salon. Da kam ihr Marie entgegen. »*Bonne nuit Marie*«, sagte Paula. »*Tu es fatiguée?*« (Bist du müde?), fragte Marie. »*Pourquoi?*« (Warum?), fragte Paula zurück. »*Tu as l'air fatiguée*« (Du siehst müde aus), antwortete Marie. Na danke! Das war jetzt wirklich zu viel. Sie war traurig und hatte Heimweh und wollte nicht noch hören, wie müde sie aussah! Kein Wunder, nach diesen anstrengenden Tagen, in denen sie sich überall anpassen und ständig diese fremde Sprache sprechen musste. Keiner konnte verstehen, wie schwer das für sie war. Wortlos und ohne eine Antwort zu geben, ging Paula an Marie vorbei in ihr Zimmer. Und sie hatte keine Lust, heute Abend noch einmal diese vier Wände zu verlassen.

Was ist diesmal schiefgelaufen?

Paulas Situation ist bestimmt schwer und jeder, der längere Zeit im Ausland verbracht hat, weiß, wie einsam man sich fühlen kann, wenn man die Sprache nicht vollkommen beherrscht und sich schon allein dadurch ausgeschlossen fühlt. In dieser Situation hat sich Paula an einen Strohhalm geklammert, der gar keiner war – an den Satz *Comment ça va?*. Diese Frage gehört gewissermaßen zum Standard einer Begrüßung dazu und wird eigentlich immer mit *bien* (gut) oder *très bien* (sehr gut) beantwortet. Paula hatte angenommen, dass hinter dieser Frage wahres Interesse an ihrer Situation stecken würde, und musste leider feststellen, dass dem nicht so war. Bernard hatte die Frage einfach als formelhafte Begrüßung verwendet. Eine sich tagtäglich mehrfach wiederholende Frage, die auf keinen Fall mit erschöpfenden Auskünften über die persönlichen Befindlichkeiten oder gar mit der Wiedergabe schlechter Erlebnisse beantwortet werden darf. Dass der Gastvater Paula so schnell abgewürgt hat, hatte vielleicht auch den Grund, dass für ihn diese persönliche Offenbarung so plötzlich kam, dass er nicht darauf zu reagieren wusste. Seine Antwort »alles wird gut« ist natürlich nicht das, was man in solch einer Situation hören möchte, das heißt aber nicht, dass die beruhigenden Worte nicht ernst gemeint waren.

Ein zweiter Fehler, der Paula hier unterlaufen ist und der zu einem Missverständnis mit Marie führte, war die Verwendung der Begrüßung *Bonne nuit* (Gute Nacht). Denn *Bonne nuit* sagt man in Frankreich nur, wenn man wirklich unmittelbar vor dem Schlafengehen ist. Wie in Deutschland eigentlich auch. Marie hat also annehmen müssen, dass Paula sehr müde ist und vielleicht einfach alleine sein möchte. Ihre Aussage »Du siehst müde aus« war nicht abschätzig, sondern viel eher unterstützend gemeint, nach dem Motto: Ruh dich ruhig aus!

Was können Sie besser machen?

Paula hat in ihrer ohnehin schlechten Stimmung alles gegen sich interpretiert. Sich dem »Herrn des Hauses« so schnell anzuvertrauen war entweder ein sehr mutiger oder eben auch ein sehr verzweifelter Akt von ihr. Denn auf die bekannte Frage hätte sie auf keinen Fall gleich ihr ganzes Herz ausschütten sollen. Franzosen sind in diesem Punkt ähnlich oberflächlich, wenn man so will, wie Amerikaner: Das tägliche *How are you doing? What's up?* ist auch auf keinen Fall als ernsthafte Frage zu verstehen.

Wenn Sie sich also jemandem anvertrauen wollen, suchen Sie eher in den gleichaltrigen Reihen. Die ältere Generation hat es meist nicht gelernt, über Gefühle offen zu sprechen. Suchen Sie sich die Person gut aus und tasten Sie sich langsam in dem Gespräch an das Problem heran. Vielleicht können Sie über Umwege herausfinden, ob Ihr Gegenüber grundsätzlich bereit ist, offen und ehrlich mit Ihnen zu reden und über eine gewisse Konversation hinauszugehen. Bei Franzosen kann das ganz schön dauern. Denn sie geben sich schließlich alle Mühe, perfekt zu wirken. Alle Schwierigkeiten und Probleme, die man zugibt und mitteilt, zerstören dieses perfekte Bild, und man muss hart daran arbeiten, es hinterher wieder aufzurichten.

Begrüßungsformeln

Die formalen Regeln der Begrüßung nehmen die Franzosen sehr wichtig. Wenn man in ein Geschäft oder in ein Zimmer kommt, grüßt man immer mit *Bonjour* (was sowohl »Guten Morgen« als auch »Guten Tag« heißt). Ab etwa 17 Uhr beginnt die Zeit für ein *Bonsoir* (Guten Abend). *Bonne nuit* (Gute Nacht) sagt man, wenn man ins Bett geht. Man verabschiedet sich generell mit einem *Au revoir* (Auf Wiedersehen). *Salut* zur Begrüßung sagt man nur »unter sich«, wenn Gleichaltrige, enge Verwandte oder Freunde sich treffen. *Salut* wird sowohl für »Hallo« als auch für »Tschüss« verwendet.

Die Verkäuferin oder der Verkäufer eines Geschäftes wird Sie wahrscheinlich mit *Bonjour Monsieur* oder *Bonjour Madame* zurückgrüßen. Ärgern Sie sich nicht, wenn Sie in Frankreich mit *Mademoiselle* angesprochen werden. Der Begriff »Fräulein« ist in Frankreich keineswegs so verpönt wie bei uns, sondern eher ein Kompliment. Wenn Sie nicht mehr ganz so jung sind und jemand Sie mit *Mademoiselle* anspricht, hält er sie auf jeden Fall noch für eine junge Frau – aufgrund Ihrer jugendlichen Erscheinung. Ein junges Mädchen mit *Madame* anzusprechen, wäre hingegen eine echte Beleidigung. Wenn Sie sich nicht ganz sicher sind, dann sprechen Sie junge und nicht mehr ganz so junge Frauen lieber mit *Mademoiselle* an, das ist in jeden Fall die charmantere Variante.

4 Le dernier cri

Wie Paula es schafft, nicht dazuzugehören

Eines hatte Paula inzwischen begriffen: Französinnen sind immer und überall schick. Ob in der Metro, im Supermarkt, im Café oder in der Schule – Paula sah nur adrett gekleidete, dezent oder auffällig zurechtgemachte Mädchen und Frauen. Selbst die jüngeren, alternativeren unter ihnen schienen ihr »Gegenmodell« überaus ernst und ambitioniert anzugehen. Wie viel Zeit und Kraft hinter einem so legeren, aber doch schicken Outfit steckte! Trotzdem gefiel es Paula, dass das Frausein hier eine wichtige Rolle zu spielen schien. Irgendwie bewegten die sich alle einfach viel eleganter, unbeschwerter und um einiges graziler als in Deutschland. Sie musste sich richtig zusammenreißen, diesen vielfältigen Schönheiten nicht permanent hinterherzustarren. Jede hatte irgendetwas an, das Paula sich unbedingt merken und zu Hause gleich ausprobieren wollte. Plötzlich ging sie in Gedanken ihre gesamte Garderobe durch und überlegte fieberhaft, ob sie nicht auch einen Rock in dieser Länge hatte, den sie mit einem genauso eng anliegenden Rollkragenpulli auf eben diese Art und Weise kombinieren könnte. Meistens hatte sie gleich beim ersten Blick in den Schrank dann wieder aufgegeben: Es war einfach alles nicht schick genug! Sie musste dringend etwas von ihrem Taschengeld sparen und bald mit Marie shoppen gehen. Die würde ihr dann schon zeigen, was eine echte Französin so trägt. Aber bis dahin musste sie mit dem auskommen, was sie vorfand. *Pas le choix!* (Keine Wahl!)

An einem Samstagabend hatte Paula es sich auf dem Sofa der Gasteltern bequem gemacht und schaute Fernsehen. Claudine hatte gesagt, dass das gut für ihr Französisch sei. Und dass sie dringend etwas Übung brauche, weil ihr einfach die Vokabeln fehlten. Und damit hatte sie bei Paula voll ins Schwarze getroffen. Denn eines war klar: Wenn ihre Familie kommen würde, um sie für den Campingurlaub in der Bretagne abzuholen, wollte sie mit ihrem Französisch mehr als glänzen. Ihre Eltern sollten sehen, dass sie das Geld nicht umsonst für sie gespart hatten! Also saß Paula jetzt allein auf dem großen Familiensofa und sah sich eine langweilige Samstagabendshow an, von der sie so gut wie nichts verstand. Aufgeregtes, affektiertes Geplapper, schöne Frauen und ein kleiner Moderator, der immerzu Witze machte, die sie überhaupt nicht kapierte, obwohl sie die einzelnen Wörter sogar verstand. Das Ganze erinnerte sie an die Muppet Show. Bis Marie plötzlich vor ihr stand, die Fernbedienung an sich riss und das Monstrum ausschaltete. »*Ça ne va pas, toi?! On est samedi soir, ma belle!*« (Geht's noch?! Es ist Samstagabend, meine Schöne!) Paula erklärte, was Claudine ihr verordnet hatte, woraufhin Marie nur lauthals lachte und ihr zu verstehen gab, dass sie sich jetzt blitzschnell umzuziehen hatte. Na gut, dachte Paula, dann eben kein Fernsehen, soll mir auch recht sein. Marie hatte etwas sehr Schlichtes, fast Biederes an, fand Paula. Also gab sie sich besonders Mühe, ein halbwegs hippes Outfit zu finden. Am Ende entschied sie sich aber doch wieder für ihre Lieblingskombination, die Jeans-

T-Shirt-Turnschuhe-Variante, und fand sich eigentlich ganz sexy. »*On y va?!*« (Gehen wir?!), sagte sie selbstbewusst zu Marie, die jetzt ungeduldig auf dem Sofa saß. »*Désolée, Paula. On ne peut pas y aller comme ça!*« (Tut mir leid, Paula. So können wir da nicht hingehen!)

Mon Dieu (mein Gott), was war denn jetzt schon wieder falsch? Marie erklärte ihr, dass sie in eine Bar an der Bastille gehen würden, mit Freunden, von denen sie auch ein paar noch nicht kannte. Und deshalb war es umso wichtiger, dass sie beide wirklich gut aussahen. Marie nahm Paula ungeduldig an der Hand, schleppte sie mit auf ihr Zimmer und zog einen dunklen Rock, einen enganliegenden, weitausgeschnittenen Pulli und einen Seidenschal hervor. »*Voilà!*« Es wurde kein Widerspruch geduldet und innerhalb von Sekunden hatte Paula an, was Marie für sie ausgesucht hatte. »*Tu sais, les Françaises sont toujours élégantes.*« (Weißt du, Französinnen tragen immer einen Hauch von Eleganz.) Paula sah in den Spiegel und war schockiert: Sie sah aus wie eine Stewardess! Adrett und langweilig. »*Non, je ne veux pas ça!*« (Nein, das will ich nicht!), entgegnete sie ihrer Gastschwester jetzt umso energischer und riss sich die Klamotten wieder vom Leib. »*Alors, je reste ici!*« (Dann bleib ich eben hier!) Paula war genervt. Sie hatte die Schnauze gestrichen voll und überhaupt keine Lust mehr auf diese komische Schnösel-Bar. Marie blieb ruhig, redete eine Weile auf Paula ein und eine knappe Stunde später standen die beiden vor dem *Bateau ivre* am Place de la Bastille. Paula fühlte sich wohl in ihren Lieblingsjeans und war wieder bester Stimmung. Als ihr Marie dann alle Freunde vorstellte, war sie allerdings mehr als irritiert: Die Mädchen steckten entweder im kurzen Schwarzen oder in hautengen Leggins und die Jungs in Hemden mit Pullovern. War sie hier im Club der Gleichgesinnten gelandet? Mit einem ultrageheimen Kleidercode? Paula beschloss, Marie auszuquetschen, sobald sie wieder zu Hause waren. Aber erst mal bestellte sie sich ein großes Bier und versank dann genüsslich in dem melodiösen Stimmenwirrwarr. »*Nice look*«, flüsterte ihr kurz darauf Pierre ins Ohr, den Marie vorhin in der Metro schon als typischen französischen Charmeur eingeführt hatte. »*Merci*«, entgegnete Paula kurz und trocken und wandte sich siegessicher dem süßen, schüchternen Aurélien zu ihrer Linken zu.

Was ist diesmal schiefgelaufen?

Das Klischee stimmt: Kleidung war und ist in Frankreich ein großes Thema. Die Präsidentengattin gibt es vor: Französische Frauen gehen regelmäßig und leidenschaftlich gern shoppen! Sie verabreden sich mehrfach in der Woche ausschließlich dafür, tauschen sich viel und gern über neue Moderichtungen aus und lassen jede Menge Geld in diversen Boutiquen. Es gehört einfach zum Lebensgefühl der *femme française*, der französischen Frau, dass sie sich in diesem Bereich einen gewissen Entfaltungsraum bewahrt hat. Ein bisschen nach dem Motto: Das Äußere stärkt das Innere.

Obwohl Paula immer wieder und ebenso leidenschaftlich beobachtet, dass sich die Frauen in Frankreich viel eleganter und weiblicher kleiden als in Deutschland, hat sie trotzdem noch überhaupt keine Ahnung, worin diese französische Eleganz eigentlich besteht. Für sie ist das nach wie vor eine vollkommen fremde Welt. Und am Ende überwog dann an besagtem Samstagabend die Wohlfühllaune und nicht der französische Schick. Sie hat also angezogen, was sie zu Hause in Berlin an einem Samstagabend tragen würde: ihre bequemen Lieblingsklamotten. Ganz egal, wohin und mit wem. Und das war in dem Fall ein kleiner Fehler.

Was können Sie besser machen?

Paula ist zu Gast bei den Bouchards und wird von deren Tochter Marie spontan zu einem Samstagabend mit Freunden mitgenommen. Da wäre es durchaus angemessen gewesen, kurz nachzufragen, welches Outfit für diesen Abend das passende wäre. Stattdessen hat Paula einfach nur ausgewählt, worauf sie Lust hatte, ohne dabei auf ihre Gastgeberin einzugehen. Paula hätte sich letztendlich nur ein wenig einfühlen müssen in die Stimmung des Abends und hätte dann vielleicht sogar unter ihren eigenen Sachen etwas Geeignetes gefunden.

Frankreich und Mode ...

... das ist wie Deutschland und Bier! Das eine ist ohne das andere nicht zu denken. Die Modenschauen in Paris sind nach wie vor richtungweisend, die Trends, die hier gesetzt werden, verbreiten sich in der ganzen Welt und französische Modemacher genießen eine unangefochtene Anerkennung. An ihren Schnitten und Entwürfen orientieren sich viele andere Designer und entwickeln auf dieser Basis ihre eigenen Stile. Lange Zeit hatte Frankreich sogar eine Art Vormachtstellung in der Modewelt. Inzwischen haben sich auch andere Länder dazu gesellt, und Trendsetter sind jetzt ebenso Berlin, Mailand, Tokio, London und New York.

Zur Zeit Ludwigs XIV. schaute das ganze modebewusste Europa auf Frankreich. Man kopierte in Europa französische Kleiderschnitte, Frisuren und selbst die Sprache. Ende der Zwanzigerjahre gelang es den Modemachern der *haute couture* (Coco Chanel, Christian Dior u.a.) dann sogar, die Mode in den Rang der Kunst zu erheben und ein neues gesellschaftliches Bewusstsein für diese Ausdrucksform zu schaffen. Heute ist die revolutionäre Kreativität von Coco Chanel nicht mehr wegzudenken. Ohne sie gäbe es zum Beispiel das zeitlose »Kleine Schwarze« nicht. Nach dem Zweiten Weltkrieg war es Christian Dior, der die französische Mode wiederbelebte. Er entwarf weite blumenartige Röcke mit enger Taille, die die weiblichen Formen stärker unterstreichen sollten. Zu seinem »Nachwuchs« gehörte auch Yves Saint-Laurent, der schon mit jungen Jahren sein eigenes Modehaus gründete. Zu seinen legendären Kreationen zählt der elegante und sachlich anmutende Hosenanzug für Frauen aus dem Jahr 1967 – ein nicht unwesentlicher emanzipatorischer Schritt in der Modeszene.

Im Allgemeinen verfolgen die französischen Frauen diese Modetrends mit großem Interesse und einer nicht enden wollenden Leidenschaft. Sie integrieren sie in ihre Alltagsgarderobe, wobei die individuelle Kreativität zu Gunsten eines aktuellen, einheitlichen Stils ein wenig in den Hintergrund rückt. Man ist zwar gern modisch schick, aber eben auch gern genauso schick wie alle anderen. Die einzelnen Gesellschaftsschichten haben wiederum ihre ganz eigenen Kleidercodes und pflegen diese bewusst und mit Stolz. Wer einmal begriffen hat, worin diese bestehen, findet sich plötzlich viel einfacher zurecht – im Land der unerschöpflichen Modeschöpfer!

5 Der Périphérique

Wie Manni knapp einem Unfall entkommt

»Schau mal, Manni, der Eiffelturm«, rief
Eva entzückt, als sie sich nach stunden-
langer Fahrt endlich Paris näherten. Wie
eine Fata Morgana tauchte die Stadt, in
der Sonne glitzernd, mit ihrem Hügel, dem Montmartre, vor
ihnen auf. Genauso romantisch hatten sie sich das damals
vorgestellt. Das Ehepaar warf sich prompt einen verliebten
Blick zu. Dabei träumte Eva schon seit Längerem von einer
Toilette und einem guten Milchkaffee, Manni von einem
gescheiten Bier und Anton war hinten im Campingbus über
seinem Gameboy eingeschlafen. Der Verkehr wurde langsamer, aber aggressiver, unzählige Schilder wiesen in die ver-
schiedensten Richtungen, Manni versuchte sich zu konzentrieren. Ich werde das Kind schon schaukeln, dachte er sich.
Eva schaute hektisch auf die Wegstreckenbeschreibung, die
sie aus dem Internet heruntergeladen hatten. »Wir müssen
Richtung Porte d'Orléans«, sagte sie schnell, bevor Manni sie
dumm anmachen konnte – von wegen sie sei zu blöd zum
Kartenlesen. Und wie durch ein Wunder tauchte plötzlich
das Schild auf: »Porte d'Orléans«. »Da!«, rief Eva laut, »links
abbiegen«. »Ja, ja«, sagte Manni, »hab ich auch gesehen. Keine
Panik.« Sie bogen nach links ab, doch da tauchte schon ein
weiteres, diesmal kryptisches Schild vor ihnen auf: *Intérieur*
nach rechts, *Extérieur* nach links. Sie mussten sich zwischen

der inneren und der äußeren Straßenseite entscheiden. »Was ist das denn wieder für ein Schwachsinn!«, schimpfte Manni gleich und ehe er sich versah, wurde er vom restlichen Verkehr in eine Richtung mitgezogen. Hätte er in die andere Richtung fahren wollen, hätte er mehrere Autos rammen müssen. Denn von allen Seiten strömten jetzt die Fahrzeuge herbei, ohne zu blinken, möglichst ohne zu halten, wurschtelten sich alle irgendwie durch dieses Nadelöhr auf die »innere Seite« der Straße. »Wenn da alle hin wollen, kann das nicht so falsch sein«, versuchte Eva ihr Training des positiven Denkens anzuwenden, um das Schlimmste zu verhindern. Manni schwieg. Er war einfach viel zu sehr mit dem Verkehr beschäftigt. Immerhin war der Campingbus ein ganz schönes Monstrum und wirkte vielleicht einschüchternd auf andere Fahrer, dachte er sich. Doch weit gefehlt, der schwerfällige Riese mit dem deutschen Nummernschild wurde rechts und links überholt, sodass Manni zum Stehen kam. Doch Manni ließ sich nicht klein kriegen, er griff an und fuhr einfach wieder los, egal ob er jemanden rammte, Augen zu und durch. Und siehe da – es funktionierte, er hatte das Nadelöhr hinter sich gelassen.

Die Straße führte jetzt hinauf auf eine schnell und dicht befahrene Ringautobahn, herrje, Manni erkannte sofort sein Problem: Wie sollte er hier jemals auffahren? Die fuhren bestimmt 80 Stundenkilometer, wie sollte er denn mit seinem Bus so schnell aus dem Stand beschleunigen, ohne einen Totalschaden zu verursachen? Er konnte höchstens warten, bis ein paar Autos den rechten Fahrstreifen für ihn freimachten – oder bis es dunkel wurde und der Verkehr nachgelassen hatte, bis heute Nacht also?! Auf Mannis Stirn machte sich kalter Schweiß breit. Hinter ihm begannen die Fahrer unbarmherzig zu hupen. Manni umklammerte mit beiden Händen das Lenkrad, er hatte nur eine Chance. »Du schaffst das!«, ermutigte ihn Eva und schloss die Augen. Manni gab Vollgas, das Auto stöhnte, auch Anton wachte jetzt auf, Manni riss das Lenkrad herum und sah, wie hinter ihm ein paar Autos noch in letzter Sekunde die Fahrbahn wechselten, um dem Koloss auszuweichen. In Manni stiegen Kriegsgefühle auf und er warf den vorbeirasenden Autos samt Insassen feindselige Blicke zu. Doch keiner reagierte. Kein Hupen, kein Vogelzeigen, alles schien ganz normal. Manni atmete tief durch, das wäre also geschafft! Eva wollte ihn fast umarmen, manchmal war sie wirklich stolz auf ihn. »Wow«, sagte Anton halb verschlafen. »Da ist meine Konsole ja echter Dreck gegen. Hier würde ich auch gern mal fahren.« »Aber nicht mit meinem Auto«, sagte Manni trocken, ihm floss der Schweiß den Nacken hinunter. Es gab keine Standspur, man konnte nicht ausweichen, nur aufs Gaspedal drücken. »Und jetzt?« Eva vertiefte sich wieder in die Wegbeschreibung und stieß einen spitzen Schrei aus. »Wir sind richtig! Die innere Straßenseite führt uns zur Porte d'Orléans!« »Das wäre ja jetzt auch noch schöner«, entgegnete Manni, »hier wieder runter und auf der anderen Seite wieder rauf? Nee!«

Eva lehnte sich zurück, doch an Entspannung war nicht zu denken. Manni, der jetzt die mittlere Fahrbahn erobert hatte, wurde von allen Seiten überholt. Ein Rennauto zog rechts an ihm vorbei, ein Motorradfahrer, den er gar nicht gesehen hatte, streifte ihn links. Manni hupte wie ein Verrückter, doch das Motorrad war schon längst über alle Berge. Manni konzentrierte sich auf die Rückspiegel, ein Auto klebte fast an seiner Stoßstange, Manni konnte es kaum noch sehen, so dicht war es schon aufgerückt. Am Liebsten hätte er kurz gebremst, um ihm einen kräftigen Schrecken einzujagen. »Krass«, rief Anton begeistert vom Rücksitz, und in diesem Augenblick wurde er auch schon fast durch die Windschutzscheibe geschleudert: Manni musste eine Vollbremsung machen. Während er auf die Bremse trat, schloss er die Augen. Er war sich sicher, dass der Urlaub an dieser Stelle beendet wäre und der Hintermann mit seinen Vorderreifen in der Einbauküche des Wohnwagens klebte. Doch der erwartete Knall blieb aus. Es war plötzlich überraschend leise: Stau. Der Verkehr war ganz plötzlich und ohne ersichtlichen Grund zum Erliegen gekommen. Über ihnen leuchtete ein elektronisches Schild auf: »Porte d'Orléans 60 Minuten«. Jetzt konnte Manni endlich verschnaufen. Noch nie hatte er sich so über einen Stau gefreut. »Gib mir mal 'nen Schluck Wasser, bitte.« Eva reichte ihm die geöffnete Flasche und lächelte ihn zärtlich an, ihren Helden.

Was ist diesmal schiefgelaufen?

Manche Leute behaupten, dass man an Fahrstil und Gesamtbild des Straßenverkehrs das wahre Gesicht einer Gesellschaft ablesen könne. Wenn dem so ist, dann ist Frankreich in seinem tiefsten Inneren anarchistisch – das Verhalten der Autofahrer in Paris ist es auf jeden Fall. Ein jeder fährt, wie es ihm gerade beliebt, die eigenen Bedürfnisse stehen dabei im Vordergrund. Die Engländer behaupten, die Franzosen seien die schlimmsten Autofahrer der Welt. Mag sein, dass es so erscheint, denn man hält sich in Frankreich nicht so stur an die Verkehrsregeln, sondern reagiert spontaner. Als Autofahrer muss man stets flexibel und wach bleiben: Plötzlich drängt sich einer von links frech vor einen in die Spur, von rechts wird man hupend überholt und das, obwohl fünf Meter weiter sowieso der gesamte Verkehr zum Erliegen kommt, da die Straßen »wegen Überfüllung geschlossen« sind. Die Franzosen betrachten Stoppschilder schnell als Angriff auf ihre persönliche Freiheit, und wahrscheinlich hat sich der berühmte Kreisverkehr genau aus diesem Grunde in Frankreich etablieren können. Man muss zwar langsamer werden, aber es geht immer noch vorwärts, und bunte Kreisverkehrsinseln lenken geschickt von der Tatsache ab, dass sich hier jeder einzelne zu fügen hat. Der Kreisverkehr ist praktisch der maximale Kompromiss des Individuums an die Straßenverkehrsordnung.

Manni hat eigentlich fast alles richtig gemacht. Es hat zwar etwas gedauert, bis er auf den *Boulevard Périphérique*, die ringförmig um Paris gebaute Stadtautobahn, aufgefahren ist, aber dann hat er es doch nach dem Augen-zu-und-durch-Prinzip geschafft. Er hat wahrscheinlich mindestens eine Stunde länger gebraucht als andere Autofahrer, doch am Ende kommt er ans Ziel, mit mehr Glück als Verstand.

Was können Sie besser machen?

Aus dem Stand auf eine Autobahn aufzufahren ist eine Wissenschaft für sich und natürlich hochgradig gefährlich. Doch Manni hätte einfach auffahren können, denn was er nicht wissen konnte: Im Gegensatz zur normalen Autobahn gilt beim Auffahren auf den *Périph* rechts vor links. Man muss Sie also reinlassen. Aber das ist natürlich alles andere als offensichtlich, denn wer lässt schon gerne jemanden vor? Mit der rabiaten Methode »Achtung, hier komme ich!« ist man gut beraten. Doch die ist nicht jedermanns Sache. Zaghafte oder ängstliche Autofahrer sollten in Paris entweder das Autofahren sein lassen, oder es wird Zeit, eine gewisse Ängstlichkeit zu überwinden und sich ins Getümmel zu stürzen. Auf jeden Fall ist für Deutsche das Autofahren in Paris und generell in Frankreich eine gute Schule für das Selbstbewusstsein: Wenn man sich nicht nimmt, was man braucht, kann es passieren, dass man lange an einer Kreuzung steht, bevor man weiterfahren kann, auch wenn man eigentlich Vorfahrt hat ...

Der Périphérique

Der *Boulevard périphérique*, wie der *Périphérique* offiziell heißt, wird im Volksmund auch *Périph* genannt. Die Ringautobahn um Paris verfügt über 38 Auf- und Abfahrten, den sogenannten *portes* (Tore/Türen/Pforten) und wird in eine innere Fahrbahn, *Intérieur*, und eine äußere Fahrbahn, *Extérieur*, eingeteilt. Die innere Bahn verläuft am Zentrum von Paris entlang im Uhrzeigersinn, die äußere in die entgegengesetzte Richtung. Je nachdem, wo man auf die Autobahn auffährt, sollte man wissen, in welcher Richtung das Fahrtziel liegt, denn obwohl die Autobahn ja einen Kreis bildet, kann es mehrere Stunden dauern, Paris auf diesem Ring einmal zu umrunden. (Manni und Eva haben also Glück gehabt, dass sie zufällig in die richtige Richtung gefahren sind.)

Mit 1,2 Millionen Fahrzeugen pro Tag ist der *Périphérique* die meist befahrene Straße Frankreichs; mehr als 100.000 Anlieger wohnen in unmittelbarer Nähe von ihr. Damit ist die Umgehungsstraße von Paris nicht nur eine praktische Ringautobahn, sondern auch laut und geradezu unmenschlich. Da nützen auch keine Lärmschutzmauern oder hübsche Arrangements, mit denen man versucht, die Straße in die Landschaft zu integrieren. Noch dazu bildet der Ring eine Art soziale Grenze zwischen den armen Vorstädtern und den reichen Parisern, von denen sich viele nie aus dem inneren Ring der Stadt in die *banlieue*, den Stadtrand jenseits des *Périph*, begeben würden.

6 Lody, Back und Mannatann

Warum Paula schon wieder nichts versteht

Paula war aufgeregt, sie wollte nichts falsch machen. Schließlich wollte sie ein Jahr in dieser Familie verbringen und wie man ja weiß: Der erste Eindruck zählt. Marie, die Tochter der Gastfamilie, stellte eine geschnittene Melone auf den Tisch und setzte sich. »*Sers-toi!*«, forderte Claudine Paula auf und Paula nahm sich ein Stück Melone mit den Fingern, bevor sie die Platte weitergab und dann wartete, bis alle sich etwas genommen hatten. Ihr entging nicht, dass die anderen Messer und Gabel nahmen und die Melone nicht mit den Fingern anfassten. Auch sie schnitt sie also ganz langsam mit dem Messer auf und steckte sich dann mit der Gabel kleine Stückchen in den Mund. Etwas merkwürdig, ein Essen mit einem Stück Melone zu beginnen, und noch merkwürdiger, dass die anderen Brot zur Melone aßen. Hoffentlich gab es noch etwas Ordentliches zu essen, denn Paula hatte wirklich Hunger.

Claudine begann die Konversation, indem sie Paula ein Kompliment machen wollte. »*On aime bien* Lody.« (Wir haben Lody sehr gern.) Paula schaute sie etwas irritiert an, aber nickte höflich. Wer um Himmels Willen war Lody? »*Oui*«, stimmte Bernard zu, »*on aime bien* Lody! *Elle est grande, elle va vite, elle est fiable ... elle est – parfaite!*« (Ja wir haben Lody sehr gern. Sie ist groß, sie ist schnell, sie ist zuverlässig ... sie ist perfekt!)

Er lächelte. Paula lächelte zurück. Dass Claudine nicht eifersüchtig wurde, wenn er so von dieser Lody schwärmte! »*Et toi?*« (Und du?), fragte er Paula freundlich. »*Tu aimes* Lody*?*« (Magst du Lody?) Paula nickte eifrig; »*Oui! Oui, oui, bien sûr*« (Ja! Ja, ja, klar), antwortete sie schnell, hoffentlich fragte sie keiner nach Details. Bernard lächelte. Die Familie redete noch eine Weile über Lody, bis sie auf ein anderes Thema zu sprechen kam.

Claudine wollte Paula etwas näher kennenlernen und testete ihren kulturellen Hintergrund. Nachdem sie ein Kartoffelgratin und ein riesiges Stück Fleisch auf den Tisch gestellt hatte, wandte sie sich an die junge Deutsche und fragte: »*Tu aimes* Back*?*« (Magst du Back?) Paula war wieder irritiert. Während der Vater das Fleisch aufschnitt und Marie ihr das Kartoffelgratin reichte, lächelte Paula höflich zurück. »Back, *comme ›back‹ en anglais?*« (Back, wie »back« im Englischen?), fragte sie höflich. »*Non*, Back« (Nein, Back), erwiderte Claudine und betonte das Wort noch etwas härter. »*Ça vient du mot allemand ›Backen‹, c'est à dire cuisson?*« (Kommt das vom deutschen Wort »Backen«? Also Backen?) Paula war stolz, dass ihr das französische Wort für »das Backen«, *cuisson*, so schnell eingefallen war. Sie nahm sich etwas von dem leckeren Kartoffelgratin und reichte die Platte an Claudine weiter. Die war sprachlos. »*Je ne sais pas*« (Ich weiß nicht), sagte sie. »*Je n'ai jamais entendu ça.*« (Das habe ich noch nie gehört.) Der Vater schüttelte den Kopf. »*Non, je ne crois pas.*« (Nein, ich glaube nicht.)

Jetzt hatten die Bouchards wirklich ein interessantes Gesprächsthema gefunden, denn sie waren auf einmal ganz vertieft und tauschten schnelle Sätze über »Back«, *cuisson* (das Backen) und Deutschland aus. Dass sie sich so für deutsches

Backen interessierten, wunderte Paula. Das hätte sie ihnen gar nicht zugetraut. Paula beschäftigte sich währenddessen mit dem rohen Fleisch, das ihr Bernard auf den Teller gelegt hatte. »*Mais tu aimes* Back?« (Aber du magst Back?), wurde sie nun von Claudine gefragt. Der Braten war innen fast dunkelrot und mit jedem Schnitt lief noch mehr Blut auf den Teller. Paula ekelte sich fürchterlich. Sie stocherte möglichst elegant in dem Fleisch herum und lächelte Claudine an. »*Je ne sais pas, Madame.*« (Ich weiß es nicht, Madame.) Was waren denn das für Fragen?! Bei allen Essensregeln schienen ihr die Bouchards nicht gerade kulturell versiert. »*Mais le nom* Back, *ça veut dire quelque chose?*« (Aber das Wort Back, hat das eine Bedeutung?), insistierte nun Claudine. Paula versuchte, das Stück Fleisch aus ihrem Mund in der Serviette verschwinden zu lassen. Aber da es Stoffservietten waren und alle Augen auf sie gerichtet, spülte sie es schnell mit einer großen Menge Wasser hinunter. »*Je ne sais pas*« (Ich weiß es nicht), antwortete sie. Claudine und Bernard warfen sich einen bedeutenden Blick zu. Claudine ahnte Schlimmes. »*Mais tu connais* Back?« (Aber du kennst Back?), fragte sie jetzt ganz langsam. Paula ließ das Fleisch liegen und konzentrierte sich auf die Kartoffeln. Was für einen Hunger sie hatte! Sie überlegte kurz. Woher sollte sie Back kennen? »*Je ne pense pas*« (Ich glaube nicht), antwortete sie. »*C'est qui?*« (Wer ist das?), fragte sie neugierig. Das würde man ihr ja wohl schnell erklären können. Doch Madame und Monsieur schauten nur betreten auf ihre Teller. Marie lächelte sie vergnügt an. Sie schien nicht länger das einzige schwarze Schaf der Familie zu sein. Paula ahnte, dass hier etwas komplett schieflief, aber sie wusste nicht so recht, wie sie das Rätsel lösen sollte. »*Qui veut encore de la viande?*« (Wer möchte noch Fleisch?), fragte

Claudine nun eifrig. »Paula?« Paula schüttelte etwas zu schnell den Kopf. »*Non! Non!*«, rief sie entsetzt aus und schob ein leises *Merci* nach. Es war mehr als offensichtlich, dass ihr das Fleisch nicht geschmeckt hatte. Claudine schaute pikiert. Bernard griff ein: »*Si tu n'aimes pas quelque chose, tu nous le dis!*« (Wenn dir etwas nicht schmeckt, dann sag uns das!) »*Oui, merci*«, antwortete Paula erleichtert und lächelte ihn an. Claudine warf ihrem Mann einen bösen Blick zu. »*Elle était très bonne, ta viande*« (Es war sehr gut, dein Fleisch), sagte er schnell zu seiner Frau. »*Mais si on ne connaît pas* Back, *peut-être on n'aime pas la viande non plus!*« (Jemand, der Back nicht kennt, der mag vielleicht auch kein Fleisch). Jetzt lächelte Claudine wieder. Marie warf ihrem Vater einen vorwurfsvollen Blick zu. »*Arrête!*« (Hör auf!), sagte sie empört mit Blick auf Paula. Paula ahnte, dass gerade über sie gesprochen wurde und lächelte freundlich zurück. »*Marie, tu peux faire passer la salade?*« (Marie, kannst du bitte den Salat herumreichen?), fragte Claudine ihre Tochter, die mürrisch aufstand und den Salat holte, um ihn weiterzugeben. Das Interesse an Paula schien versiegt. Die Bouchards unterhielten sich eine Weile und Paula stopfte den Salat mit viel Brot in sich hinein. Zu ihrem großen Glück kam jetzt noch ein Käseteller.

»*J'aimerais bien aller à Mannatann*« (Ich würde so gerne nach Mannatann fahren), sagte Marie schließlich in Gedanken versunken und etwas traurig. Paula hatte auch Lust, etwas zu unternehmen. »*Cet après-midi?*« (Heute Nachmittag?), fragte sie erfreut. Was auch immer das sein mochte, Mannatann. Paula war offen für alles Neue. Jetzt starrten sie alle drei an und eisige Stille machte sich am Tisch breit. Paula verteidigte sich schnell: »*Je ne sais pas, mais j'aimerais bien faire une petite excursion.*« (Ich weiß nicht, ich würde sehr gerne einen kleinen Ausflug machen.) Und musste mit ansehen, wie Marie in schallendes Gelächter ausbrach.

Was ist diesmal schiefgelaufen?

Während wir versuchen, englische Wörter auch möglichst englisch auszusprechen, französieren die Franzosen ausländische Namen und Wörter bis zur Unkenntlichkeit. Wenn die Franzosen also ein deutsches oder ein englisches Wort in ihren französischen Sprachfluss einbetten, ist es oft nicht wiederzuerkennen. In diesem Fall ist »Lody« die französierte Form von *le Audi, l'Audi*, was französisch ausgesprochen wie *Lodi* klingt, aber den Audi meint, das Familienauto draußen vor der Tür. Die Bouchards wollten Paula als Deutsche das Kompliment machen, dass sie deutsche Autos mögen, besonders ihren Audi, der noch nie zur Reparatur musste. Dadurch dass Paula das Wort »Lody« nicht mit »Audi« zusammenbringen konnte, war ihr einfach nicht klar, um was es in der Konversation überhaupt ging. Genauso wie bei dem Wort »Back«. Damit ist keineswegs eine Backware, womöglich ein Krapfen oder ein Berliner, gemeint, genauso wenig wie das englische Wort für »zurück«, sondern vielmehr der weltbekannte Komponist Johann Sebastian Bach. Denn wenn das ch am Ende eines Wortes steht, wird es im Französischen wie ein k ausgesprochen. Wie der Name Bach im Original ausgesprochen wird, das interessiert sie reichlich wenig. Natürlich waren die Bouchards schockiert, dass Paula den deutschen Komponisten nicht kannte. Denn wenn man auch nicht die Bach'schen Werke herunterbeten kann, so hat man doch zumindest den Namen schon einmal gehört. Spätestens als Marie zu lachen anfing, war klar, dass hier eine Reihe sprachlicher Missverständnisse vorliegen musste. Denn der kleine Ausflug nach »Mannatann« wäre doch sehr aufwendig geworden, schließlich hatte Paulas Gastschwester von New York, Manhattan, geträumt.

Was können Sie besser machen?

Paula hätte sich schneller und aktiver in die Kommunikation einbringen und einfach ehrlich zugeben können, dass sie ein Wort nicht versteht. Dann wäre schneller klar geworden, dass es sich um ein sprachliches Problem, nicht um ein inhaltliches handelt. Aber Paula war in dieser Situation einfach sehr unsicher und noch dazu mit dem Fleisch beschäftigt. Vielleicht hilft es schon zu wissen, dass Franzosen Fremdwörter französieren, es also durchaus sein kann, wenn man ein Wort nicht versteht, dass es sich um ein nicht ursprünglich französisches Wort handelt. Über unsere deutsche Art, englische, spanische oder französische Fremdwörter möglichst »original« auszusprechen, machen sich die Franzosen wiederum gerne lustig. Man gilt schnell als Angeber oder Snob, wenn man in seinen französischen oder deutschen Redefluss plötzlich ein paar betont englische oder spanische Worte einfließen lässt, selbst wenn es sich um Namen wie Ashton Kutcher oder Charlize Theron handelt. Und wirklich gelingen tut es den meisten, zugegebenermaßen, auch nicht. Man denke nur an die englischen Zugansagen in einem deutschen ICE, die immer wieder Gelegenheit zum Lachen bieten. Wir Deutschen bemühen uns zwar redlich, englische, französische, italienische oder spanische Wörter im Original auszusprechen, bei japanischen, chinesischen oder sogar schon russischen Begriffen hört das allerdings sehr schnell auf. »Moskau« sprechen wir Deutschen schließlich nicht »Moskva« aus. Die Franzosen sind im Grunde nur konsequent, wenn sie einfach alles in ihre Sprache »eingemeinden«. Obwohl man Namen wie Richard Gere (etwa: Riescha Scher) dann nicht wiedererkennt. Auf Verbesserungsvorschläge zur »richtigen« Aussprache werden sie nicht wirklich reagieren: »Ach so, Sie meinen den Audi!« – »Ja, sag ich doch! Lody!«

Franzosen und Englisch

Das Vorurteil, dass Franzosen kein Englisch sprechen, trifft auf die jüngeren Generationen kaum noch zu. Die Generation, die heute sechzig aufwärts ist, hatte meist schlechten Englischunterricht und traut sich oft einfach nicht, in der Fremdsprache zu sprechen. Außerdem sind viele Franzosen der Meinung, dass man in Frankreich auch Französisch zu sprechen habe. Daher vielleicht das verquere Bild. An der Aussprache kann es allerdings tatsächlich hapern, sodass man manchmal nicht gleich merkt, wenn ein Franzose englisch spricht. Es klingt häufig wie ein Französisch, das man nicht versteht. Wenn Sie es schaffen, ein paar Worte Französisch anzuführen, ist das in jedem Fall der kommunikationsfreudigere Weg. Doch wenn Sie auf die englische Sprache angewiesen sind, wird man ihnen sicherlich auch gerne zuhören und weiterhelfen, bemühen Sie sich allerdings bitte nicht um eine extra französische Aussprache!

7 Die Auberginen sind los

Gibt es für Manni ein Parken ohne Strafzettel?

Endlich hatten sie es geschafft! Als sie vom *Périphérique* hinunterfuhren, waren sie sich sicher, der Stau läge hinter ihnen und nur noch wenige Straßen würden sie von dem Hotel trennen. Doch der Stau ging munter weiter. Die Straßen von Paris waren eng, und wohin das Auge reichte, waren sie mit Autos zugestopft. »Samstagnachmittag, da ist doch gar kein Berufsverkehr«, meinte Manni und lehnte sich erschöpft und seufzend in seinem Sitz zurück. Eva war mal wieder als Wegweiserin gefragt. Zum Glück hatte das Internetprogramm schon die Einbahnstraßen berücksichtigt, denn die schienen noch mal ein gewaltiges Hindernis zu sein. Sich bei dem Stau zu verfahren und in eine falsche Seitenstraße abzubiegen, konnte einen bestimmt Stunden kosten. Die Autos begannen, wie wild zu hupen, nichts ging mehr vorwärts. »Hier zu wohnen und jeden Tag so einen Stau zu erleben, das muss die Hölle sein«, meinte Manni. »Also, ich würde in Paris garantiert kein Auto fahren«, war sich Eva sicher. »Du würdest bestimmt joggen«, meinte Anton zynisch von seiner Rückbank. »Schon mal was von der Pariser Metro gehört?« Eva vertiefte sich erneut in den Plan, als wolle sie ihn auswendig lernen. »Wir sind nur noch drei Straßen vom Hotel entfernt«, sagte sie. »Lass uns doch hier parken und da hinlaufen, mit kleinem Gepäck. Dann können wir uns ein bisschen ausruhen und nachher das Auto holen, wenn der Verkehr nachgelassen hat.« Manni fand das eine prima Idee, und selbst Anton, der prinzipiell etwas gegen Laufen hatte, schien froh zu sein, endlich aus dem Auto rauszukommen. Doch erst mal einen Parkplatz finden! »Da ist einer!«, rief Eva erfreut. Sie konnten ihr Glück kaum fassen. Dort war eine Lücke, groß genug für ihr Auto, am Boden befand sich eine gelb gestrichelte Linie. »Solange die nicht durchgezogen ist!« Manni fuhr etwas an die Seite und setzte den Blinker. Doch die Autos fuhren weiterhin so dicht auf, dass er nicht rückwärts einparken konnte. Eva stieg schließlich aus und machte mit Zeichen klar, dass sie Abstand halten sollten. Es funktionierte. Bald stand der Campingwagen auf dem Parkplatz und die drei sammelten ihre Siebensachen zusammen. Ein älterer Mann beobachtete sie eine Weile dabei, dann näherte er sich lächelnd den Fischers. »*Excusez-moi*« (Entschuldigen Sie), begann er höflich. Manni wunderte sich, der sah gar nicht danach aus, als wolle er einen Euro schnorren. »*Il y a des aubergines là-bas! Il faut faire attention!*« (Sie müssen aufpassen, da drüben sind Auberginen!) Manni kümmerte sich nicht weiter um den Verrückten. »Auberginen?«, fragte Eva zurück. »*Oui, oui*«, bestätigte der Mann eifrig und ging dann weiter. Kaum war er weg, brach die Familie in schallendes Gelächter aus. Anton blähte die Backen auf und hielt die Luft an, bis sein Gesicht fast die Farbe einer Aubergine angenommen hatte. Dazu riss er die Augen auf und humpelte wie Quasimodo hinter seiner Mutter her. »Achtung, die Auberginen kommen!«, brüllte er, als er einmal kurz Luft holte. Die Eltern spielten die Erschrockenen und rannten lachend vor der Killer-Aubergine weg.

Was ist diesmal schiefgelaufen?

Der Straßenverkehr in Paris ist oft nicht nur zu den Stoßzeiten unerträglich. Die Pariser rechnen täglich mit langen Fahrzeiten, wenn sie sich mit dem Auto auf den Weg zu ihrer Arbeitsstelle machen. Zwei Stunden am Tag im Auto zu sitzen, ist dabei völlig normal. Die Alternative Metro, die Eva anschnitt, ist nicht unbedingt die bessere. Zu Berufszeiten sind die U-Bahnen in Paris oft so voll, dass man kaum noch in einen Waggon hineinkommt. Und wenn, dann muss man viel Schweiß und Mundgeruch von Mitreisenden ertragen können. Erst in den letzten Jahren ist in Frankreich das Fahrradfahren in Mode gekommen und es wurden Fahrradwege gebaut. Doch die führen bei Weitem nicht durch die ganze Stadt. Außerdem sind die Autofahrer in Paris an diese Fahrradfahrer nicht gewöhnt und auch nicht besonders rücksichtsvoll. Radfahren kann in Paris zwar mittlerweile eine Alternative sein, aber man muss schon sehr aufpassen. Bloß nicht damit rechnen, dass ein Rechtsabbieger einen Schulterblick für einen Fahrradfahrer riskiert! Und niemals über rote Ampeln radeln.

Dass man sofort einen Parkplatz findet, kann natürlich sein, allerdings gehört dazu mehr als eine »Bestellung beim Universum«. Und zahlen muss man dann trotzdem noch. Paris ist in Parkzonen eingeteilt, es gibt praktisch kein kostenfreies Parken mehr in der Stadt. Und was Manni und Eva da als Parkplatz meinen entdeckt zu haben, ist natürlich keiner (siehe Infokasten »Parken« in Kapitel 15). Der Mann, den sie für verrückt hielten, war im Grunde ein sehr freundlicher Pariser, der sie darauf aufmerksam machen wollte, dass die Polizei gerade in der Gegend Strafzettel verteilte: In Paris werden die Politessen, die *Agents de surveillance de Paris*, kurz *ASP*, im Volksmund auch *les aubergines* genannt.

Les aubergines – Pariser Politessen

Der Spitzname der Pariser Politessen hängt mit der Geschichte ihrer Uniform zusammen: Damit sie schick aussehen, wurde für die »weiblichen Hilfssheriffs« in den Siebzigerjahren eine extra Uniform entworfen, die Eleganz und zugleich Autorität ausstrahlen sollte. Das Ergebnis war ein bordeauxrotes Kostümchen mit passendem Hütchen dazu. Die Pariser nannten ihre Politessen daraufhin frech »die Auberginen«. Alle nachfolgenden Versuche, den zweifelhaften Ruhm der *ASP* mit neuen Uniformmodellen aufzupolieren, scheiterten. Für die Pariser sind und bleiben sie ihre Auberginen.

Was können Sie besser machen?

Wenn Sie jemand nett auf der Straße anspricht, dann ist es ebenso nett, darauf einzugehen. Zumindest eine kurze Unterhaltung hätte auch den Fischers interessante Informationen bringen können und erweitert in jedem Fall den Horizont. Persönliche Kontakte sind der erste Schritt zum Abbau von Vorurteilen.

8   Im schicken Pariser Café

Wie Eva und Manni die Verliebten vertreiben

Manni wollte sich gleich hinlegen und kurz verschnaufen. »Wir haben noch drei Stunden bis zur Einladung«, meinte er müde. »Ich mach mal ein bisschen die Augen zu.« Und dazu wollte er es sich bequem machen, zog die Hose aus und die Bettdecke zurück. Doch die steckte unter der Matratze fest. Manni zog und zog, bis er alle Enden in der Hand hielt. Laken und Decke waren riesig groß und für zwei gedacht. »Herrje, da schlafen wir also heute unter einer Decke«, sagte er grinsend. »Du Arme!« Eva hatte sich bei solchen Gelegenheiten immer beschwert, dass sie irgendwann nackt dalag, während sich Manni fest wie eine Mumie in das Laken gerollt hatte. Eva zwinkerte ihm nur zu und wollte im Bad verschwinden, als Anton zur Tür hereinschaute. »Ich geh mal 'n bisschen spazieren«, sagte er. »Nicht, dass ihr mich sucht.« Eva war erstaunt. »Du, spazieren?! Wo gibt's denn so was?« »Na ja, kann ja doch nicht schlafen«, meinte Anton und war auch schon wieder weg. Als Eva kurz darauf neben Manni im Bett lag, war auch sie hellwach. Sie seufzte vor sich hin. Da waren sie in Paris und lagen am helllichten Tag im Bett. »Was stöhnst du denn so?«, fragte sie Manni, der offensichtlich auch nicht schlief. »Ich habe da vorhin so ein süßes Café gesehen ...«, fing Eva langsam an. Manni war schon mit beiden Beinen aus dem Bett. »Also los, Paris wartet auf uns! Aber nicht noch stundenlang schminken!« Eva lächelte zufrieden.

Das Café lag in einer ruhigen Seitenstraße und war sehr gut besucht. Eine rote Markise schützte die Gäste vor der noch immer starken Nachmittagssonne, in den geputzten und bemalten Scheiben spiegelten sich Häuser und Menschen, und die Kellner brachten Kaffee und Sandwichs, Quiches und Getränke. Es herrschte eine ausgelassene Stimmung, die Pariser redeten und lachten und Manni und Eva standen eine kurze Weile und schauten sich verzückt das bunte Treiben an. Nicht ein einziger Tisch war mehr frei. »Sollen wir uns zu dem Pärchen da dazusetzen?« Eva deutete auf einen Tisch, an dem noch zwei Plätze frei waren. »Ja, fragst du?« Manni war doch manchmal schüchtern. »*Excusez-moi, c'est libre?*« (Entschuldigung, ist hier frei?), fragte Eva das junge Paar. Die schauten sich nur an und fuhren mit ihrer Unterhaltung fort. Manni und Eva deuteten das als Zustimmung. Freudig setzten sie sich und Manni begann, die Karte zu studieren. »Möchte doch mal wissen, was die hier alle trinken, sieht so nach Alkohol aus.« »Trink nicht zu viel, vorher«, ermahnte ihn Eva. »Wir müssen noch einen guten Eindruck bei der Gastfamilie machen. Das haben wir Paula versprochen.« Da kam auch schon der Kellner. »Un *latte macchiato*« (Ein Latte macchiato), bestellte Eva. Der Kellner schüttelte den Kopf. »*Du lait chaud?*« (Heiße Milch?), fragte er. »*Latte*«, wiederholte Eva, »*café avec lait*« (Kaffee mit Milch). »*Une noisette?*« (Ein Noisette?), fragte der Kellner zurück. Das klang gut! Nach Nuss. »*Oui!*« Der Kellner wandte sich an Manni. »*Une bière*« (Ein Bier), bestellte er. Das Paar an ihrem Tisch verlangte nach der Rechnung und der Kellner kassierte gleich bei ihnen ab. Während die frisch Verliebten aufstanden, warf Eva ihnen noch einen freundlichen Blick zu und sagte »*Au revoir*« (Auf Wiedersehen), doch die reagierten nicht und würdigten sie keines Blickes. »Tja, die jungen Leute heute sind doch in ihrer eigenen Welt«, sagte Eva verträumt. »Quatsch! Ein bisschen Höflichkeit ist alles, was denen fehlt. Du sagst Auf Wiedersehen, da könnten sie ja schon mal reagieren!« Eva nahm Mannis Hand. »Weißt du noch, als wir so verliebt waren? Wir hatten auch keine Augen für andere Leute.« Manni brummte etwas vor sich hin, fand eine Zeitung und blätterte ein wenig darin herum, während Eva die Pariser Luft tief in sich aufsog.

Da kamen auch schon die Getränke. Eva war etwas enttäuscht. Ihr Kaffee hatte tatsächlich ungefähr die Farbe einer Haselnuss, aber die Milch war nicht aufgeschäumt und noch dazu war der Kaffee ganz schön stark. »Prost, auf die Stadt der Liebe.« Manni genoss sein Bier. Sie nahmen sich vor, auf jeden Fall noch den Eiffelturm zu besteigen, um sich damit ihren Jugendtraum zu erfüllen. Am besten gleich morgen. Eva bestellte die Rechnung. »*J'aime payer, s'il vous plaît!*« (Ich liebe bezahlen, bitte!), rief sie. »*Sept euros soixante-dix*« (Sieben Euro siebzig), sagte er. Manni schaute Eva hilflos an. Sie gab dem Kellner schnell einen Zehn-Euro-Schein und sagte« einfach: »*Bon*« (Gut). Der Kellner gab ihnen wortlos 3,30 Euro zurück und verabschiedete sich mit einem *Bonne journée!* (Schönen Tag). »Der hat unser Trinkgeld gar nicht angenommen«, wunderte sich Eva. »Vielleicht war es nicht genug?«, spekulierte Manni. »Sind es hier auch zehn Prozent wie in den USA?« Eva schüttelte den Kopf. »Glaub ich nicht«. Manni stand bereits auf. »Was soll's«, sagte er. »Wer nicht will, der hat schon.« Gemeinsam verließen sie das Café, während hinter ihnen bereits neue Gäste ihre Plätze eroberten.

Was ist diesmal schiefgelaufen?

Manni und Eva sind, ohne es zu ahnen, in ein Fettnäpfchen nach dem anderen getreten. Was man in Frankreich auf keinen Fall macht, ist, sich einfach zu fremden Leuten an den Tisch zu setzen. Auch nicht, wenn dort noch vier Plätze frei sind. Die Gäste an dem Tisch fühlen sich dadurch gestört. Das junge Pärchen hatte keineswegs seine Zustimmung gegeben, sondern sich einfach nur gewundert, und war dann genervt und wortlos gegangen. Was Manni und Eva als Unhöflichkeit deuteten, war vielmehr ein Zeichen von Protest.

Das andere Fettnäpfchen betraf das Trinkgeld: In Frankreich sind in der Regel bereits 15 Prozent des Gesamtpreises für den Service bestimmt. Der Kellner lebt also keineswegs von Ihrem Trinkgeld, sondern von seinem Anteil am Gesamtumsatz. Dennoch ist es durchaus üblich, Trinkgeld zu geben, wie hoch ist allerdings reine Ermessenssache. Prinzipiell geben Franzosen weniger Trinkgeld als deutsche Gäste (die sich nicht selten an den in Amerika üblichen zehn Prozent orientieren), ohne deswegen geizig zu sein. Was man in Frankreich nicht macht, ist, die aufgerundete Rechnungssumme, also inklusive Trinkgeld, beim Bezahlen zu nennen. Vielmehr gibt die Bedienung stets auf die geforderte Summe heraus und der Gast entscheidet hinterher, wie viel er als Trinkgeld auf dem Tisch zurücklassen möchte.

Auch in den Innenstädten von Frankreich werden immer mehr Coffee-Shops wie Starbucks und Balzac eröffnet, wo man Latte macchiato, Frappuccino, Vanilla Latte und dergleichen mehr bekommt. Doch es gibt ebenso noch viele traditionelle französische Cafés, in denen das Bestellen eines Kaffees ganz andere Bezeichnungen verlangt, als wir es mittlerweile gewohnt sind. Den Cafè Latte oder Latte macchiato gibt es in Frankreich traditionellerweise nicht. Der Cappuccino konnte sich zwar weitgehend etablieren, doch wundern Sie sich nicht, wenn Sie in dem kleinen Café an der Ecke keine aufgeschäumte Milch bekommen. Das ist eine typisch italienische Angelegenheit, die sich fast nur in den Touristengegenden Frankreichs wiederfindet. Viele Franzosen halten an ihrer eigenen Kaffeekultur fest und die sieht etwas anders aus.

Kleine Kaffeekunde

un expresso	ein Espresso
un double	ein doppelter Espresso
un petit noir	ein schwarzer Kaffee; wie ein Espresso mit etwas mehr Wasser
une noisette	ein Kaffee mit einem Schuss warmer Milch, der die Farbe einer Haselnuss annimmt (wörtlich: eine Haselnuss)
un café au lait	ein Milchkaffee; halb Kaffee, halb Milch; wird manchmal in einer Schale (*bol*) serviert, gerne aber auch in einer großen Tasse oder einem Glas; wird traditionell fast ausschließlich zum Frühstück getrunken
un café crème	ein Milchkaffee; so wird er manchmal in Paris genannt. Manche Leute bestellen auch einfach nur „un crème", damit weiß der Kellner sofort, was gemeint ist.
un nuage de lait	gerne bestellen Franzosen einen Kaffee mit einem Schuss Milch, auf Französisch »mit einer Wolke Milch«.

Was können Sie besser machen?

Die Rechnung ist meist auf einem kleinen Plastiktablett festgeklemmt, auf das der Gast sein Trinkgeld legen kann. Es gilt als unhöflich, mit dem Kellner über Geld zu sprechen. Er könnte sonst auf die Idee kommen, dass Sie mit der zu bezahlenden Summe nicht einverstanden sind. Legen Sie bis zu zehn Prozent der Rechnungssumme als Trinkgeld auf das Plastiktablettchen. Viele Franzosen geben weniger, da die Preise, besonders in Paris, sowieso schon gesalzen sind.

Setzen Sie sich nie zu anderen Gästen an den Tisch. Wenn ein Café vollkommen überfüllt ist, kann höchstens der Kellner vorsichtig die Gäste fragen, ob sie eventuell damit einverstanden wären, wenn ... In solchen Fällen sollten Sie sich also immer an den Kellner wenden. Und: Franzosen lesen niemals in Gegenwart anderer Personen am Tisch Zeitung. Wenn Sie einmal darauf achten, werden sie feststellen, dass weder der Mann noch die Frau noch beide gemeinsam an einem Tisch im Restaurant oder Café sitzend in einer Zeitung oder einem Buch blättern. Das ist ein absolutes No-go.

9   Le métro

Wie sich die Fischers im Pariser Untergrund verlieren

Als die drei Fischers sich endlich vor den kleinen Hotelspiegel zwängten, Manni seinen Bauch einzog, Eva die wilden Locken hinter die Ohren klemmte und Anton noch sein T-Shirt in die Jeans stopfte, waren sie eigentlich ganz zufrieden. »Los jetzt!«, scheuchte Eva ihre Männer. »Wir haben Paula versprochen, dass wir pünktlich sind.« Keine fünf Minuten später standen die drei am Ticketschalter der Metrostation und Eva gab sich große Mühe mit ihrem Volkshochschulfranzösisch: »*Tickets, s'il vous plaît!*« (Tickets, bitte!) »*Bonjour, Madame*«, erwiderte die rundliche Schwarze betont langsam. »*Oui, bonjour, je voudrais des tickets*« (Ja, guten Tag, ich hätte gern Fahrkarten), wiederholte Eva höflich ihr Anliegen. Die Schalterdame rümpfte die Nase und fragte genervt: »*Et combien?*« (Und wie viele?) Das war Mannis Schlagwort, schnell und stolz nannte er Ziel- und Umsteigebahnhof, so wie Paula es ihm am Telefon aufgetragen hatte, damit die Madame für ihre Berechnungen auch alle wesentlichen Details kannte. »*Des billets, alors*« (Also, Fahrscheine), erwiderte die Dame hinter der Glasscheibe augenrollend. Ein paar irritierte Blicke später hielt Eva drei kleine, schmale Metrotickets in der Hand.

Manni und Anton suchten die richtige Linie auf dem riesigen Metroplan und freuten sich wie zwei kleine Jungs, als sie sie endlich entdeckt hatten. Dass Manni dabei aber auch gesehen hatte, wie viele Stationen sie insgesamt noch vor sich hatten, behielt er vorerst besser für sich. »Na, dann mal los!«, tönte er in die Runde und steckte sein Metroticket siegessicher in den kleinen Schlitz des Automaten. Und zwar genau so, wie er sich das bei seinem Vorgänger abgeguckt hatte. Mit einem lauten, hohen Piepton kam das kleine Pappscheinchen ein paar Sekunden später wieder zu ihm zurück. Ohne dass die beiden schmalen Metalltüren sich auch nur einen Millimeter bewegt hätten. »Andersrum!«, rief Eva von hinten, »den Strich nach unten!« Woher wusste sie das denn jetzt schon wieder, fragte sich Manni und wollte es auf ein Neues versuchen. Die Schlange hinter ihnen wurde immer länger. »Lass mich doch mal, Manni«, bettelte Eva. »Bitte sehr, Gnädigste, nach Ihnen!« Kaum hatte Eva ihr *billet* in den Schlitz gesteckt, waren die Türen auch schon für ein paar Sekunden geöffnet, und sie schlüpfte triumphierend hindurch. Anton machte es ihr nach und Manni schließlich auch. Uff, das wäre geschafft. »Hier lang!«, winkte Manni die beiden herbei und erklärte kurz, welche Linie sie bis wohin zu nehmen hätten. Vor ihnen, hinter ihnen und neben ihnen wurde gedrängelt und geschubst und sie mussten sich schnell in einen der vielen Ströme einfügen. Manni sorgte dafür, dass sie zusammenblieben. Die Metro kam, Menschenmassen stiegen hektisch aus und wieder ein. »Beeilt Euch!«, rief Manni und ergatterte gerade noch zwei Klappsitze am Eingang des Abteils. »Hier, wir fahren eine Weile.« Eva und Anton ließen sich trotz der eng aneinandergedrängt stehenden Mitfahrer erschöpft fallen. Manni blieb wachsam an der Tür stehen.

Das war sie also, die Pariser Metro. Eva schaute sich glücklich und neugierig um. Aber sie stieß nur auf abwesende oder abfällige Blicke, die sie sich beim besten Willen nicht erklären konnte. Sie waren weder laut noch machten sie sich sonderlich breit. Da hatte sie wirklich andere Touristen gesehen. Eva versuchte nicht darauf zu achten, schaute aus dem kleinen Metrofenster und ließ ihre Gedanken schweifen. Hoffentlich würde das ein schöner Abend für sie alle werden. Anton neben ihr schlummerte fast weg und Manni schien das Einmaleins der Benimmregeln durchzugehen, so angestrengt und konzentriert inspizierte er seine Umgebung. Plötzlich hielt er inne und rief laut und aufgeregt: »Wir müssen raus, Eva, Anton, dalli, dalli!« In null Komma nichts quetschten sich die drei aus dem Waggon und Leithammel Manni übernahm wieder die Führung.

Schmale, ellenlange Metrogänge taten sich vor ihnen auf, alle gleich niedrig und gleich voll. »Und jetzt? Es ist schon halb acht, Manni.« Eva machte sich Sorgen. »Eben hatte ich's noch, aber jetzt ist dieses blöde Schild einfach weg!« Manni war genervt. »Ich hab's, Porte de Dingsdabums, das war's doch, Papa, oder?« Anton freute sich, dass er auch mal etwas beisteuern konnte in diesem allgemeinen Familienchaos. Wieder galt es, lange Treppen herauf- und herunterzuhetzen, endlose Gänge und unzählige Rolltreppen hinter sich zu bringen. Als sie endlich auf dem richtigen *quai* (Bahnsteig) landeten, fuhr die Metro direkt vor ihrer Nase weg. »Na, großartig, *merci beaucoup!*«, schimpfte Manni und bemerkte nicht, dass Eva und Anton längst am anderen Ende des Bahnsteigs auf kleinen orangefarbenen Plastikhockern in Warteposition gegangen waren. »Dann sind wir eben zu spät, besser als zu früh!« Anton hatte keine Lust mehr auf diese nervige Hetzerei. Und das alles nur, weil seine blöde große Schwester unbedingt nach Paris musste.

Was ist diesmal schiefgelaufen?

U-Bahnfahren verlangt in Paris ein hohes Maß an Konzentration, Stressresistenz und Höflichkeit. Das fängt schon beim Ticketkauf an. Die Damen und Herren hinter den Schaltern versprühen häufig einen gewissen Unmut und sind von einer latenten Gereiztheit. Ohne dass sich das auch nur im Ansatz gegen den einzelnen Kunden richten würde. Es ist einfach ein stressiger, trostloser und vermutlich auch nicht besonders gut bezahlter Job. Wenn man dann als Tourist auch noch die Dreistigkeit besitzt, nicht zuerst mit *Bonjour* zu grüßen, sondern einfach nur schnell seine Tickets bezahlen will, kann sich die Stimmung auch noch mehr verfinstern. Deshalb hat die Verkäuferin Eva geradezu gezwungen, von vorn anzufangen. Grundsätzlich gilt: Wer sich in Frankreich »im Dienstleistungssektor« bewegt, in Läden, Cafés oder Restaurants unterwegs ist, sollte seinem Gegenüber immer zunächst mit einem freundlichen *Bonjour* begegnen.

Die klassischen Metrotickets heißen in Frankreich übrigens *tickets* und nicht *billets*. Der Begriff *billet* wird eher für die Zugfahrkarte gebraucht. Die nächste Hürde für die Fischers stellten die Schranken auf dem U-Bahnhof dar, die nur dann passiert werden können, wenn das Metroticket mit dem Magnetstreifen nach unten zeigt. Diesen Mechanismus findet man normalerweise schnell heraus, nur stand Manni unter Druck und Anspannung und wollte vor seiner Familie den Helden markieren. Ebenso in der Metro selbst, als er Eva und Anton sofort zwei Sitzplätze im Eingangsbereich des Waggons sicherte, die jedoch in Paris grundsätzlich nicht besetzt werden, wenn es in der Bahn so voll ist, dass drum herum alle anderen stehen müssen. Denn dann nehmen die ausgeklappten Sitze zu viel Platz ein, und die anderen Fahrgäste müssen sich noch mehr aneinanderdrängen. Daher die leicht bissigen Blicke der Mitreisenden, die Eva natürlich nicht zu deuten wusste.

Was können Sie besser machen?

Eine grundsätzliche Regel lautet: Immer mehr Zeit einkalkulieren, als die Strecke vorgibt. Das Pariser Metrosystem ist auf viele unterschiedlich große Knotenpunkte ausgerichtet, damit alle Linien überall gut miteinander verbunden sind. Und das bedeutet unzählige Gänge, Treppen und weite Wege. Wer auch nur ein einziges Mal umsteigen muss, sollte bedenken, dass allein durch diesen Umstand die Reisezeit deutlich verlängert werden kann. Dafür aber verkehren die Metros regelmäßig und oft. Und auch die Abstände zwischen den Stationen sind relativ kurz, sodass die reine Fahrzeit wiederum verhältnismäßig gering ist. Übrigens: Kleine Metropläne liegen immer am Ticketschalter und auch in Hotels oder Kaufhäusern kostenlos aus.

Damit Sie Ihr Ticket schnell und leicht durch den Automaten gleiten lassen können, knicken Sie es nicht! Denn sonst könnte der Magnetstreifen beschädigt sein und nicht mehr funktionieren. Ein weiterer Tipp an dieser Stelle: Behalten Sie das Metroticket besser so lange in greifbarer Nähe, bis Sie an Ihrem Zielort angekommen sind. Denn oft sind auch die Ausgänge mit Schranken versehen, sodass das gleiche Ticket noch einmal herhalten muss. Falls beim Passieren der Durchgangsschleuse ein unangenehm lauter Piepton erklingt, haben Sie aus Versehen wahrscheinlich ein altes, ungültiges Ticket benutzt. Versuchen Sie es dann einfach noch einmal mit dem aktuellen Ticket. Und noch eins sollten Sie im Kopf behalten: Die letzte Metro (François Truffaut hat übrigens einen Film-klassiker mit gleichnamigem Titel geschaffen) geht schon kurz nach Mitternacht.

Le métro – die Pariser Metro

Mit der Metro bietet Paris ein weit verzweigtes U-Bahn-System, das insgesamt 214 Kilometer umfasst, 16 verschiedene Linien besitzt und das viertälteste der Welt ist. Nur die U-Bahnsysteme in London, Budapest und Glasgow wurden früher gebaut. Die erste Pariser Metrolinie wurde am 19. Juli 1900 anlässlich der Weltausstellung eröffnet und in den folgenden Jahren immer weiter ausgebaut. Vor allem die Eingänge zu den einzelnen Stationen sind sehenswert. Sie wurden im Art-Nouveau-Stil, dem franzö-sischen Jugendstil, von Hector Guimard erbaut, 86 von ihnen sind heute noch erhalten. Verspielte, eng verflochtene Eisenträger in Form von Blumen oder Rankenpflanzen zieren den Eintritt in den Untergrund. Charakteristisch für die Pariser Metro ist außerdem ihre Netzdichte: Im Durchschnitt findet sich alle 500 Meter eine Metrostation – einfacher und bequemer haben es Touristen sonst nirgendwo. Die einzelnen Metrolinien tragen Nummern und unter-schiedliche Farben. Eine weitere Besonderheit der Metro: Sie war weltweit die erste U-Bahn, die auf Gummireifen fuhr. Im Ersten Weltkrieg schützte sich die Pariser Bevölkerung in der Metro vor den Bomben, im Zweiten Weltkrieg wandelten die deutschen Besatzer die Station Place des Fêtes in eine Flugzeugteilfabrik um und richteten am Buttes Chaumont einen Operationssaal ein. Die Résistance nutzte das Tunnelsystem für geheime Treffen. In den Sechzigerjahren wurde der Slogan populär: *métro – boulot – dodo* (U-Bahn – Arbeit – Schlafen). Auch heute noch gehören zweistün-dige Untergrundfahrten für die meisten Pariser zur Alltagsroutine.

10 Entrez!

Warum Paula sich für ihre Familie schämt

Sie hatten es nicht geschafft, sie waren zu spät, fast eine halbe Stunde. Eva war das unglaublich peinlich, aber Manni und Anton redeten ihr gut zu. »Das nehmen die hier nicht so genau in Frankreich, glaub mir«, behauptete Manni felsenfest. »So was in der Art steht auch in meinem Französischbuch«, log Anton hinterher. »Aber wir entschuldigen uns, als allererstes, ist das klar?« »Zu Befehl!«, schoss es synchron aus den Männermündern.

Dass die Bouchards Geld hatten, war offensichtlich. Schon die Straße, die sie entlanggekommen waren, bestand aus extrem schicken kleinen Häusern mit großzügigen Vorgärten und verzierten Eingangstoren. Eva staunte ganze Bauklötze und war hingerissen von diesem so selbstverständlichen Luxus. Als sie bei der Hausnummer 25 klingelten, waren sie alle drei ein wenig aufgeregt. Auch dieses Haus präsentierte sich stolz und selbstbewusst, im Vorgarten stand ein kleiner Springbrunnen, auf dem zwei nackte Figuren zu tanzen schienen. »Alter Schwede ...«, begann Anton einen ehrfurchtsvollen Satz, da ging auch schon die Tür auf und Madame Bouchard persönlich stand dort: strahlend, duftend, mit roten Lippen und dicken goldenen, diamantbesetzten Ohrringen und dazu passender Kette, ein farblich dezenter, aber raffiniert geschnittener Pullover, der sie schlank und jugendlich erscheinen ließ, ein relativ kurzer Rock ohne Strumpfhose, unter dem makellose dezent gebräunte Beine zum Vorschein kamen. Die deutsche Familie war tief beeindruckt, und Manni an dieser Stelle froh, etwas Schwarzes zu tragen, wenn es auch nur ein Pullover war, so wenigstens eine feierliche Farbe.

»*Bonsoir, je suis ravie de faire votre connaissance, entrez!*« (Guten Abend, ich freue mich sehr, Sie kennenzulernen. Kommen Sie herein!) »*Bonsoir, nous sommes tard, because of the métro*« (Guten Abend, wir sind zu spät wegen der Metro), gab Manni sofort und direkt zurück, damit seine Frau stolz auf ihn sein konnte. »*Ça ne fait rien*« (Das macht nichts), beruhigte Madame Bouchard sogleich ihre Gäste. Etwas eingeschüchtert betraten die Fischers das großbürgerliche Haus mit den Marmorfliesen und dem feinen Intarsien-Parkett. »Schuhe aus!«, flüsterte Eva leise, aber bestimmt ihren Männern zu, denn wenn sie schon nicht mit der Eleganz mithalten konnten, so wollten sie doch zumindest nicht noch ihren Dreck hinterlassen und ein Minimum an Anstand wahren. Madame Bouchard schaute schweigend zu, wie sich die Fischers in gebückter Haltung, vor ihr niederkniend, ihrer Schuhe entledigten. Von Paula keine Spur. »*Venez!*« (Kommen Sie!), forderte Claudine sie auf, ihr in den Salon zu folgen. Und da kam ihnen auch schon ihre Paula entgegen. Bei dem Anblick ihrer beschwingten, fröhlichen und leichtfüßigen Tochter wurde den Fischers gleich viel wohler, und voller Herzlichkeit und Überschwänglichkeit umarmten sie das junge Mädchen. »Gut schaust du aus«, freute sich die Mutter. »Ihr auch«, freute sich Paula beim Anblick ihres Vaters, der sich tatsächlich die Haare gekämmt, seine Shorts gegen eine lange Hose eingetauscht hatte und statt seiner bedruckten Freizeitshirts einen dezenten Pullover trug. Er hatte sich sogar zur Feier des Tages rasiert und etwas Blut krustete noch an seiner Wange. Ihre Augen wanderten an ihm herunter bis zu den Füßen. Vor ihr stand ihr Vater in ein paar blauen ziemlich abgetragenen Socken, und ihr Bruder Anton, der gar keine Strümpfe in den Schuhen trug, stand sogar barfuß und mit schmutzigen Zehen da. Paula seufzte einmal tief. Gott im Himmel, dachte sie, und ihre Eltern schauten sie fragend an.

Was ist diesmal schiefgelaufen?

Dass die Fischers zu spät kamen, war kein Problem, denn in Frankreich kommt man bei privaten Essenseinladungen gern etwas später – bis zu 30 Minuten. Damit der Gastgeber auch ja genug Vorbereitungszeit hat. Die Fischers waren von dem Wohnviertel, dem Haus und der Erscheinung Madame Bouchards tief beeindruckt und haben eigentlich fast alles richtig gemacht – bis auf die Schuhe! In Frankreich zieht man niemals bei einer Einladung die Schuhe aus, denn damit blamiert man nicht nur sich selbst, sondern beschämt auch seine Gastgeber.

Was können Sie besser machen?

Regel Nummer eins: Seien Sie ja nicht zu pünktlich. Eine Viertel- bis eine knappe halbe Stunde Verspätung ist ratsam, denn sonst sitzt man nur peinlich berührt und allein auf dem Sofa, weil die Gastgeber längst nicht alle Vorkehrungen getroffen haben. Als Mitbringsel ist immer eine Flasche Wein oder Champagner willkommen. Oder Blumen für die Hausherrin. Regel Nummer zwei: Treten Sie Ihre Schuhe ordentlich ab und lassen Sie sie unbedingt an. Und bitten Sie andersherum Ihre Besucher auch auf keinen Fall, die Schuhe beim Betreten Ihrer Wohnung auszuziehen. Das käme einer Beleidigung gleich, Ihre Gäste würden wahrscheinlich schnell wieder verschwinden. Selbst wenn der Gast dreckige Schuhe hat, würde man ihn nie zum Ausziehen der Schuhe nötigen, denn im schlimmsten Fall liefe er in löchrigen, schmutzigen, nicht mehr frisch riechenden Socken herum. Diese Blamage muss unbedingt verhindert werden.

11 Nicht Fisch, nicht Fleisch

**Warum die Fischers und die Bouchards
am gleichen Tisch doch nicht zusammen essen**

Nachdem alle in den vielen Sesseln des Salons Platz genommen hatten, begann eine etwas schwierige Kommunikation, bei der Paula immerzu übersetzen musste. Sie saß praktisch in der Mitte und gleichzeitig zwischen den Stühlen. Die Herzlichkeit und Offenheit ihrer Eltern stand der etwas distanzierten und strengen Art ihrer Gastfamilie gegenüber. Sie fragte sich, warum ihre eigentlich etwas biederen Eltern in diesem Ambiente plötzlich wie Hippies wirkten. Doch nicht nur, weil sie keine Schuhe anhatten. Ihre ganze Art, die sie immer als angenehm empfunden hatte, wirkte zwischen den schweren Louis-quartorze-Möbeln und durch »die Brille« der Bouchards auf seltsame Art hilflos und einfach. Bernard begann, als Herr des Hauses, eine Konversation »Hatten Sie denn eine gute Fahrt?« »Ja, ja, schon«, begann Manni eifrig, »aber der Verkehr hier in Paris, da wird man ja wahnsinnig! Übersetz doch mal: Bei uns in Deutschland fahren die Leute viel disziplinierter. Die Franzosen fahren wie die Wilden!« Manni ereiferte sich, Paula lächelte ihn an und übersetzte: »*Oui, merci, ils sont bien arrivés, il y avait un grand embouteillage, comme toujours.*« (Ja, danke, sie sind sehr gut angekommen, es gab einen großen Stau, wie immer eben.) »*Oui, oui, ça c'est Paris*« (Ja, ja, das ist Paris), lächelte Bernard gelassen, »*toujours embouteillé.*« (immer verstopft.) »Was hat er gesagt?«, fragte Manni. »Er kann euch gut verstehen«, übersetzte Paula absichtlich etwas falsch. »Paris ist immer verstopft. Aber man gewöhnt sich dran.« »Da könnte ich mich nie dran gewöhnen«, entgegnete Manni. »Frag ihn doch mal, wie lange er so jeden Tag zur Arbeit fährt.« Während Paula noch überlegte, wie sie die etwas unangenehme und zu direkte Frage ins Französische übersetzen könnte, kam ihr Claudine zuvor: »Ist das nicht ein merkwürdiges Wetter?«, sagte sie lächelnd »Sonne, Regen und für die Jahreszeit viel zu kalt.« Paula nickte und übersetzte. Eva nickte auch höflich. »*Oui, Oui*«, sagte sie. Dann herrschte ein kurzes Schweigen, das Madame Bouchard mit einem *Excusez-moi* unterbrach: »*Je vais regarder dans la cuisine. Asseyez-vous à table, s'il vous plâit!*« (Entschuldigen Sie mich. Ich sehe kurz in der Küche nach dem Essen. Nehmen Sie doch bitte schon am Tisch Platz!)

Alle erhoben sich, um am Tisch Platz zu nehmen. Da kam Madame Bouchard auch schon mit der Vorspeise. Monsieur Bouchard füllte edle kleine Gläser mit Wein aus einer ebenfalls kleinen Flasche Weißwein und seine Frau reichte den Anti-pasti-Teller herum. »Was ist das?«, fragte Eva ihre Tochter leise. »Das ist Entenleberpastete«, sagte Paula. »Wirklich sehr lecker. Probier doch wenigstens mal!« Doch Eva reichte den Teller weiter. »*Vous ne vous servez pas?*« (Möchten Sie nicht?), fragte Madame Bouchard erstaunt. »*Non, merci. Je suis* Vegetarierin. Was heißt denn Vegetarierin?«, fragte Eva ihre Tochter. Alle Augen lasteten nun auf Paula, während sie kurz überlegte und etwas verlegen »*végétarienne*« sagte. »*Ça veut dire que ta mère ne mange pas de la viande du tout?*« (Heißt das, dass deine Mutter gar kein Fleisch isst?), fragte Monsieur Bouchard. »*Oui*«, ent-gegnete Paula etwas kleinlaut. Ihre Gasteltern fingen sofort an zu überlegen, was denn Paulas Mutter überhaupt essen könne. *Je vais faire une omelette* (Ich werde ein Omelette machen), sagte Claudine und stand sofort auf. »Nein, nein«, sagte Eva, »bitte keine Umstände! Essen Sie doch erst mal!« Doch Claudine war schon auf dem Weg. Paula hielt sie auf. *Je vais le faire, Claudine* (Lassen Sie mich das machen, Claudine), sagte sie und die Dame des Hauses setzte sich wieder. »Ich kann dir doch helfen«, sagte Eva und wollte schon aufstehen. Doch Paula winkte schnell ab: »Bleib lieber sitzen.« Sie verschwand leicht genervt in der Küche und die Mutter tat ausnahmsweise, was ihre Tochter sagte. Während Paula in der Küche stand und das Omelette für ihre Mutter zubereitete, fingen die anderen an zu essen. Nur Eva wartete.

Was ist diesmal schiefgelaufen?

Sicher hat Paula es versäumt, ihrer Gastfamilie zu erzählen, dass ihre Mutter Vegetarierin ist. Aber auch wenn sie daran gedacht hätte, hätte das an der Menüfolge wenig geändert. Für Vegetarier ist eine Reise nach Frankreich wirklich kein kulinarischer Genuss, denn ein Essen ohne Fleisch existiert praktisch nicht, und niemals hätte die Familie Bouchard Eva zuliebe auf ihre *foie gras* und ihren Braten verzichtet. Das Konzept des Vegetariers ist für Franzosen sehr fremd. Bestimmte Speisen bei einer Essenseinladung abzulehnen, gilt als unhöflich, außer jemand ist allergisch oder krank. Sich zum Vegetarier zu erklären, hält der überwiegende Teil der Franzosen für übertriebenes Gehabe. Als Vegetarier muss man sich in Frankreich an Käsebrot, Fisch (wenn man denn Fisch isst) und Beilagen halten.

Foie gras – Tierschutz ade!

Schon bei den alten Ägyptern galt die Leber von Gänsen und Enten als Delikatesse, und so bildete sich der Brauch, diese Tiere mit speziellem Futter so weit zu stopfen, dass sich die Leber von den üblichen etwa 300 Gramm auf bis zu 1.000 oder 2.000 Gramm vergrößert. Durch das Römische Reich verbreitete sich die Technik bis nach Frankreich, das heute als Heimatland der *foie gras* (der »fetten Leber«) gilt. Den fünf bis sechs Monate alten Enten oder Gänsen wird mit Hilfe eines Rohres ein Futterbrei aus 95 Prozent Mais und fünf Prozent Schweineschmalz direkt in den Magen gepumpt, die Leber verfettet. 80 Prozent der Weltproduktion der *foie gras* kommt heute aus Frankreich. 2005 wurde die Stopfleber von der französischen Nationalversammlung in einem Zusatz zum Landwirtschaftsgesetz zum »nationalen und gastronomischen Kulturerbe« erklärt und damit von Tierschutzgesetzen ausgenommen. *Foie gras* gilt als typische Vorspeise zu besonderen Anlässen, z.B. beim Weihnachtsessen.

Was können Sie besser machen?

Wenn Sie als Vegetarier in Frankreich zum Essen eingeladen sind, ist es gut, dies vorab dem Gastgeber mitzuteilen. Man wird sie dann genau fragen, was Sie essen und was nicht. Sie werden den Koch oder die Köchin des Hauses mit dieser Nachricht vermutlich in ein Dilemma stürzen, denn viel bleibt praktisch nicht mehr übrig – außer Beilagen. Und vielleicht Fisch. Sagen Sie unbedingt, wenn Sie auch keine Schnecken, keinen Hummer, keine Austern oder dergleichen essen. Wahrscheinlich kommt dann, aus Sicht des Kochs, nur noch eine Quiche, Ratatouille oder Gemüselasagne für Sie in Frage. Auch wenn es für Sie nicht weiter schlimm ist, wenn Sie sich »nur von Beilagen« ernähren, wird der Gastgeber viel schwerer darüber hinwegkommen. Wahrscheinlich wird man Sie das niemals spüren lassen und Sie werden einen schönen Abend haben. Aber erwarten Sie kein Verständnis von ihren Gastgebern für Ihre Entscheidung, auf Fleisch zu verzichten.

12 Bon ap!

Wie die Fischers und die Bouchards aneinander vorbeireden

»*Bon appétit*«, sagte Eva höflich zu den anderen, die ohne sie mit dem Essen anfingen. »Ja, *bon appétit*«, gab Manni entspannt zurück. Er war es schon gewohnt, dass seine Frau immer eine Extraportion bekam. Diese Entenleberpastete war gar nicht so schlecht. Schon besser als Tee- oder Leberwurst. Könnten sie in Deutschland auch öfter essen. Aber mit einer Vegetarierin als Ehefrau, da bekam man nicht so oft so leckere Sachen. Also musste er das jetzt in vollen Zügen auskosten. Manni sicherte sich gleich Evas Portion und schmierte sich das Zeug dick aufs Brot. Doch bevor er hineinbeißen konnte, ereilte ihn eine Frage. »Wie lange sind Sie denn aus Berlin angereist?«, wollte Madame Bouchard das Gespräch wieder aufnehmen. »Wie viele Stunden dauert so etwas?« Ohne Übersetzung war Manni etwas aufgeschmissen. Aber er glaubte, die Frage verstanden zu haben, also versuchte er es. »*Yesterday*«, sagte er, »*hier*«, übersetzte nun Eva stolz, »*nous Berlin*« (Wir Berlin). Manni umklammerte mit den Händen ein imaginäres Lenkrad. »*Et ... night in the car. Big car! For sleep*«, ergänzte Manni nun ebenfalls stolz. Sie sollten nicht denken, sie hätten zu dritt in einem Ford Fiesta geschlafen. »*Ah oui, oui!*«, antwortete Madame Bouchard höflich nickend. »*Un camping-car, c'est ça?*« (Ein Campingbus, oder?), fragte sie nach. Eva nickte und merkte überdeutlich, dass Campingbusse nicht gerade die Art des Reisens der Bouchards darstellten. Deswegen versuchte sie, ihre Liebe zum Campen und Zelten zu erklären, vielleicht könnten sie das ja verstehen. »*C'est joli, dans le bus ou sous la tente. La nuit, les étoiles ... nature ... très joli!*« (Es ist schön im Bus oder unter dem Zelt. Die Nacht, die Sterne ... Natur ... sehr schön!) Wieder lächelten die Bouchards höflich und antworteten mit einem *Oui, oui*.

Manni biss in sein Weißbrot mit Entenleberpastete und nahm einen kräftigen Schluck von dem Weißwein dazu. Doch fast hätte er ihn wieder ausgespuckt. Was war das denn für ein süßes Zeug?! So etwas tranken doch nur Frauen bei Tupperwarepartys! Er überlegte kurz. Das kleine Glas war sowieso gleich alle. Also trank er es schnell aus. Das blieb bei Monsieur Bouchard natürlich nicht unbemerkt. »*Il est bon, le vin?*« (Schmeckt Ihnen der Wein?), fragte Monsieur Bouchard bestätigend und schickte sich an, Manni etwas nachzuschenken. »*Oui, Oui*«, sagte Manni, doch dann hielt er schnell seine Hand über das Glas. »*Moi, please Bier, bière, please. Do you have?*« (Für mich ein Bier, bitte. Haben Sie eins?) Claudine und Bernard schauten sich kurz fragend an. »*On a de la bière?*« (Haben wir Bier?), überlegte Claudine laut. »*Marie, tu ne peux pas regarder, s'il nous reste de la bière?*« (Marie, kannst du nachschauen, ob wir noch Bier da haben?) Marie tupfte sich den Mund mit der Serviette ab und stand auf. Auf dem Weg nach draußen begegnete sie Paula, die gerade mit dem Omelette für ihre Mutter zurückkehrte. An Maries Gesicht konnte sie sehen, dass irgendetwas nicht in Ordnung war. Was hatten denn ihre Eltern diesmal wieder angestellt?

Was ist diesmal schiefgelaufen?

Entenleberpastete, *foie gras*, ist in Frankreich wesentlich preisgünstiger als in Deutschland. Doch sie ist auch hier etwas Besonderes, und so werden die kleinen Stückchen in der Regel keineswegs, wie Manni es getan hat, dick aufs Brot geschmiert, sondern mit viel Genuss langsam verspeist. Die Kommunikation während des Essens steht für die Franzosen genauso im Mittelpunkt wie das Essen selbst – ganz anders als beim Frühstück. Auch bei noch so großem Hunger werden sie nie das Essen herunterschlingen oder die Kommunikation hinter dem Essen zurückstellen. Das »gefräßige Schweigen« ist sicherlich nicht französischen Ursprungs. Das Essen selbst wird meistens von der Dame oder dem Herrn des Hauses eröffnet; wenn sie anfangen zu essen, wird gegessen. Ein *bon appétit* oder abgekürzt *bon ap* gilt in manchen Kreisen sogar als unhöflich.

Der Wein, den Manni nicht mochte, ist ein sogenannter Sauternes. Ein süßer, fast goldener Wein aus der Region Bordeaux, der sehr teuer sein kann und den man außer als Dessertwein auch zur *foie gras* trinkt. Auch wenn einem der Wein nicht mundet, legt man seine Hand niemals aufs Glas. Wenn man es nicht schafft, rechtzeitig sprachlich ein *non, merci* zu vermitteln, lässt man den Wein einfach im Glas. Das ist auf jeden Fall der höflichere Weg. Bier zur *foie gras* zu trinken, gilt als absolut unfein, ein enormer Fauxpas. Die Bouchards werden sich denken, dass sie bei Manni mit ihrer *foie gras* wahrhaftig Perlen vor die Säue geworfen haben.

Achtung! Nicht Sauternes mit Sauterne verwechseln: Bei dem Sauterne ohne s handelt es sich um eine Sorte Weißwein aus Kalifornien. Der kalifornische Sauterne wird aus einer

Mischung unterschiedlicher Traubensorten hergestellt; man findet viele Variationen dieses Weißweins.

Wein: der Sauternes

Die Trauben des Sauternes werden durch die Lage ihres Anbaugebiets viel Feuchtigkeit ausgesetzt; zwischen den Flüssen Garonne und Ciron im Südosten der Bordeauxregion ist die Luftfeuchtigkeit sehr hoch, die Trauben schimmeln schnell – ein Sauternes wird sozusagen aus angeschimmelten Trauben produziert. Diese Form der »noblen Verwesung« unterscheidet ihn von anderen Weinen. Da schon die kleinsten Wetterumschwünge einen großen Effekt auf die Trauben haben, kann der Sauternes nicht jedes Jahr in gleichem Maße produziert werden. Als bester Sauternes gilt der *Château d'Yquem Premier Cru Supérieur*. Sollten Sie jemals in den Genuss dieses Weines kommen, werden Sie ihn nie wieder vergessen – und niemals mit einem kalifornischen Sauterne verwechseln. Der süße Wein wird nicht zum Kochen verwendet, sondern – meist in speziellen Sauternes-Gläsern – hauptsächlich zu *foie gras*, *Chausson Feuilleté au Roquefort* (einem »Hausschuhteig« – Blätterteig, der wie ein Hausschuh geformt wird – gefüllt mit Roquefort-Käse), *Pithiviers* (einem Blätterteigdessert mit Früchten) und zur *frangipane* (einer Art Marzipan) oder auch einfach als Dessertwein bei etwa 11 °C serviert. Im Gegensatz zu den meisten anderen Weißweinen reift ein Sauternes mit dem Alter. Deshalb kann es theoretisch vorkommen, dass Sie einen 20-, 50- oder sogar 100-jährigen Wein dieser Sorte antreffen – angeblich gibt es so alte Sauternes, die auch noch immer schmecken.

Kleiner Ratgeber für die private Essenseinladung

Der Ablauf des Abends wird vom Gastgeber diktiert, auf subtile, aber doch bestimmte Weise. Fügen Sie sich dem einfach: Der erste Akt steht ganz unter dem Stern des *apéro* (Aperitif), für den sich Gäste und Gastgeber meist im Salon einfinden. Das Wort stammt von dem lateinischen Verb *aperire* (öffnen) und dazu ist auch der *apéro* gedacht: Er soll den Magen einstimmen, er eröffnet den Abend. Die Getränke, die als Aperitif serviert werden, reichen von Kir über Muskatwein oder

Pastis bis hin zu Champagner. Dazu gibt es kleine Snacks: Oliven oder Kanapees und manchmal auch nur Erdnüsse. Vorsicht: Essen Sie weder zu viel von den Kanapees noch trinken sie mehr als einen Aperitif. Das wird als unhöflich interpretiert. Wichtig für den *apéro* ist der Smalltalk. Jetzt werden locker plaudernd Nebensächlichkeiten erzählt, denn das – einigermaßen – tiefgründigere Gespräch ist für den Hauptgang reserviert. Diese »Aufwärmphase« kann ein Weilchen dauern.

Danach geht es zu Tisch. Es folgt das *entrée* – *foie gras*, Artischocken oder Muscheln – und die Stimmung hebt sich auf allen Seiten. Aber auch hier *attention!* Schlagen Sie sich trotz des dazu gereichten Brotes bloß nicht den Bauch voll. Und, Brot wird nicht mit Butter oder Ähnlichem bestrichen, es wird auch nicht von einer Scheibe abgebissen oder diese mit Messer und Gabel bearbeitet. Wie dann? Das Brot ist sozusagen das bessere Besteck: Mit den (abgerissenen) Brotstückchen wird zum Beispiel die köstliche Soße aufgetunkt. Aber Vorsicht! Je nachdem, wo Sie eingeladen sind, sollten Sie das Brot vorher auf die Gabel stechen. In einigen Kreisen gilt es als sehr unfein, mit dem Brot den Teller auszuwischen. Wollen Sie die Soße auftunken, dann machen Sie das nicht so, als wollten sie das Brot als Zungenersatz nehmen – um den Teller abzulecken. Auch, wenn einem manchmal danach zumute ist.

Sollte es als Nachspeise Käse geben, wird nicht das Brot mit dem Käse belegt, sondern beides in Stücke geteilt und abwechselnd, also nacheinander, gegessen. Schneiden Sie nie bei einem Camembert oder Brie einfach die Seite oder Spitze ab und bedienen sich aus dem Mittelteil! Dafür gibt es unterschiedliche Erklärungen, neben der, dass es nicht schön aussieht, ist die plausibelste wohl die, dass der Käse unterschiedliche Reifegrade hat; in der Mitte ist er meistens weicher und reifer. Das ist der besonders leckere Teil. Man darf also nicht einfach in der Mitte beginnen, denn dann würde man den anderen etwas besonders Schmackhaftes vorenthalten.

Auf das *entrée* folgt eventuell noch ein einfacher Blattsalat, aber in jedem Fall die *plat principal*. Die Favoriten sind hier im Allgemeinen das klassische Kalbsragout (*blanquette de veau*) oder das *bœuf bourgignon*, in Rotwein geschmortes Rindfleisch. Dazu, wie immer, bester Rotwein. Für diese Phase des Abendessens wird sich extrem viel Zeit gelassen.

Danach gibt es entweder eine üppige Käseplatte oder eine süße »Verführung«. In jedem Fall wird zum Schluss ein Espresso gereicht und ein Armagnac oder ein Calvados als Digestif. Und jetzt dürfte es fast Mitternacht sein. Bleiben Sie nicht mehr allzu lang, versuchen Sie zu erspüren, ob die Gastgeber am nächsten Tag eventuell viel zu tun haben und verhalten Sie sich entsprechend. Ein betont ausführliches Dankeschön wird nicht erwartet, aber gehört sich natürlich. Und vergessen Sie auf keinen Fall die Gegeneinladung!

Le ménu – die Speisenfolge auf einen Blick

Aperitif (*l'apéritif / l'apéro*) – eventuell mit Häppchen, den *gâteaux apéritif*

Vorspeise (*l'entrée*)

Hauptspeise (*le plat principal*)

Salat (*la salade*) – Salat wird oft als eine Zwischenspeise serviert. Je nach Tradition der Familie wird er als Vorspeise oder erst nach dem Hauptgang, also vor dem Käse gereicht. Der Salat wird in Frankreich traditionell mit einer Vinaigrette angemacht, bevor er auf den Tisch kommt. Salat wird bei der Zubereitung und auch auf dem Teller nie geschnitten, sondern gebrochen. Die großen Blätter werden mit Messer und Gabel so auf der Gabel zusammengeschoben und -gefaltet, dass sie bequem in den Mund passen.

Käse (*le fromage*)

Nachspeise (*le dessert*) – nicht zu verwechseln mit *le désert*, die Wüste

Kaffee (*le café*) – der Kaffee wird meistens nicht zur Nachspeise getrunken, sondern erst hinterher. In Frankreich ist es durchaus üblich, auch abends das Essen mit einem Kaffee abzuschließen. Die meisten Leute trinken dann jedoch einen *déca* (einen entkoffeinierten Kaffee) und essen nicht selten ein Stückchen Schokolade dazu.

Brot (*le pain*) – Franzosen essen alles mit Brot und zwar wirklich alles. Sogar Früchte, nur nicht den Nachtisch.

13 Zelten mitten in der Stadt

Wie die Fischers ein etwas anderes Paris entdecken

An der Seine war es wirklich schön, da hatte Paula Recht gehabt. Schade, dass sie nicht hatte mitkommen können, aber Eva und Manni mussten akzeptieren, dass ihre Tochter ihnen nicht mehr so gehörte wie früher. Sie wollten die Zeit nutzen, um etwas von der Welt zu verstehen, in der sie sich so gerne aufhielt, die sie gegen die ihre eingetauscht hatte. In Gedanken versunken, schlenderten sie am Flussufer entlang, bis Anton sie aus der melancholischen Stimmung herausriss. »Cool«, sagte er, »die zelten hier alle mitten in der Stadt!« Tatsächlich standen viele rote Zelte in einigem Abstand in einer Reihe. »Das hätten wir vielleicht auch machen können. Dann hätten wir nicht ins Hotel gemusst.« Eva und Manni schauten erstaunt zu den Zeltenden hinüber. »Vielleicht sind das ja auch Pfadfinder«, meinte Anton, der selbst mal einer war. In dem Moment kam eine etwa fünfzigjährige Frau aus einem Zelt und eilte davon. »Die ist 'n bisschen alt, um den Pfad zu finden«, meinte Manni witzelnd. »Na hör mal! Pass bloß auf, was du sagst«, scherzte Eva zurück. »Wusste gar nicht, dass die schicken Franzosen so eine zeltfreudige Hauptstadt haben.« Manni war einfach gut drauf. »Vielleicht sollten wir die mal fragen, ob es überall erlaubt ist, seine Zelte aufzustellen«, sagte Eva. »Wir wollten doch nach dem Bretagne-Urlaub eh noch mal einen Abstecher für

Shopping und Sightseeing in Paris machen. Ich könnte mir das gut vorstellen, hier so romantisch an der Seine …« Eva war schon auf dem Weg zur Zeltgruppe. »Lass doch«, hielt Manni sie auf. »Willst du die auf Englisch fragen oder meinst du, du verstehst das, wenn die französisch reden? Ich habe keine Lust, jetzt wildfremde Leute anzuquatschen.« »Darum mache ich es ja auch!« Eva war wieder ganz die Alte und näherte sich einem Zelt. Anklopfen ging schlecht. Also stellte sie sich vor den Eingang und rief freundlich: »*Excusez-moi! Hello! Sorry!*« Ein paar Leute blieben stehen. Da ging der Reißverschluss auf und jemand fragte sehr verschlafen und unfreundlich: »*Mais qu'est-ce qu'il y a? Laissez-moi tranquille!*« (Was ist los? Lassen Sie mich in Ruhe!) Diesen Menschen hatte sie offensichtlich am helllichten Tage geweckt.

Was ist diesmal schiefgelaufen?

Was die guten Fischers nicht wissen konnten, ist, dass es sich bei dieser Zeltgruppe weder um Pfadfinder noch um irgendwelche Touristen handelte, sondern um Clochards, also Wohnsitzlose. Von ihnen gibt es auffällig viele in Paris. Dem französischen Wort haftet fälschlicherweise etwas Romantisches an, doch das Leben als Obdachloser in Paris ist natürlich alles andere als idyllisch. Eine französische NGO hat daher in einer groß angelegten Aktion Zelte an Obdachlose herausgegeben. Dabei hatte man anscheinend nicht damit gerechnet, wie viele davon Gebrauch machen würden. Als die Stadt plötzlich voller Zelte war, wurde die Zeltverteilung schnell wieder eingestellt, um das Straßenbild nicht gänzlich zu zerstören.

Clochards gehören in Paris praktisch zum Stadtbild, und auch im französischen Kino gab es mehrere Versuche, das Leben der Obdachlosen darzustellen: 1958 verkörperte Jean Gabin den eher glücklich-romantischen Clochard Archimède in dem Film »Archimède le clochard« (deutscher Titel: »Im Kittchen ist kein Zimmer frei«). Mit dieser verkitschen Darstellung vom Clochard hat Eric Rohmer in seinem Debütfilm »Le signe du lion« (»Im Zeichen des Löwen«, 1959) aufgeräumt. Eine der bekanntesten Kinodarstellungen des Lebens von Pariser Clochards ist wohl der international erfolgreiche Film »Les Amants du Pont-Neuf« (»Die Liebenden von Pont-Neuf«, 1991) des französischen Regisseurs Leos Carax.

Was können Sie besser machen?

Prinzipiell gilt immer: Man sieht nur das, was man kennt, oder das, was man sehen will. Eva und Manni, die ein romantisches Paris erleben wollen, schlendern Arm in Arm an der Seine entlang. Das Leid von Obdachlosen kommt ihnen nicht im Geringsten in den Sinn. Und das ist auch gut so. Aber trotzdem sollte man in fremden Ländern auch zwischendurch die Augen aufmachen und sich der Realität stellen. Und wer weiß, vielleicht hätte sich Eva sogar mit dem Obdachlosen unterhalten – wenn sie besser französisch gesprochen hätte.

Obdachlose in Paris

SDF (*sans domicile fixe* – ohne festen Wohnsitz) ist der politisch korrekte Begriff; *clochard* gilt in Frankreich als Schimpfwort. 2010 wurden über 100.000 Obdachlose allein in Paris registriert. Man sieht sie überall: auf den Prachtboulevards und am Seine-Ufer, neben den Eingängen zu sündhaft teuren Kleider- oder Delikatessengeschäften. Hinzu kommt eine halbe Million Menschen ohne langfristig festen Wohnsitz – sie leben in Obdachlosenheimen oder Wohnwagen. Die Dunkelziffer dürfte noch weitaus höher sein. Grund für die vielen Wohnsitzlosen ist zum einen der Wohnungsnotstand in der Pariser Innenstadt, zum anderen sind die Hürden, auf dem freien Markt eine Wohnung zu mieten, sehr hoch: Mieter brauchen meist einen Bürgen und müssen mindestens das Dreifache ihrer Miete verdienen. Die Kommunen sind zwar vom Staat verpflichtet, günstigen Wohnraum zur Verfügung zu stellen, aber keiner möchte Sozialbauten in seiner Nachbarschaft haben. Viele Pariser *arrondissements* (Bezirke) ziehen es daher vor, ein Strafgeld für das Versäumnis der Wohnraumbeschaffung zu bezahlen. In Paris gibt es mittlerweile viele Menschen, die sich trotz Arbeit keine Wohnung leisten können, wegen horrender Mieten und mangelnder Sozialwohnungen. Das Statistikamt schätzt, dass jeder dritte Obdachlose Arbeit hat.

14 Terrine, Suppe, Suppenterrine
Wie die Fischers die französische Speisekarte erobern

Die Fischers waren erschöpft von den vielen Sehenswürdigkeiten. Der Eiffelturm
hatte Manni und Eva überwältigt, aber er
war auch überwältigend voll. Jetzt wollten
sie nur noch eins: entspannt essen. Manni sehnte sich nach
einem großen, frisch gezapften Bier und Eva sah schon knackige Mohrrüben, Zucchini und Paprikaschoten vor sich hertanzen. »Paula, wo finden wir denn jetzt was Schönes? Ich
bin irgendwie in Spendierlaune«, verkündete Manni heldenhaft und brüstete sich vor seiner Eva und den beiden Kindern. »Immer ich!«, rief Paula genervt. »Na, wer lebt denn hier
und schnattert den ganzen Tag ›Salü, za wa‹ in sein Handy,
hä?!«, hielt Manni dagegen. »Sei doch nicht immer so streng
mit ihr, mein Mannichen«, räumte Eva ein. »Mein Manni
was?!« »Schon gut.« Eva wusste, dass ihr Mann diese Verniedlichungen hasste, aber Paris leuchtete so romantisch und
überall diese strahlenden, verliebten Pärchen, das steckte einfach an. »Ich will 'nen Burger«, rief Anton quengelig in die
Runde. »Kommt gar nicht in die Tüte, Sohnemann. Wir sind
in Paris! Hier isst man mit Gefühl«, protzte Manni weiter vor
seiner Eva, die nicht aufhörte, ihm verschwörerische Blicke
zuzuwerfen, auf die er sich aber beim besten Willen keinen
Reim machen konnte. Was haben die denn für 'nen Film am
Laufen?, fragte sich Paula. »Diese Stadt ist doch ein einziger

Gourmettempel, da wird doch was für uns dabei sein, Paula?!«, versuchte Manni seine Tochter zu animieren. Die aber hatte heute Abend keine Lust mehr, Vermittlerin zu spielen. »Keine Ahnung, ich geh nie essen, Papa, dafür reicht mein Taschengeld nicht!« Ihr großer Auftritt bei den Bouchards war halbwegs erfolgreich gemeistert, jetzt wollte sie auch mal ausspannen. Also, das nächstbeste, bezahlbare Restaurant gehört uns, beschloss Paula.

Nur waren die Fischers mitten im Quartier Latin gelandet, der Touristenhochburg. Hier war ein Restaurant teurer und schicker als das andere. Sie liefen von einer Gasse zur nächsten, guckten hier und guckten da rein. Zu voll, zu teuer, kein Gemüse, kein Fleisch, kein irgendwas. Paula war ratlos, Manni hungrig, Eva müde und Anton in absoluter Nullbockstimmung. Na, prima. Das nächste musste es wirklich sein. »Hier, das sieht doch niedlich aus!«, rief Paula stolz, obwohl sie ahnte, dass die Preisklasse nicht ganz die ihre war. Anton stürmte auf den letzten freien Tisch zu und besetzte alle vier Stühle mit Jacke, Basecap, Rucksack und dem dicken Paris-Reiseführer. Kurz darauf saßen die Fischers erschöpft, aber glücklich im »La Provence« auf der Terrasse an einer süßen, kleinen Straßenecke. Ein großer Heizpilz über ihren Köpfen sorgte für die nötige Gemütlichkeit.

»Fantastique!«, witzelte Manni seinen Hunger weg. Es musste jetzt einfach alles stimmen, er hatte Bierdurst und einen Bärenhunger. Allgemeine Erleichterung machte sich breit. »Egal, was das kostet, wir bleiben jetzt hier!«, verkündete der Familienhäuptling. Paula hatte beim Platznehmen noch ein halbwegs bezahlbares Menüangebot erspähen können und bestellte genau das gleich viermal bei einem leicht genervten Kellner. »*Menu is only for lunch*« (das Menüangebot gibt es nur mittags), schmetterte der fast schadenfroh der Fischers entgegen. »*Alors, la carte s'il vous plaît*« (dann bitte die Karte), antwortete Paula geistesgegenwärtig und ein Funken Stolz blitzte in Mannis Augen auf. Seine Tochter ließ sich nicht so schnell abspeisen. Schon gar nicht von einem blasierten Franzosen-Kellner! Die Karten kamen und die vier studierten eifrig, was nicht zu studieren war. Die komplizierten französischen Gerichte verstand selbst Paula nicht. »Lass uns doch woanders hingehen, Papa. Das hat hier keinen Sinn. Und ist viel zu teuer«, versuchte Paula einzulenken. »Jetzt hör mir mal gut zu, liebe Tochter. Wir sind den ganzen Tag durch diese Stadt gelatscht – deinetwegen! Du wolltest ein Jahr lang Eiffelturm statt Fernsehturm. Schön und gut, aber meine Füße haben jetzt mehr Blasen als Zehen und ich einen Mordshunger! Wir bleiben hier, verstanden?!« »Manni, die Nachbarn gucken schon, nicht so laut«, ermahnte Eva ihren Göttergatten. »Und Paula gibt sich doch alle Mühe.« »Davon werde ich auch nicht satt!«, zeterte der hungrige Manni zurück. »Gut, dann bestell du doch alles, Besserwisser! Mir reicht's, ich sage jetzt gar nichts mehr«, gab Paula ihrem Vater zu verstehen und lehnte sich mit verschränkten Armen zurück. »Gar kein Problem«, behauptete Manni und winkte den Kellner herbei. »*Please, hm, for entrée we take foie gras, one for all.*« (Als Vorspeise nehmen wir *foie gras*, eine für alle.) Das kannte Manni jetzt, da konnte nichts mehr schiefgehen. »*For all of you?*«, fragte der Kellner etwas irritiert nach. »*Oui, please!*« Kurz darauf stand ein großer weißer Teller mit einem Klecks Entenleberpastete in der Mitte vor ihnen, dazu ein kleiner

Brotkorb. »Warum hast du denn nur eins bestellt?«, wollte Eva von Manni wissen. »Ist doch nur die Vorspeise und teuer genug«, schmatzte Manni und bestrich sich das zweite Stückchen Baguette mit Pastete. Eva, Paula und Anton mussten sich mit einem winzigen Rest begnügen.

Die Stimmung wurde allmählich etwas angespannt. »Ich habe Hunger, Papa!«, verkündete Anton laut und genervt. »Also, was wollt ihr essen?« »Fleisch!«, tönte Anton. »Gemüse!«, rief Eva. »Und für mich bitte eine Suppe!«, setzte Paula hinzu. »Mehr nicht?!« Manni war beleidigt. Doch Paula hatte die Preise nur kurz überflogen, sie waren in einem absoluten Edelschuppen gelandet und es galt, die Gesamtrechnung zu reduzieren. Sie opferte sich.

Die Tische drum herum wurden spätestens jetzt auf die Touristenfamilie aufmerksam. Das gediegene Miteinander im beschaulich-hübschen »La Provence« schien ein wenig gestört. Warum konnten diese Touristen nicht einfach in einem Touristenlokal speisen? Das schien auch dem Kellner auf die Stirn geschrieben, der nun herbeieilte, um die Bestellung aufzunehmen. »*Alors, what do you want?*« »*Nous voulons meat for the two men*« (wir wollen Fleisch für die beiden Männer), Manni machte eine komplizenhafte Geste in Antons Richtung, »*legumes for my wife and terrine for my daughter*« (Gemüse für meine Frau und Terrine für meine Tochter). Paula spürte deutlich, wie es immer leiser um sie herum wurde. An allen Tischen waren die Gespräche verstummt und man starrte hinüber zu den Fischers. Manni hatte ein nicht ignorierbares Organ. »*Ach, and, pardon, une grande bière for me and a bottle of red wine. And water, please. Merci beaucoup, garçon!*« (Und ein großes Bier für mich, eine Flasche Rotwein und Wasser. Vielen Dank,

Kellner!) »Papa, spinnst du, weißt du, was das alles kostet?«, schimpfte Paula. Was für eine Riesenpeinlichkeit! Wenn diese Bestellung auch nur eine Sekunde länger gedauert hätte, wäre Paula im Erdboden versunken. »Wann, mein Schätzchen, sind wir vier denn schon mal in der Stadt der Liebe, hm?«, trällerte Manni in die Runde und schaute seine Tochter herausfordernd an. »Hoffentlich dauert das nicht ewig«, motzte Anton rum, »ich hab Kohldampf!« »Reiß dich zusammen, mein Kleiner, kommt sicher gleich was«, beruhigte ihn Eva. Und Paula bemühte sich, die erhitzten Nachbargesichter weiterhin zu ignorieren. Warum konnte ihre Familie nicht so sein wie alle anderen? Stinknormal!

»Oho!«, rief Manni, als der Kellner auf ihren Tisch zusteuerte. »Nicht so laut, Papa!« Und dann stand endlich das Essen vor ihnen: zwei überschaubar große Steaks mit Fritten, ein kleiner Antipasti-Teller mit Gemüse und ein Stück edle Gänseleberpastete. Die Männer strahlten, die Frauen waren entsetzt. »Na, dann, guten Appetit, Familie!« Manni fing schon an zu essen, während Eva und Paula immer noch sprachlos auf ihre Teller starrten. »Sieht wirklich lecker aus, das kalte Gemüse!« Eva schoss kleine, böse Pfeile zu ihrem Manni hinüber, dessen Konzentration voll und ganz dem Fleischbatzen galt. Er hörte und sah nichts mehr. Sohnemann Anton machte es ihm nach. »Ja, und diese Suppenterrine hier, ein Gedicht!«, setzte Paula eins drauf. Sie war wütend. Auf ihren Vater, auf sich selbst und auf die Terrine, die eine Pastete war. Und das alles für ein Heidengeld! »Also, ich weiß nicht, was ihr habt? Wir sitzen hier mitten in Paris in einem urgemütlichen Restaurant und studieren die französische Küche.« Manni versuchte, den Familiensegen wiederherzustellen.

»Super! Und zwei von uns werden sogar satt!« Paula konnte nicht aufhören herumzuzicken. »Dafür könnt ihr euch dann noch einen Nachtisch bestellen, einverstanden?«

Als dann zweimal *crème brûlée* mit vier Löffeln gebracht wurde und der Kellner zu einem kleinen Lächeln ansetzte, war die Welt der Fischers wieder halbwegs in Ordnung. Die Rechnung über knapp 200 Euro faltete Manni allerdings so klitzeklein, dass sie in das hinterste Fach seines Portemonnaies passte, von dem niemand aus der Familie etwas wusste.

Was ist diesmal schiefgelaufen?

Das Abendessen, insbesondere die Lokalsuche, stand von Anfang an unter keinem guten Stern. Die Fischers waren vollkommen erschöpft nach ihrem ausgiebigen Tourismusprogramm und wollten eigentlich nur in Ruhe, aber trotzdem gut essen. Dazu möglichst in romantischer Paris-Stimmung und so französisch wie möglich. Da es den meisten anderen Besuchern ähnlich geht, gibt es im Quartier Latin auch eine gigantische Auswahl an Touristenrestaurants und nur noch einige wenige, hochpreisige, einheimische Adressen. Immerhin haben die Fischers eine solche aufgetan. Nur sind sie dort sofort und eher unangenehm aufgefallen: zu laut, zu touristisch, zu deutsch. Dementsprechend wurden sie bedient: schnell und oberflächlich. Zusätzlich ist alles schiefgelaufen, was nur schieflaufen konnte. Schon der Start war ein zutiefst unglücklicher. Denn in Paris gilt: Der Gast wird vom Kellner platziert und wartet, bis dies geschieht. Hier aber hat Anton mit Sack und Pack den letzten freien Tisch ergattert und demonstrativ belegt. Das schockt nicht nur Restaurantbetreiber und Angestellte, sondern auch alle anderen Gäste. Regel Nummer eins für ein Abendessen in Paris: Geduld und Disziplin.

Der nächste Fauxpas war die Frage nach dem Menü, das ausschließlich mittags angeboten wird. Damit wurde das Unwissen, diesmal gepaart mit einem gewissen Geiz, erneut zur Schau gestellt. Höhepunkt des gesamten Abends aber war die Bestellung einer einzigen *foie gras* für vier Personen. Denn das ist, obwohl es sich um eine Vorspeise handelt, einfach undenkbar in Frankreich. Wer essen geht, schaut nicht auf jeden Euro, sondern vergisst und genießt. Und vor allem, wenn es sich um die beliebte nationale Delikatesse, die Entenleber, handelt. Da verstehen Franzosen keinen Spaß. Dass auch die Art des Bestellens, auf Englisch, laut und alles andere als höflich, nicht besonders gut ankam, liegt auf der Hand. Ganz zu schweigen von der verkürzten Form, die dazu führte, dass Eva nur einen Antipasti-Teller und Paula nur eine Gänseleber bekam. Am Ende jedoch bewies immerhin der Kellner etwas Feingefühl und servierte vier Löffel für zwei Desserts.

Was können Sie besser machen?

Wer in Paris essen geht, sollte sich vorher mit ein paar einfachen Grundregeln vertraut machen. Angefangen bei durchaus eleganter Kleidung bis hin zum angemessenen Trinkgeld gibt es für alles Tipps und Tricks, die den Abend zu dem machen, was er werden soll: ein entspannter Genuss.

Die Fischers haben sich tapfer geschlagen und sind trotzdem in alle Fettnäpfchen getreten, in die man in dieser Situation treten kann. Was fehlte, war eine gewisse, fast spielerische Höflichkeit, die das Hin und Her zwischen Gast und Kellner zu einem äußerst angenehmen Miteinander hätte werden lassen können. Und die die Franzosen bis zur Perfektion beherrschen. Dazu aber waren die Fischers erstens physisch nicht mehr in der Lage und zweitens sprachlich nicht ausreichend qualifiziert. Selbst Paula konnte nach ein paar Wochen Frankreich noch nicht wissen, dass eine *terrine* keine Suppe, sondern eine Pastete ist. Dazu muss man mehrfach in Restaurants gewesen sein und die entsprechenden Vokabeln gelernt haben. Mit anderen Worten: Der nicht Französisch sprechende Tourist wird in Pariser Restaurants seine Schwierigkeiten haben.

In diesem Fall hätte Manni trotz aller Erschöpfung und Ungeduld höflich und auf Englisch nach einer Erklärung der einzelnen Gerichte fragen können. Sicher wäre der Kellner zu einer knappen Antwort bereit gewesen. Manni aber war zu stolz und zu hungrig, um sich auf längere Auseinandersetzungen mit dem Kellner einzulassen. Die Enttäuschung für die Damen war dann zwar groß, aber die Entschädigung durch eine *crème brûlée* umso schöner. Fand jedenfalls Familienhäuptling Manni.

Kleiner Restaurantknigge

Zunächst einmal: **In Frankreich werden Sie platziert.** Suchen Sie also immer zuerst nach dem zuständigen Kellner und lassen Sie sich von ihm an Ihren Platz führen. Sobald Sie aus dem Menü etwas ausgesucht haben, rufen Sie den Kellner. Aber Vorsicht: Auf keinen Fall sollten Sie dies mit einem unpersönlichen *Allô!* oder dem altmodischen *Garçon!* tun, so wie es Manni selbstsicher tat. Das erste benutzt man am Telefon und das zweite ist inzwischen diskriminierend, da heutzutage viele Bedienungen weiblich sind. Am besten Sie machen mit einem *Excusez-moi* oder einem *S'il vous plaît* auf sich aufmerksam.

Lassen Sie sich vom Kellner oder von der Kellnerin beraten, welchen Wein Sie zu welchem Gericht am besten nehmen sollten. Das schafft nicht nur eine gute zwischenmenschliche Basis, sondern ist in der Tat eine sinnvolle Empfehlung. Falls Sie während des Essens Wünsche haben, verständigen Sie sich mit Ihrem Kellner über Blickkontakt oder Handzeichen. **Vermeiden Sie ein In-den-Raum-hinein-Rufen tunlichst.** In französischen Restaurants herrscht eine entspannte und sinnliche Stimmung, die nicht unnötig gestört werden sollte. Das Gleiche gilt für den Akt des Bezahlens. Rufen Sie Ihre Bedienung auf keinen Fall mit einem banalen *Payer!* (Bezahlen!) oder weitaus schlimmer mit *J'aime payer!* (Ich liebe das Bezahlen!) herbei. Entscheiden Sie sich für die simpelste, aber eleganteste und professionellste Variante: *L'addition, s'il vous plaît* (Die Rechnung, bitte). Damit beweisen Sie Stil und Höflichkeit.

Den Akt des Bezahlens übernimmt eine Person. Die Rechnung wird meist auf einem Tellerchen oder Plastiktablett gebracht, Sie legen den passenden Geldschein auf diesen Teller und warten, bis der Kellner ihn mitnimmt. Wenn er dann mit dem Wechselgeld zurückkommt, lassen Sie etwas für ihn da, üblich sind knapp zehn Prozent. Sie sollten auf keinen Fall anfangen, die Gesamtsumme kleinlich auseinanderzudividieren. Laden Sie ein oder lassen Sie sich einladen, aber seien Sie konsequent. Und falls es sich um eine größere Gruppe handelt, teilen Sie die Gesamtrechung einfach durch die Zahl der Anwesenden. Und auch hier gilt: Seien Sie großzügig! Sprechen Sie grundsätzlich weder mit dem Kellner noch mit anderem Servicepersonal über Geld. Das ist ein ausgesprochenes Tabu. Essengehen ist in Frankreich ein Luxus, den man rundum genießen möchte.

15 Noch schnell über die Ampel

Wie Manni zum Neandertaler wird

Das Kapitel Paris war für die Fischers nun fast abgeschlossen und Mannis Vorurteile den Franzosen gegenüber hatten sich wieder einmal bestätigt. Die Aussicht, endlich diesen Ameisenhaufen Paris hinter sich zu lassen und in der Bretagne frische Luft, Natur und Ruhe zu tanken, beflügelte ihn. Nur raus hier, war sein einziger Gedanke. Er verließ das Hotel mit allen Koffern und Taschen beladen, während Anton das dritte Croissant verdrückte und Eva im Frühstücksraum noch an ihrem *café au lait* nippte. Sie brauchte immer Stunden dafür. »Trink doch gleich kalten Kaffee«, machte Manni sich öfter über sie lustig. Heute war es ihm egal, dass sie vielleicht schlechte Laune bekäme, wenn sie im Urlaub so gehetzt würde. Er musste auch mal an sich denken! Die Sonne begann schon wieder einen gnadenlos heißen Tag anzukündigen und Manni schwitzte nicht schlecht, als er in die Straße einbog, in der das Auto stand. Doch es stand nicht mehr da. Verflixt! Genau hier hatte er es doch abgestellt? Oder weiter oben? Manni traute sich nicht, die Koffer einfach stehen zu lassen, und so kam es, dass ihm bald der Schweiß in Rinnsalen den Rücken hinunter rann, während er wie ein Packesel durch die Straßen lief und verzweifelt seinen Campingbus suchte. Schließlich war er sich sicher: Er war nicht mehr da! Da, wo er vorher gestanden hatte, klaffte

jetzt eine große Lücke. Er stieß einen lauten wütenden Schrei
aus, sodass sich ein Passant nach ihm umdrehte und Manni
unwillkürlich ein leises »Was glotzt du denn so blöd« von
sich gab, was der Passant natürlich nicht verstand. Das Auto
war bestimmt geklaut worden! Warum hatten sie es auch drei
Tage hier unbeobachtet stehen lassen! Er zückte sein Handy
und rief Paula an. Sie sollte den Campingwagen bei der Polizei als gestohlen melden. Die Wut stieg in ihm hoch, der
Urlaub war jetzt endgültig gescheitert. Paula war ausnahmsweise mal nicht aufmüpfig und zickig, sondern klar und reagierte sehr schnell. Sie beruhigte Manni und sagte dann: »Ist
er vielleicht abgeschleppt?« »Unmöglich«, entgegnete Manni,
»die Linie war nur gestrichelt, nicht durchgezogen.« »Welche Linie?«, fragte Paula vorsichtig nach. »Na, die vom Parkplatz!« »Welche Farbe?«, wollte Paula ahnend wissen. »Gelb!«
»Okay, das Auto ist abgeschleppt. Ich werde mal rauskriegen,
wo es steht.« Der Koffer gab bedenklich nach, als Manni sich
erschöpft darauf niederließ, bis Eva und Anton die Straße
entlanggehetzt kamen. »Keine Angst, ich fahr schon nicht
ohne euch«, versuchte Manni seinen Humor wiederzufin-
den, der irgendwo auf der Strecke geblieben war. Paula rief
kurze Zeit später zurück, sie hatte von Claudine die Nummer der zuständigen Polizeibehörde erfahren, dort angerufen
und man hatte ihr mitgeteilt, dass das Auto auf einer *fourrière*
stand, einem Abschleppplatz. Um dort mit der Metro hinzukommen, müssten sie dreimal umsteigen. »Wir nehmen jetzt
ein Taxi!«, bestimmte Manni. Gemeinsam schleppten sie die
Koffer zurück ins Hotel, wo man ihnen ein Taxi rief.

Am Eingang der *fourrière* wurde Manni darüber aufgeklärt,
dass das Parken hier billiger sei, als im Rest der Stadt; hier

koste es nur zehn Euro am Tag. »Dann kann man ja gleich hier parken« meinte Manni, dem sein üblicher Galgenhumor mal wieder zu Hilfe kam. Jetzt hieß es: blechen. Abschleppgebühren, Parkgebühren und den Strafzettel. Da kam einiges zusammen. Manni sollte am besten gleich alles in bar hinblättern. Eva, Anton und er leerten ihre Taschen, dann durften sie das Auto vom Platz holen.

Ein Blick auf die Uhr und Manni wurde wütend. »Das hat uns jetzt nicht nur 380 Euro gekostet, sondern auch geschlagene zwei Sunden.« Bis zu den Bouchards würden sie bei dem Verkehr bestimmt noch eine Stunde unterwegs sein. Die Ampel wurde orange, doch Manni beschloss, wie in Deutschland, noch eben schnell rüberzufahren. Doch während er beschleunigte, um noch als letztes Auto durchzurutschen, setzten sich auch schon die Fußgänger in Bewegung und Manni musste eine Vollbremsung machen, um nicht in die Menschenmenge hineinzurasen. Nicht nur er erschrak, sondern auch die Fußgänger, zwei hauten ihm wütend auf die Kühlerhaube und zischten Flüche, die er zum Glück nicht verstand. Die Fußgänger schauten ihn mit diesem Blick an, den Manni jetzt schon kannte und den er immer auf sich lasten spürte, wenn er etwas falsch gemacht hatte: Das war kein strafender Blick wie in Deutschland, wenn man über eine rote Ampel lief, sondern eher eine Mischung aus Neugierde, weil man Zeuge einer Freakshow wurde, und Mitleid dem Deutschen gegenüber, der ja aufgrund seiner Disposition als Deutscher gar nicht anders konnte! Er fühlte sich durch diese Blicke wie ein Affe im Zoo, der irgendwo ausgebrochen war und jetzt mit seinem überdimensionalen Gefährt inmitten einer wuselnden Menge feststeckte, mitten auf einem Fußgängerüberweg. Sehen Sie doch mal, ein Deutscher, das sind die, die es nicht schaffen, zivilisiert zu sein. Und in diesem Moment hatte Manni das Gefühl, dass sie Recht hatten, denn in diesem Augenblick, in diesem Land, fühlte er sich wirklich wie eine Mischung aus Affe und Neandertaler. Wenn man das jemandem lang genug einredete, dann glaubte er es noch.

Was ist diesmal schiefgelaufen?

Eigentlich hat Manni alles so gemacht »wie immer«. In Deutschland ist es für ihn normal, noch eben bei orange über die Ampel zu fahren, manchmal wird es eben »dunkelorange« und hier und da wundert man sich, dass noch ein bis zwei Autos nachziehen, bei denen es dann schon sehr, sehr »dunkelorange« oder eher »hellrot« gewesen sein muss. In Frankreich gehen zwar alle Fußgänger über rote Ampeln, Autofahrer fahren hingegen niemals über rot. Das liegt schlichtweg an den Ampelphasen: Die Orangephase für die Autofahrer ist wesentlich kürzer als in Deutschland, und wenn die Ampel für den Autofahrer rot leuchtet, wird es fast unmittelbar sofort danach grün für den Fußgänger. Eine orangefarbene Ampel heißt für Autofahrer: sofort bremsen! Denn sonst kann es schnell passieren, dass man einen Fußgänger erwischt. Der ist dann mehr als nur in ein Fettnäpfchen getreten. Insofern hat Manni noch rechtzeitig reagiert.

Das zweite, oder eigentlich erste Fettnäpfchen, in das die Fischers in dieser Episode gestapft sind, betrifft die Parklücke, die gar keine war. Manni kannte sich mit den farbigen Markierungen am Fahrbahnrand nicht aus und hat sie auch nicht hinterfragt. Er landete zielsicher im Parkverbot.

Parken

»Parken« heißt im Französischen *stationnement* und »Parkplatz« *parking*. Parken in großen Städten ist eine Wissenschaft für sich, die auch viele Franzosen nicht vollständig durchschauen: Parken in Paris variiert mit dem Gebiet, dem Tag, der Woche und der Uhrzeit. In vielen Städten ist das Parken in der ersten Hälfte des Monats auf der Seite der ungeraden Häusernummern erlaubt und in der zweiten Hälfte des Monats dann auf der anderen Seite. Das nennt sich *stationnement semi-mensuel* oder *demi-journée*.

Absolutes Parkverbot herrscht bei gelb gestrichelten Linien. Generell ist es verboten, vor einem Hydranten oder einer privaten Einfahrt zu parken, Campingbusse dürfen in Paris gar nicht einfach so abgestellt werden, sondern müssen auf bewachten Parkplätzen stehen. Wo blaue Markierungen sind, dürfen Sie in der Regel während bestimmter Zeiten eine Stunde kostenlos parken, brauchen also dringend eine Parkscheibe, *disque de stationnement*. Die französische Parkscheibe hat zwei Felder: Links stellen Sie die Uhrzeit ein, zu der Sie den Wagen abgestellt haben, rechts, wann Sie den Parkplatz wieder verlassen müssen – also eine Stunde später. So eine Parkscheibe bekommen Sie entweder gratis oder gegen eine geringe Gebühr in Automobilclubs, an Parkhauskassen, in Reisebüros oder Tourismusbüros. In Paris sind diese Parkscheibengebiete fast vollständig von Parkscheinautomaten abgelöst worden. Die Zonen werden mit dem Wort *payant* ausgeschildert, und obwohl Sie also zahlen müssen, können Sie froh sein, wenn Sie einen solchen Parkplatz ergattern.

Parken in Paris ist und bleibt ein (teurer) Alptraum, weswegen die Anwohner trotz hoher Strafen Spezialisten im Falschparken sind, sie stellen sich auf Fußgängerwege und quetschen sich in die letzte kleine Ecke. Machen Sie es sich einfach: Wenn Sie ihr Auto für längere Zeit (mehr als 24 Stunden) parken möchten, ist es kostengünstiger und zeitsparender, das Auto auf einem bewachten Parkplatz abzustellen.

16 Wollen oder müssen

Wie Eva auf der Toilette Türkisch lernt

»Halt mal an«, sagte Eva, »ich muss mal.«
Manni kannte das schon. »Gerade mal 'ne
Stunde aus Paris raus und schon ...« Paula
mischte sich von hinten ein: »Ich muss
auch.« Und Anton rief: »Ja, cool, ich will Chips.« »Nix da!«
Manni war wieder ganz Familienoberhaupt hinter seinem
Steuer. »Ich halte am nächsten Parkplatz, da gibt's bestimmt
auch Toiletten. Große Rastplatzpause mit Essen gibt's nachher. Schließlich wollen wir auch noch mal ankommen!« Es
dauerte dann natürlich doch viel zu lange, bis es soweit war,
und Manni die romantisch anmutende Ausfahrt *Aire de Beau-
ville* als Parkplatz mit einem Toilettenhäuschen identifizierte
und anpeilte. Das Ganze machte einen etwas düsteren Eindruck, doch Eva und Paula sprangen eilig aus dem Wagen.
Das WC war für den gemeinen Deutschen ein Ort der Ruhe
und Gemütlichkeit, auf so einer Parkplatztoilette musste man
natürlich Abstriche machen. Doch was die beiden hier vorfan-
den, überstieg ihre Vorstellungskraft. »Da ist ja gar keine Toilette«, wunderte sich Eva. Paula hatte das schon einmal erlebt.
»Man muss im Stehen pinkeln und die Füße auf die weißen
Vorrichtungen stellen«, erklärte sie ihrer Mutter die »türkische
Toilette«. Eva war nicht gerade begeistert. »Du musst ziemlich
in die Hocke gehen und gut zielen, sonst spritzt das wieder
hoch«, erklärte Paula, noch während sie die Tür hinter sich

schloss. »Na toll, das ist ja die reinste Akrobatik«, beschwerte sich Eva auf der anderen Seite der Wand. Paula musste grinsen. Tja, Mama, so sehen Abenteuer aus, dachte sie sich. »Gibt's bei dir Klopapier?«, rief sie zu ihrer Mutter hinüber, da hörte sie einen lauten Schrei, gefolgt von einem »Igitt!«. Jetzt wäre Paula fast selbst ausgerutscht. Als sie aus ihrer Toilette schaute, kam ihr schon ihre Mutter entgegen. Sie war von den Füßen aufwärts bis zu den Knien pitschnass. »Diese Spülung ist einfach angegangen, obwohl ich noch gar nicht ...«. »Ist doch nur Wasser«, versuchte Paula sie zu beruhigen. »Wer weiß, wenn die schon solche Toiletten haben, womit die dann spülen!« Eva war total aufgelöst. »Ich bin klitschnass!« Paula durchsuchte die Toiletten nach Papier, ohne Erfolg. Am Waschbecken gab es nur Heißluftautomaten. »Du könntest deine Hose ausziehen und hier trocknen«, schlug Paula vor. Doch die Waschbecken waren für Männer und Frauen gleichermaßen und nicht wirklich blickgeschützt. Eva schüttelte entschieden den Kopf: »Ich zieh mich doch nicht einfach so auf einer Autobahntoilette aus! Am Ende bekomme ich eine Anzeige wegen versuchter Prostitution«, schimpfte sie. Paula musste sich schwer zurückhalten, um nicht laut loszulachen. Da hörte man auch schon die Hupe vom Campingbus. Manni war ungeduldig. Eva ging wütend auf das Auto zu, Paula folgte ihr. »Schau dir mal diese Sauerei an«, schimpfte Eva, kaum hatte sie die Tür geöffnet. Manni sah nichts. »Na hier, ich bin klitschnass!« Anton konnte sich hinten ein Lachen nicht verkneifen und die beiden Geschwister hielten sich eine Decke vors Gesicht, um nicht loszuprusten. »Ich muss dringend auf eine Raststätte. So fahre ich bestimmt nicht den ganzen Weg!« »Aber es ist doch Sommer, das trocknet doch sofort wieder«, entgegnete Manni pragmatisch. »Ja, meinst du, ich bin überhaupt noch dazu gekommen, mein Geschäft zu verrichten, nachdem diese Fußklospülung da einfach angegangen ist?« Manni schaute sie irritiert an. »Fußklospülung? Hab ich was verpasst?« Paula und Anton konnten sich vor Lachen nicht mehr halten. »Ha, Manni, das hast du! Du hast wirklich was verpasst, geh doch auch mal aufs Klo, bitte!« Eva war auf Hundertachtzig. »Nee, danke. Ich fahr dich zu deiner Raststätte«, erwiderte er geschlagen.

Nach vierzig Kilometern kam sie endlich. Die Familie stieg aus, allen voran Eva. Wortlos eierte sie zur Tankstelle und folgte dem Toilettenschild. Dann stand sie vor einer einzigen Toilette und die war verschlossen. Empört wandte sie sich ans Personal hinter der Kasse: »*Toilet women?*« »*Oui, oui.*« Man zeigte auf das Schild. Eva wartete. Sie pochte genervt an die Tür. Anton kaufte sich Chips, Paula eine Zeitschrift, Manni schaute sich bei den Straßenkarten um. Eva hämmerte jetzt an die Tür: »Hallo?!« Die Familie war schon wieder ins Auto gestiegen, als die Tür endlich aufging und sich ein überdimensional großer und breiter Mann herauszwängte, eine enorme Stinkwolke hinter sich zurücklassend. »*Excusez-moi, Madame*«, sagte er abwesend und schob Eva ein wenig zur Seite. »*Toilet women?*«, fragte sie erneut. Der Mann schaute sie fragend an. »*No, no toilet women*«, antwortete er dann. Eva hätte jetzt am liebsten losgebrüllt. Hier gab es nur eine einzige Toilette und das war die Männertoilette! Warum hatten denn die Frauen hinter der Kasse einfach gelogen? Wahrscheinlich war ihnen das, im wahrsten Sinne des Wortes, »scheißegal«. Na, ihr könnt mich alle mal, dachte sie sich, warf noch einen Blick zurück – niemand schaute – und verschwand auf der

Herrentoilette. Das war wirklich eine dreckige Angelegenheit. Bremsspuren in der Schüssel, die Klobrille nass und dreckig, das Toilettenpapier lag in Fetzen auf dem feuchten Boden verteilt. Doch Eva war jetzt alles egal. Hauptsache Erleichterung.

Was ist diesmal schiefgelaufen?
oder Betrachtungen eines stillen Ortes

À la turque heißen die Toiletten, die die Fischers auf dem Rastplatz vorgefunden haben. Doch die Türken wollen mit dieser Erfindung nichts zu tun haben und nennen sie *à la grecque*. Die Griechen wiederum behaupten, die Toiletten wären in Bulgarien erfunden worden. Und die Bulgaren haben von dieser Anschuldigung entweder noch nichts mitbekommen oder sie haben keinen schwarzen Peter mehr gefunden. Die Japaner nennen diese Toilette übrigens *à la chinoise*, was noch am einleuchtendsten ist, wenn man an Akrobatik und Schlangenfrauen denkt. Denn man muss schon ein wenig Übung haben, um mit diesen Toiletten zurechtzukommen. Was die Spülung angeht, hatte Eva einfach Pech. Denn die war kaputt und das kann schon mal passieren. So eklig und absurd uns diese Toiletten auch erscheinen mögen, haben sie doch den Vorteil, dass man dadurch, dass man nichts berühren muss, sich auch nicht dreckig machen kann. Das Wasser der Spülung war ganz bestimmt sauberes Wasser. Eva hätte sich davon nicht so schnell ins Boxhorn jagen lassen sollen.

Die Toilette an der Raststätte ist ein typischer Ort der Kulturunterschiede: Während man in Deutschland gesetzeshalber immer Herren- und Damentoiletten voneinander getrennt vorfindet, gibt es in Frankreich oft nur eine einzige Toilette für beide Geschlechter. Der Mann, der Eva da entgegenkam, wollte ihr nicht verbieten, auf die verstunkene Toilette zu gehen, sondern einfach nur mitteilen, dass dies die einzige und keine reine Damentoilette sei. Auch hinsichtlich der Sauberkeitsvorstellungen einer öffentlichen Toilette existieren deutliche Unterschiede zwischen den beiden Ländern: In Frankreich kann man des Öfteren böse Überraschungen erleben, dafür ist man in Privathaushalten meist umso penibler. Eine deutsche Bekannte berichtete, dass ihr französischer (Ex-)Freund ihr mitgeteilt hätte, ein Grund für ihre Trennung sei, dass sie den Klodeckel nicht nach jeder Benutzung wieder geschlossen habe. Das sei auch seiner Mutter sehr unangenehm aufgefallen ...

Das sind natürlich Extremfälle. Was man aber in Frankreich auf keinen Fall findet, sind die beliebten Hinweisschilder für Männer, sich doch bitte beim Urinieren hinzusetzen. Auch nach langwieriger Integrationsarbeit wird sich ein Franzose nur schwer durchringen, beim Pinkeln in die Hocke zu gehen. Das entspricht einfach nicht seiner Vorstellung von Männlichkeit. Auch oder gerade nicht zu Hause auf der heimischen Toilette. Das »stille Örtchen«, auf das sich der eine oder andere gerne mal zum Lesen zurückzieht, hat in Frankreich nichts von dieser Gemütlichkeit. Doch trotzdem, so zeigt unsere private Studie, gehen Franzosen gern zur Toilette, schließlich sagen sie »*J'ai envie d'aller aux toilette*« (Ich möchte/Ich habe Lust zur Toilette zu gehen) – von »müssen« keine Spur!

17 Hallo, Sie da!

Die Fischers finden den Weg zum Zeltplatz nicht

Auch wenn er mit den Fallstricken der *péage* mittlerweile meisterlich umgehen konnte, war Manni die Autobahn auf Dauer zu teuer.

»Bei der nächsten Gelegenheit werden wir auf die Landstraße wechseln«, unterrichtete er seine Frau, die gerade über eine alte französische Schnulze ins Träumen geraten war. Eva fand die *routes nationales* auf Anhieb, sie waren rot in ihrer Karte gekennzeichnet und zogen sich wie Adern durch das ganze Land. »Kein Problem«, sagte sie, »nimm gleich die nächste Ausfahrt.« Die *route nationale*, die sie nun befuhren, unterschied sich kaum von der Autobahn, nur dass hier keine Gebühren erhoben wurden. »Na, was sagste?« Manni war stolz, Eva entspannt und glücklich. »Super Idee, Manni.« Hier durfte man nur noch 110 fahren, nicht mehr 130 wie auf der Autobahn – für den Familiencampingbus genau die richtige Geschwindigkeit. Dass er rechts und links überholt wurde, war Manni egal, das kannte er ja aus Deutschland. Aber es fiel ihm auf, dass der Verkehr auf der Autobahn gleichmäßiger floss. Fast alle Autos fuhren dort etwa die Höchstgeschwindigkeit, an die 110 km/h der Landstraße hingegen wollte sich kaum einer halten und dadurch entstand gleich ein größeres Chaos. Dann wurde die Fahrbahn plötzlich einspurig und jetzt waren nur noch 90 km/h erlaubt. Manni drosselte seine Geschwindigkeit und ahnte schon, was gleich kommen würde: Ungefähr zehn Autos hingen an seiner Stoßstange und setzten in den unübersichtlichsten Kurven zum Überholen an. Jetzt wurde es gefährlich! Wenn ihnen just in so einem Moment ein Auto entgegenkam, musste Manni stark bremsen, um dem Überholenden Platz zu machen. Er geriet ins Fluchen. »Lass dich nicht hetzen.« Auch Eva bekam es langsam mit der Angst zu tun. »Die sind witzig hier«, bemerkte Manni trocken. »Schau mal, in dieser Kurve ist 70 km/h die Höchstgeschwindigkeit. Ich fahre bloß 50 und werde fast aus der Kurve gehauen.« Eva hielt sich lieber mit den Beifahrerkommentaren zurück und versuchte stattdessen, Manni in interessante Themen zu verstricken, damit er sich von dem Verkehr nicht stressen ließ. Doch Manni reagierte auf gar nichts mehr, sondern konzentrierte sich nur noch auf das Fahren. Eva schlief ein und wachte erst wieder auf, als das Auto stand und sie ihren Mann »Hallo!« rufen hörte. Sie schlug die Augen auf. Der Bus war am Fahrbahnrand geparkt, Manni lehnte sich aus dem Fenster und versuchte, die Aufmerksamkeit der vorbeieilenden Passanten auf sich zu ziehen. Doch keiner reagierte auf ihn. »Hallo, Sie da!«, rief er wieder. »Was machst du denn da?«, wollte Eva wissen. »Was wohl! Ich will nach dem Weg zum Campingplatz fragen!« »Ist das nicht ausgeschildert?« Was für eine blöde Frage. »Wenn es ausgeschildert wäre, würde ich ja nicht fragen!«, entgegnete Manni auch sofort schnippisch. »Siehst du diesen hübschen Kreisverkehr da? Ich weiß einfach nicht, welche Ausfahrt die richtige ist.« »Lass mal schauen«, meinte Eva zuversichtlich und Manni lenkte den Bus in den *rond-point*. Auf der Mittelinsel des Kreisverkehrs standen künstliche Kühe und schauten stur und unbeeindruckt den Fischers zu, die hier ihre Kreise zogen. »Da, *toutes directions* (alle Richtungen), das geht hier nach rechts ab.« Manni fuhr weiter im Kreis, bei der nächsten Ausfahrt las er laut vor: »*autres directions* (andere Richtungen). Und jetzt?! Meine liebe Eva, kannst du mir mal sagen, ob wir *toutes* oder *autres* sind?« Darauf wusste sich auch Eva keinen Rat. Schließlich standen sie wieder am Straßenrand und riefen beide aus dem Fenster. »Hallo, Sie!« Doch keiner blieb stehen. Irgendwann wachte auch Paula auf und schaltete sich ein. »Lasst mich mal machen«, sagte sie. Paula schnappte sich Evas Straßenkarte und stieg aus dem Auto aus. Sie ging direkt auf den nächsten Passanten zu und fragte ihn etwas auf Französisch, das Manni und Eva nicht verstehen konnten. Der Franzose begann sofort, mit den Händen in der Luft zu fuchteln – es sah aus wie eine Wegbeschreibung. Mehr noch: Der Franzose begann zu lächeln und jetzt schienen sie sich tatsächlich zu unterhalten. Fehlte nur noch, dass sie jetzt Kaffee trinken gingen. Leicht triumphierend stieg die Tochter wieder ein. »Ist nicht mehr weit«, sagte sie, »im Kreisverkehr die zweite Abfahrt.« »Dann sind wir also nicht *toutes*, sondern *autres*«, murrte Manni. »Hätte ich mir ja denken können, irgendwie sind wir ja immer anders«.

Was ist diesmal schiefgelaufen?

Landstraßen in Frankreich können sehr unterschiedlich sein, mal sind sie *quatre voies* (vierspurig, das meint zwei Spuren pro Richtung) und erinnern sehr an die Autobahn, wie zum Beispiel die Strecke von Rennes nach Saint Brieuc, dann wieder sind sie zweispurig wie eine Landstraße in Deutschland. In unserer kleinen Episode haben Manni und Eva ein- und denselben Fehler begangen: »Hallo« sagt man im Französischen nur am Telefon, wenn man angerufen wird, den Hörer abnimmt und sich meldet (*Allô?*). In diesem Fall wäre ein *Excusez-moi, Monsieur* oder *Excusez-moi, Madame* angebracht gewesen.

Was können Sie besser machen?

Seien Sie höflich, denn Sie wollen schließlich eine Auskunft von jemand anderem. Ein »Hallo, wo ist hier Camping?« ist für Franzosen inakzeptabel. Am besten aus dem Auto aussteigen und ganz freundlich und höflich um Entschuldigung bitten und dann: *Pourriez-vous me dire où se trouve ... s'il vous plaît?* (Könnten Sie mir bitte sagen, wo ich ... finde?) oder *Pourriez-vous m'indiquer le camping, s'il vous plaît?*. Das klingt extrem lang und umständlich, ist es für französische Ohren aber nicht.

Wie die Fischers die hohe Schule der Begrüßung lernen

Manni saß fertig vor dem Bus und wartete mal wieder auf seine Frau. »Musst du dich unbedingt schminken? Wir sind doch auf dem Campingplatz«, meckerte er. »Schau dir doch mal die anderen Frauen hier an«, erwiderte Eva leicht gestresst. »Die sind immer wie aus dem Ei gepellt.« »Geht so«, relativierte Manni fachmännisch und schaute sich nach anderen Frauen um. Stimmt schon, dass es hier sehr hübsche Frauen gab. Aber das würde er Eva natürlich nie so sagen. Mit beiden Händen umklammerte er das Sixpack in seiner Hand, das sein Mitbringsel für den heutigen Abend war. Sie waren zum Essen bei den Brasseurs eingeladen, die hatten ihren Platz zwei Straßen weiter und Manni freute sich darauf. Vielleicht würde das ja ein Abend unter Kumpeln und die Frauen quatschten mal alleine. Da stieg Eva, gefolgt von einer riesigen Parfumwolke, aus dem Bus. »Sag mal, gehst du in die Oper?«, machte sich Manni lustig, aber Eva ignorierte ihn. »Paula, Anton, los jetzt! Wir sind schon spät dran!« Die Mutter öffnete das Zelt ihrer pubertierenden Brut. »Ich mag nicht mit«, nörgelte Anton, »ich bleibe hier.« »Ich auch.« Paula lag faul mit einem Buch auf der Luftmatratze. »Keine Widerrede!«, entgegnete Eva scharf. »Paula, du musst unbedingt übersetzen, wir können da nicht ohne dich hingehen!« Paula hatte keinen Bock »Da muss man schon mit euch in die Ferien fahren und sich ständig blamieren, und jetzt werde ich auch noch gezwungen, mich mit diesen Proleten aus Bordeaux zu unterhalten.« Eva ließ resigniert die Zelttür fallen und drehte sich hilfesuchend zu Manni um. Manni hatte mittlerweile ein Bierchen geöffnet und die Beine hochgelegt. »Sag mal, bist du sicher, dass das nicht falsch verstanden wird?«, fragte er seine Frau. »Was?« Eva war irritiert. »Na ja, schau dich mal an, wie du aufgebrezelt bist. Der Mann von den Brassödingsda könnte das ja schon als Anmache verstehen. Wer weiß, wie die hier ticken.« Das war zu viel für Eva. »Ihr könnt mich alle mal«, murmelte sie und verschwand im Bus. »Hey, sei doch nicht gleich beleidigt!«, rief Manni ihr hinterher. »Ich meine doch bloß, weil wir immer irgendwas falsch machen ...« »Wir?«, ertönte eine wütende Stimme aus dem Bus. »Du, Manni, du!«

Wie es dann dazu kam, dass die Fischers zehn Minuten später tatsächlich geschlossen bei den Brasseurs auf dem Campingteppich standen und das Bild einer harmonischen deutschen Urlaubsfamilie abgaben, blieb Mannis Geheimnis.

»*Allô, Elisabeth*«, rief Eva und winkte. »*Bonsoir, Eva*«, rief Elisabeth zurück. Sie ging auf Eva zu und gab ihr rechts und links ein Küsschen. »*Oh, vous sentez bon!*« (Oh, Sie riechen gut!) Elisabeth lächelte, Eva lächelte zurück. Jetzt war Manni an der Reihe, eine große Unsicherheit überkam ihn: Sollte er Elisabeth wirklich diese Küsschen geben oder war es doch unverfänglicher, ihr die Hand zu schütteln? Sei nicht so feige, riss er sich zusammen und entschied sich blitzschnell fürs Küsschengeben. Das machte man hier schließlich so und er wollte doch die nette Frau nicht vor den Kopf stoßen. Er beugte sich etwas ungeschickt zu Elisabeth vor, das musste schnell gehen, dachte er und näherte sich ohne Umschweife ihrem Gesicht. Doch beide bewegten sich in die gleiche Richtung und fast hätte Manni sie auf den Mund geküsst. Mannis Souveränität war dahin. Er trat die Flucht nach vorn an, nahm mit einer Hand ihr Handgelenk und mit der anderen fasste er an ihre Schulter. Dann drückte er ihr einen Kuss auf die Hand, die er irgendwie zu seinem Mund gehoben hatte, und sagte ganz lässig: »Hallo Elisabeth!« Puh, das wäre erst mal geschafft. Eva hatte diese Szene nicht mitbekommen, denn sie begrüßte in Ruhe André, den Mann von Elisabeth, der ihr schon mit einem Aperitif entgegengekommen war und sie auf seine einfache, aber charmante Weise umgarnte. Und während sich Elisabeth den Kindern widmete, schaute Manni leicht eifersüchtig zu seiner Frau und diesem französischen Gockel, der ihr irgendetwas erzählte, was sie in helles, schallendes Gelächter ausbrechen ließ. Na warte, dachte sich Manni.

Er näherte sich den beiden und auf einmal drehte sich André zu ihm um. »*Ahh, Bonsoir, Manniiiii*«, rief er erfreut und wollte den Deutschen freundschaftlich mit Küsschen begrüßen. Er beugte sich ein wenig zu Manni herunter, streckte seine rechte Wange gekonnt nach vorn und wartete einen kurzen Augenblick. Nichts passierte. Doch dann besann sich Manni, faselte was von »Pardong« und streckte André reflexartig seine Rechte hin. Dazu sagte er: »Hier, Bier!«, und warf seiner Frau einen strafenden Blick zu. Eva kapierte überhaupt nicht, was jetzt schon wieder los war. André rief erfreut: »Aahhh, deutsche Bier!« Manni fing sich wieder. »Ja, *I buy in city, not here! Here no German Bier!*« »*No, no.*« André schüttelte den Kopf. »*Merci.*« Da kam Elisabeth mit den Kindern dazu. »*Regarde!*«, rief André zu seiner Frau. »*Manni nous a apporté de la bière allemande.*« (Schau mal, Manni hat uns deutsches Bier mitgebracht.) »Aahh«, rief

Elisabeth erfreut. »*Merci beaucoup! Il faut la mettre au frigo, n'est-ce pas?*« (Ah, vielen Dank. Das muss in den Kühlschrank, oder?) Und Elisabeth verschwand mit dem Bier in einem überdimensionalen Zelt. Manni war leicht genervt. Was sollte das denn jetzt schon wieder? Wegen ein paar Bier so ein Aufstand. Und was für eine Frage?! Na klar musste Bier in den Kühlschrank! »*Apéritif?*«, fragte André freundlich und hielt Manni ein Glas mit rotem Inhalt hin. Manni schaute skeptisch auf das Glas, ein Bier wäre ihm um einiges lieber. »Schmeckt super«, ermunterte ihn Eva. André blieb Mannis Blick nicht unbemerkt. »*On boit quelque chose pour les hommes*« (Wir trinken etwas für Männer), sagte er und schenkte Manni aus einer großen Flasche, auf der *Ricard* stand, eine gelbliche Flüssigkeit ein. Dann kippte er Wasser darauf und das Ganze färbte sich milchig-weiß. Manni nahm dankend an, aber nachdem er einen Schluck genommen hatte, wusste er schon, dass diese flüssigen Halsschmerzbonbons nichts für ihn waren. Da kam Elisabeth zurück, André reichte ihr ein Glas mit roter Flüssigkeit nun standen sie gemeinsam vor dem großen Campingzelt der Brasseurs und Elisabeth sagte: »*Alors, tchin-tchin!*« (Also, Prost!) Sie hob ihr Glas und wollte schon trinken, doch Eva hielt sie auf und stieß etwas ungeschickt mit ihr an, dann mit Manni und mit André. Die anderen machten es ihr nach und lachend stießen alle miteinander an. Siehste, dachte sich Eva, es gibt auch ein paar gute deutsche Bräuche. Also, geht doch!

Was ist diesmal schiefgelaufen?

Eigentlich stand der Kennlernabend unter einem leuchtenden Stern, beide Paare in hervorragender Urlaubsstimmung und mit den besten nachbarschaftlichen Absichten. Und trotzdem sind Irritationen aufgetreten. Warum?

Faire la bise nennen die Franzosen ihre alltägliche Begrüßung per Küsschen, die Manni selbst im zweiten Anlauf nicht richtig auf die Reihe bekommen hat. Das hat keineswegs mit seiner etwas schnoddrigen Art zu tun, sondern hier liegt in der Tat ein wesentlicher kultureller Unterschied vor: Die Deutschen behalten grundsätzlich eine gewisse körperliche Distanz während des Kennenlernens und empfinden daher die in Frankreich obligatorische Kuss-Geste regelrecht als Angriff auf ihre Intimsphäre. So jedenfalls Manni. Er hatte gar keine Lust, André, der munter mit seiner Eva flirtete, auch noch auf jede Wange ein Küsschen zu geben. Dabei hätte er sich einfach nur von ihm vorsichtig »führen« lassen müssen. Denn das Vorgehen selbst begreift man auch als Laie ziemlich schnell, nur muss man sich eben wieder einmal darauf einlassen wollen. Die Franzosen betreiben ihr Begrüßungs- und Verabschiedungsritual kurz und schmerzlos, egal wo, wann und mit wem. Das gehört zu ihrer Kultur und wird in allen gesellschaftlichen Kreisen angewandt. Wir Deutschen wiederum variieren lieber die Intensität der Begrüßung und Verabschiedung, eben je nach Freundschafts- oder Intimitätsgrad: Meistens geben wir höflich die Hand, aber manchmal nehmen Sie auch jemanden in den Arm und schauen ihm tief in die Augen. Immer häufiger ist es das schnörkellose »Hallo« ohne irgendeine zusätzliche körperliche Geste.

André Flirten mit Eva ist auch ein für Franzosen ganz alltäglicher Vorgang. Es wäre geradezu unhöflich, nicht mit ihr zu flirten. Dahinter steht keinerlei Absicht.

Eva war stolz, dass sie das deutsche Anstoßen durchsetzen konnte. Im Allgemeinen stoßen Franzosen, sobald mehr als drei Leute anwesend sind, nicht mehr mit den Gläsern an. Es gilt sogar als ein wenig proletenhaft. Auf dem Campingplatz ist das wohl nicht so sehr aufgefallen.

Was André Manni in die Hand gedrückt hat, war *Ricard*, eine Pastis-Sorte. Pastis ist neben Rotwein das wohl bekannteste Getränk Frankreichs und Aperitif Nummer eins. Besonders im Süden wird Pastis hauptsächlich von Männern getrunken, gerne auch schon mal am Nachmittag. Pastis wird auf der Basis von Anis hergestellt, weshalb Manni es für ein Halsschmerzmittel hielt. Im Norden ist das Pastis-Trinken weniger verbreitet – aber man wird ihn natürlich fast immer und überall bekommen, wenn man danach fragt.

Was können Sie besser machen?
oder **Eine kleine Schulung im Küsschengeben**

Beugen Sie den Oberkörper nach vorn und drücken Sie ihre Wange zaghaft an die Ihres Gegenübers. Dabei küssen Sie aber nicht direkt die Wange, sondern nur die Luft. So behält die Geste ihre Leichtigkeit und wird nicht zu einer schmatzenden Angelegenheit. Dabei ist es besonders wichtig, dass sich die beiden Oberkörper nicht berühren. Dann wiederholen Sie das Ganze auf der anderen Seite. *Voilà!*

Die Anzahl der Küsschen variiert je nach Region, im Durchschnitt sind es zwei, in Paris hin und wieder sogar vier. Auch welche Wange zuerst hingehalten wird, hängt ein wenig von der jeweiligen Region ab. Am häufigsten aber geht es mit links los, soll heißen dass die Begrüßenden einander zuerst ihre jeweils linke Wange entgegenstrecken. Die Intensität des gesamten Vorgangs ist sehr unterschiedlich, je nachdem wie nahe man sich steht. Die verbale Kommunikation wird in diesem Moment immer auf eine strikte, notwendige Floskel reduziert: »*Ça va?*« (Wie geht's?) und ein »*Bien, merci, et toi/ vous?*« (Danke gut, und selbst?) sind vollkommen ausreichend. Und antworten Sie bloß nicht ehrlich mit einem »Ach, na ja, es geht so, als ich heute Morgen aufstand, hatte ich schon das Gefühl ...« oder gar mit »Schlecht, ganz schlecht!«. Die Küsserei und die dazugehörige Frage bedeuten keinerlei Vertraulichkeit, sondern sind eine rein formale Angelegenheit, die, wenn man sie als solche annimmt, durchaus Vergnügen bereitet.

19 On prend l'apéro

Wie Manni hungrig von seinen Gastgebern entlassen wird

»*C'est sympa, que vous soyez venus pour l'apéro*«
(Es ist nett, dass ihr zum Aperitif gekommen seid), sagte Elisabeth freundlich. Aha,
wir sind ihnen also sympathisch, dachte
sich Eva und verstand das als Kompliment. Leicht befangen
antwortete sie mit einem Lächeln. »Ja, wir haben auch schon
Wahnsinnshunger«, sagte Manni, aus Versehen auf Deutsch,
aber der Geruch, der aus dem großen Topf kam, raubte ihm alle
Sinne. Die Franzosen schauten ihn fragend an. Manni rieb sich
den Bauch, um seinen Hunger anzuzeigen. »Mmh«, machte er
und »mjammjamm!« Das französische Paar reagierte sofort:
»*Où sont les gâteaux apéritifs?*« (Wo sind die Leckereien für den
Aperitif?), fragte André seine Frau. Sie eilte sofort von dannen
und André übernahm: »*Asseyez-vous*« (Setzen Sie sich), sagte
er und machte eine einladende Handbewegung. Die Fischers
setzten sich auf die freien Campingstühle und der französische
Familienvater stellte seine Kinder vor: »*Antoine et Patrick.*« Die
beiden machten rasch und höflich die Runde und gingen von
einem zum anderen und gaben Küsschen. Eva stand auf, Manni
blieb sitzen. Die elfjährige Antoine hatte Mühe, um Mannis
Beine herumzukommen, um sich ihm tatsächlich für ein Küsschen zu nähern. Sie wird schon weitergehen und mich mit
diesem albernen Küsschenquatsch in Ruhe lassen, dachte sich
Manni. Doch Antoine versuchte verzweifelt, das Ritual durch-

zuziehen, und schließlich erbarmte sich Manni, beugte sich nach vorne und hielt ihr seine Wange hin. Dabei verschüttete er aus Versehen sein Getränk. »*Ce n'est pas grave*« (Das ist nicht schlimm), sagte Elisabeth schnell, die gerade mit einem Tablett voller Knabbereien zurückgekehrt war. »*Antoine, va chercher une serviette, s'il te plaît*« (Antoine, hole bitte eine Serviette), und Antoine flitzte los. »*Je vous fais un autre Pastis*« (Ich mache Ihnen noch einen Pastis), sagte Elisabeth und zeigte auf das Glas. »*No, no, merci*«, entgegnete Manni schnell. »*I like German Bier, bière*«, sagte er. Elisabeth nickte und kehrte kurz darauf mit einer Flasche von Mannis noch immer halbwarmem Bier zurück. Er nickte dankbar.

Was ist Kir?

Das rot gefärbte Getränk, mit dem das heitere Kennenlernen auf dem Campingplatz schließlich doch noch besiegelt wurde, nennt sich Kir und ist ein in Frankreich sehr beliebter Aperitif. Benannt ist dieser Cocktail nach dem ehemaligen Bürgermeister von Dijon, Félix Kir. Er besteht aus Weißwein, am besten einem Bourgogne Aligoté, mit einem guten Schuss Crème de Cassis (bevorzugt aus Dijon). Dieses Verhältnis kann selbstverständlich je nach Geschmack variiert werden. Außerdem gibt es noch den Kir Breton, die bretonische Variante, mit Crème de Cassis und Cidre. Sehr gern getrunken wird auch Kir Crémant, Crème de Cassis mit Crémant, dem »französischen Sekt« (mehr zum Crémant im Infokasten »Champagner« in Kapitel 31) und natürlich die bekannteste Variante: Kir Royale. Hierfür wird ausschließlich Crème de Cassis und Champagner verwendet.

Da die Franzosen sich jedoch, wenn sie die Zeit haben, jeden Tag einen Aperitif genehmigen, ist der Kir (also die Version mit Weißwein) die am häufigsten getrunkene Variante. Ein sommerlich leichtes Erfrischungsgetränk, das ihnen das liebste unter den Aperitifen ist – man kann sich gut daran gewöhnen.

Antoine hatte zwischenzeitlich ein feuchtes Tuch geholt und hielt es Manni hin, damit er sich den Kir von der Hose wischen konnte. Dann nahm sie das Tablett und ging damit von einem Gast zum anderen. Mit einem höflichen und leicht unsicheren Lächeln bot sie den Deutschen die Leckereien an: Es gab Oliven, fein geschnittene Salami, kleine Schweinereien auf Blätterteig, Chips und kleine Salzbrezeln, Käsehäppchen und Pastetenstückchen. Eva war perplex, die Kleine war ja wirklich gut erzogen. Dass ihre Tochter oder ihr Sohn jemals mit einem Tablett herumliefen, um den Gästen etwas anzubieten, wäre quasi undenkbar. »Sie ist wirklich sehr gut erzogen«, sagte Eva auf Deutsch. »Mensch, Paula, jetzt übersetz das doch mal!« Paula tat, wie ihr geheißen. »*Elle est très bien élevée, maman a dit*«, sagte sie zu Elisabeth und an ihre Mutter gewandt fügte sie sarkastisch hinzu: »Fehlt nur noch der Knicks.« Anton lachte. »Du könntest dir wirklich mal ein Beispiel an Antoine nehmen, Anton«, konterte Eva. »Tja, selbst schuld, du und deine antiautoritäre Erziehung«, schoss Manni ganz trocken dazwischen und schob sich genüsslich ein *gâteau apéritif* nach dem anderen in den Mund.

Nach fast einer Stunde der, wie Manni fand, ziemlich langweiligen Konversation stupste er seine Tochter an; »Du, Paula, jetzt frag doch mal, wann es endlich was Richtiges zu essen gibt. Es riecht so gut aus dem Topf, das muss doch mal langsam fertig sein, das Essen!« Die Vorspeise war auch alle und Manni knurrte jetzt trotz seines dritten Bieres langsam der Magen. »Was für ein Essen?«, fragte Paula zurück. »Na, wir sind doch hier zum Essen eingeladen!« Paula schüttelte den Kopf. »Nein, das ist hier ein *apéro*. Ein Aperitif. Das hat nichts mit Abendessen zu tun.« Manni war verwundert, enttäuscht und vor allem: hungrig. Verstohlen blickte er zu dem großen Topf hinüber – ja war denn das die Möglichkeit?!

Da kam Elisabeth mit einem großen Tablett zurück und Manni fuhr glücklich aus seinem Sessel hoch. Jetzt erst bemerkte er, dass er ganz schön einen sitzen hatte und leicht torkelte. »*Ça va?*«, fragte Elisabeth auch sofort besorgt. Manni ging nicht groß darauf ein. Er schaute lieber mit großen Augen auf das, was die Dame da auf dem Tablett darreichte. Doch beim Anblick zog sich ihm erneut der Magen zusammen: Austern. »*Je les ai achetés chez le poissonier. Bon marché, mais elles sont très bonnes! Servez vous!*« (Die habe ich heute beim Fischhändler gekauft. Sie waren billig, sind aber sehr gut! Bedienen Sie sich!) Manni zögerte. Er hatte noch nie Austern gegessen. Sollte er das jetzt wagen? Eva betrachtete die Austern und war fest entschlossen, auf keinen Fall so ein ekliges Ding zu verspeisen.

Als Manni vorsichtig nach einer griff, sagte Eva zu ihm: »Wusstest du, dass Austern erst in deinem Mund sterben?« Manni schaute sie erschüttert an. Elisabeth reichte ihm eine Gabel und André begann nun seine Mission: den unwissenden Deutschen zu erklären, wie man Austern isst, wie sie am besten schmecken und dass sie immer in die Bretagne reisten, da es hier die besten Austern, noch dazu so unglaublich billig, gäbe. »*Je pourrais en manger toute la journée!*« (Ich könnte sie den ganzen Tag essen!), sagte Elisabeth und schlürfte demonstrativ den glitschigen Schleim aus der Muschelschale. Eva und Manni verstanden nichts von alledem, nur so viel war klar: Manni musste das Ding da in seiner Hand jetzt irgendwie runterschlucken. »Na los, Manni, trau dich!«, witzelte Eva, verschränkte die Arme vor der Brust und konnte sich ein Lachen nur schwer verkneifen. »Soll ich dir die Nase zuhalten?« Manni kümmerte sich nicht weiter um sie. Er nahm die kleine Gabel, stach einfach ohne Gnade in das glibberige Austernfleisch und schob es sich in den Mund. Der ganze Glibber hing so sehr zusammen, dass er mit einem Mal die Kehle hinunterrutschte. Das war's schon? Manni schaute erstaunt. »Das war ganz lecker«, sagte er. Eva gefiel das gar nicht. Sie hatte erwartet, dass Manni sich vor Ekel übergeben müsste, aber ihr Mann griff tatsächlich nach der nächsten Auster. »*Eh, alors?*« (Und?), fragten Elisabeth und André nun Eva. »*Non, non*«, sagte sie und machte eine abwehrende Handbewegung. »Na, Evchen, willste nicht mal probieren? Andere Länder, andere Sitten«, frohlockte nun Manni und schluckte genüsslich die zweite Auster hinunter. Elisabeth und André waren sich einig: »*Si elle ne les mange pas, il en reste plus pour nous.*« (Wenn sie nichts davon isst, bleibt für uns mehr übrig.)

Was ist diesmal schiefgelaufen?

Wenn Eva denkt, das Wort *sympa* bedeute dasselbe wie im Deutschen, nämlich »sympathisch«, dann hat sie sich getäuscht. Die Franzosen sagen überall und bei jeder Gelegenheit: *c'est sympa*. Das kann so viel heißen wie: »Es ist schön hier«, »das gefällt mir« oder »das ist aber nett«. Da, wo wir »schön« verwenden, benutzen die Franzosen eben *sympa*. Man gebraucht es weniger in Bezug auf Landschaften oder bei Bildern, sondern meistens im Kontext mit Menschen.

Dass eine Einladung zum *apéro* kein vollständiges Essen beinhaltet, sondern lediglich ein paar Kleinigkeiten zum Aperitif, hat Paula dem verdutzten Manni ja bereits vor Ort erklärt. Insofern hatte ihr hungriger Vater Glück, als die Kleinigkeiten bei den Campingnachbarn so üppig ausfielen.

Was können Sie besser machen?

Es ist zwar – wie schon an anderer Stelle erwähnt – oft schwierig, aber durchaus angebracht, sich nicht beim Aperitif schon zu betrinken oder den gesamten Hunger an den leckeren *gâteaux apéritifs* zu stillen. Für Deutsche ist diese Angewohnheit, auf nüchternem Magen Alkohol in sich hineinzuschütten, sehr ungewohnt, in Frankreich lockert man den Abend damit auf. Es gilt für einen Mann als unhöflich, zum Aperitif Orangensaft oder Wasser zu trinken. Auch als Frau braucht man eine gute Ausrede. Und: Wenn Sie keine Austern mögen, so ist das nichts Außergewöhnliches. Auch in Frankreich scheiden sich hierbei die Geister.

Austern – aus der Bretagne

Was wäre Frankreich, was wäre die Bretagne ohne ihre Auster? Sie ist die Königin unter den Schalentieren und regiert das Reich der Luxusfeinkost. Die Franzosen lieben diese sieben bis zwölf Zentimeter großen Geschöpfe, die weltweit in den unterschiedlichsten Formen zu finden sind. Man unterscheidet zwei Haupttypen: die flache Auster (*huître plate*) und die tiefe Auster (*huître creuse*). Frankreich produziert insgesamt etwa 135.000 bis 145.000 Tonnen Austern pro Jahr, vor allem die *huîtres creuses*; über 90 Prozent der Austernproduktion findet sich auf heimischen französischen Tellern wieder. Im Dezember (Weihnachten und Neujahr sind traditionell wichtige »Austernfeiertage«) werden allein 50 Prozent der Gesamtproduktion verbraucht. Die Austern aus der Bretagne machen mit etwa 60.000 Tonnen fast die Hälfte der gesamten Austernproduktion Frankreichs aus. Die bretonische Auster soll besonders reich an gesundheitsfördernden Elementen sein: Sie enthält pro 100 Gramm Austernfleisch etwa 400 Prozent des täglichen Bedarfs an Vitamin B12, 70 Prozent des Jod- und Eisenbedarfs, 75 Prozent des Tagesbedarfs an Vitamin A usw. – und das bei nur 70 Kalorien.

20 Wenn Grillen zirpen

Wie Manni den halben Campingplatz vergrault

Was für eine Idylle, diese Natur. Wenn bloß die Menschen nicht wären. Leider war Manni auch einer. Manchmal kam er sich vor wie eine Ameise oder eine Biene. Besonders hier in Frankreich war er ständig von diesem Summsumm umgeben, als wären sie immerzu emsig am Brummen, diese Franzosen. So viel Aufregung um nichts. Und alles in diesem freundlichen Singsang, den seine Tochter Paula so liebte. »Papa, du hast eben keine Ahnung von Stil«, hatte sie zu ihm gesagt. Das musste man erst mal schlucken. Klar war es auch angenehm, freundliche Menschen um sich herum zu haben, aber manchmal kam ihm das alles so unecht vor. Hinter dieser Fassade musste es doch schlimm aussehen. Oder war da gar nichts mehr? Was Manni betraf, so schätzte er die gemütlichen Stunden der Kontemplation: in bequemen Klamotten auf dem Liegestuhl sitzen, eine Packung Zigaretten und ein paar Bierchen vor sich und dann einfach in Ruhe die Leute anschauen, die vorbeigingen. Manni nannte das »philosophieren«. Immerhin waren sie hier im Land der Philosophen. Warum konnten die nicht einfach mal die Klappe halten und auch ein bisschen kontemplativ vor sich hin trinken? Egal, was kümmerten ihn die anderen. Hauptsache er hatte seinen Spaß und seine Ruhe. Die anderen kümmerten sich ja auch nicht um ihn. Paula war mit irgendeinem Mannsbild abgezogen, Anton war trotz schlechten Wetters an den Strand und Eva wollte anscheinend ganz in die französische Kultur eintauchen und traf sich mit Elisabeth. Wahrscheinlich tauschten sie Kochrezepte oder Strickanleitungen aus. Bei diesem Gedanken musste Manni unwillkürlich grinsen. Er zog sich seine Jogginghose an, holte sich ein paar Bier aus dem Kühlschrank, zündete sich eine Kippe an und machte es sich im Liegestuhl bequem. So hatte er sich den Urlaub vorgestellt: endlich mal alle weg. Die Grillen zirpten.

Das Wetter, das war wirklich unmöglich. Er war ja nicht empfindlich, aber er begann, mit nacktem Oberkörper zu frieren. Dabei war es schon fast Ende Juli. Es war diesig und bewölkt und um die 20 Grad. Na ja, bloß nicht die Laune verderben lassen. Manni strich sich genüsslich über die Plauze und öffnete sein zweites Bier, als eine französische Familie vorbeikam. Als sie Manni sah, verstummten Mutter, Vater und zwei Kinder glatt in ihrem Singsang und schauten ihn an. Wie ein Marsmensch, fand Manni, wurde er gemustert. Aber es schmeichelte ihm, dass sie bei seinem Anblick verstummten. Das war doch was! Er öffnete sein viertes Bier, als zwei junge Mädchen in extrem kurzen Hosen und knappen Bikini-Oberteilen vorbeischlenderten. Wow, die sahen einfach toll aus! In Deutschland hätte er jetzt mit seinen Kumpels einmal kräftig durch die Zähne gepfiffen. Warum nicht auch hier? Und Manni pfiff. Die Mädchen schauten ihn entsetzt an. Er lächelte ihnen zu, auch sie verstummten, fassten sich bei der Hand und eilten schleunigst davon. Was war denn mit denen los? So alt war er doch auch noch nicht, dass sie denken müssten, Dracula persönlich getroffen zu haben. Leicht verärgert öffnete er das fünfte Bier und verspürte einen gewissen angenehmen Drang, sich zu entleeren. Er hatte wirklich keine Lust, jetzt den ganzen Weg bis zu den Sanitäranlagen auf sich zu nehmen. Und dort noch mehr Franzosen zu treffen. Warum auch, wenn's hier Bäume gab. Manni brauchte nur ein paar Schritte zu tun und konnte bequem gegen einen Baum pinkeln. Was war das wohl, eine Kiefer? Fünf Bier waren schon eine Menge Flüssigkeit, nicht umsonst hieß das auch »eine Stange wegtragen«. Manni gefiel dieser Ausdruck. Es dauerte eine Weile, und dass im Hintergrund ein paar Leute vorbeigingen, die wieder alle verstummten, störte ihn nicht weiter. Schließlich war er es gewohnt, dass die Leute diskret wegschauten, wenn sich einer auf der Straße in einer Ecke oder an einem Baum entleerte. Das war ja mehr als menschlich. Manni schaute nicht zurück, sondern konzentrierte sich auf seinen Strahl. Er schloss seinen Reißverschluss und machte es sich erneut in seinem Stühlchen bequem. Jetzt kam sogar die Sonne etwas heraus. Zeit für ein kleines Nickerchen. So sah Urlaub aus!

Manni schnarchte ein wenig, als er unsanft von der Campingleitung geweckt wurde. Sie redeten auf ihn ein, diesmal klang der Singsang nicht mehr ganz so freundlich, sondern trug leicht aggressive Untertöne. Was war denn jetzt schon wieder los?

Was ist diesmal schiefgelaufen?

Was in Deutschland vielerorts als »normal« angesehen wird, ist in Frankreich als absolutes Proletentum verschrien: Jogginghosen trägt man nur zum Sport, sonst nicht. Natürlich gibt es auch in Frankreich Proleten. Wer vormittags oder mittags (unabhängig vom Essen) Alkohol trinkt, gilt als Alkoholiker. Manni ist für die Franzosen ein recht ekliger Anblick – abstoßender noch, als es uns erscheinen mag: dicker Bierbauch, Jogginghose, Dosenbier. Das Klischee des modernen deutschen Neandertalers. Minderjährigen Mädchen in dieser Situation nachzupfeifen, erscheint als geradezu pervers. Doch das eigentliche »Verbrechen«, weshalb die Campingleitung auf den Plan gerufen wurde, ist, dass Manni an einem Baum seine Duftmarke hinterlassen hat. Egal ob auf dem Campingplatz oder mitten im Wald, ob an einen Zaun oder gegen eine Mauer oder eine Häuserwand: Franzosen pinkeln nicht einfach irgendwohin. Der Weg zur Toilette muss auf sich genommen werden (außer man ist ganz allein auf weiter Flur in der Natur, dann würde eventuell auch ein Franzose – unwillig – gegen seine Prinzipien verstoßen). In Städten darf man meist Toiletten von Restaurants und Cafés benutzen, wenn man vorher freundlich fragt. Ein entscheidender Unterschied in der Sprache ist, dass Franzosen nicht sagen »Ich muss mal«, sondern »*J'ai envie de faire pipi*«, was so viel heißt wie »Ich habe Lust, Pippi zu machen«. Der körperliche Drang ist praktisch zivilisiert worden. Und auf ihre Zivilisation legen die Franzosen bekanntlich großen Wert.

Was können Sie besser machen?

Pfeifen sie auf keinen Fall einer Frau hinterher (auch nicht der eigenen). Das wird in Frankreich nicht als Kompliment aufgefasst, sondern man vermutet in ihnen einen Lüstling, der zu allem fähig ist. Auch wenn sie nicht zusätzlich noch bierbäuchig und -trinkend ihre Jogginmontur zur Schau tragen.

Einer Frau nachzupfeifen gilt fast als persönlicher Angriff, denn die Französinnen machen sich zwar sehr schick und schön und erwarten dafür Bewunderung, aber sie wollen sich in der Öffentlichkeit vor männlichen Angriffen (so empfinden sie das Pfeifen) und Übergriffen (sowieso) sicher fühlen.

Entleeren Sie ihre Blase auf keinen Fall woanders als auf der Toilette. Wenn Sie nicht gerade in freier Natur sind, wo weit und breit kein Mensch zu sehen ist, denn es ist absolutes Tabu, an eine Häuserwand, eine Mauer oder gegen einen Baum zu pinkeln. Sie sind ja schließlich kein Hund! Nicht auf dem Campingplatz, aber auch nicht am Wald- oder Wegesrand, wo Menschen vorbeigehen könnten. Man bekommt zwar keinen Strafzettel wie in den USA, aber es ist trotzdem ein absolutes No-go.

21 »Dünne Dinger« auf dem Mont-Saint-Michel
Wie sich die Fischers zwischen Crêpe und Galette verirren

Manni hasste Ausflüge. Er wäre am liebsten für den Rest des Urlaubes auf dem Campingplatz in seinem Liegestuhl geblieben. Er hatte genug gesehen. Nicht so Eva. Ein Ausflug, auf den sie bestand, war der Besuch des Mont-Saint-Michel, in ihrem Reiseführer mit unendlich vielen Sternchen versehen. In aller Herrgottsfrühe machte sich Familie Fischer also auf den Weg dorthin. »Der Mont-Saint-Michel ist eine Insel im Ärmelkanal«, zitierte Eva auf der Fahrt ihren Reiseführer, »etwa einen Kilometer vor der Küste im Wattenmeer der Normandie gelegen mit einem alten Benediktinerkloster«. Und auf der Felseninsel stand neben dem Kloster auch die kleine Kirche St. Pierre. Dort wollte Eva eine Kerze für ihre kranke Mutter anzünden – zum Leidwesen der restlichen Familie, die das für Unfug hielt. Als sie sich ihrem Zielort näherten und mitten aus dem Meer die felsige Klosterinsel emporragte, waren alle Fischers begeistert. Auf dem höchstem Punkt der Insel stach eine Kirchturmspitze in den graublauen Himmel. »Das sieht aus wie die Insel Myst«, meinte Anton fast schwärmerisch. »Aha, wo liegt die?«, wollte seine Mutter wissen, froh darüber, dass sich der pubertierende Sohn nun doch einmal ansatzweise für etwas begeistern konnte. »Mensch, das ist ein Computerspiel«, bekam sie sofort vorwurfsvoll zu hören. Noch besser als die Insel selbst fand Manni, dass die

Straße direkt durch das Meer bis zum Stadttor führte und man nicht noch kilometerlang durch das Watt waten musste. Der Nachteil war, dass sie nicht die einzigen waren: Sie parkten zwischen Hunderten von Autos und Bussen und begaben sich mit unzähligen lärmenden Touristen auf die Zeitreise in eine mehr als tausendjährige Vergangenheit.

Durch das einzige Tor, der *Porte l'Avancée*, zwängten sich die Fischers, Eva voran, dann an Crêpes-, Pasta- und Pommes-Buden vorbei, die sich in den frühmittelalterlichen Stein- und Fachwerkhäusern eingenistet hatten. Nach einer kurzen Strecke gesäumt von Kitsch-, Souvenir- und Postkartenläden ging es treppauf durch schmale Gassen, der Berg wollte schließlich erklommen werden. »Wo ist denn hier die Rolltreppe«, meinte Anton scherzend, aber keiner hörte ihn, denn in dem Gedränge konnten sie nur hintereinandergehen. »Passt bloß auf eure Sachen auf«, rief Manni seinen Kindern zu, die hinter ihm liefen. »Da hat er recht«, gab ein frecher Mann zurück, der ihnen entgegenkam und offensichtlich auch Deutscher war. Seine Kameraden lachten. Na toll, dachte sich Paula, das ist mal wieder einer dieser Tage …

Als sie oben ankamen, stand die Sonne am Firmament und knallte gnadenlos auf sie herab. Der Blick war berauschend: Das Meer glitzerte am Horizont in der Sonne, um den Klosterberg herum war das Watt sichtbar, in dem Menschen Wanderungen machten. Und da die Flut gerade wieder einsetzte, kehrte das Wasser beeindruckend schnell zurück, um den Mont-Saint-Michel zu umspülen. Manni war ganz verzückt von diesem Schauspiel der Natur. Als Eva mit einem glücklichen Lächeln und dem Satz »Mission erfüllt« aus ihrer Kirche zurückkam, war klar, dass sie sich etwas Ordentliches zu Essen verdient hatten. »Ich hätte zwar gerne noch eine Führung gemacht ... Sie bieten dort auf dem Platz vor der Kirche stündlich Führungen in allen Sprachen an, aber ich dachte, das kann ich euch nicht antun«, sagte Eva belustigt. »Womit du ausnahmsweise mal recht hast«, war Mannis witzelnde Antwort. Auf ihrem Weg bergab liefen sie auf den früheren Stadtmauern entlang, und auch hier gab es zahlreiche Restaurants. »Wieso gibt es überall Crêpes?«, wollte Manni wissen. »Wegen Pfannkuchen muss man doch nicht gleich ein Restaurant aufmachen.« »Crêpes sind doch eine Spezialität der Bretagne, falls dir das noch nicht aufgefallen ist«, meinte seine Frau. »Es gibt übrigens auch salzige Crêpes.« Also ließen sie sich in einer Crêperie nieder, mit Blick aufs Meer.

»Die sind ja verhältnismäßig billig«, freute sich Eva. »Na ja, man kann ja schließlich nicht zehn Euro für einen Pfannkuchen verlangen. Auch nicht hier«, warf Manni fachmännisch ein. »Vielleicht denken die, dass man mehrere isst«, gab Anton zu bedenken. »Papperlapapp! Ein Getränk und ein Pfannkuchen pro Person«, bestimmte Manni sofort. »Mann, bist du geizig«, warf Anton ihm vor. »Ich möchte bloß nicht, dass ihr hier in Frankreich zu dick werdet«, entgegnete Manni. »Ich sehe gar keine salzigen Crêpes auf der Karte«, sagte Eva. Paula musste das bestätigen. »Ich frage mal nach ... *Vous n'avez pas de crêpes salées?*« (Haben sie keine salzigen Crêpes?) »*On a des crêpes au beurre salé*« (Wir haben Crêpes mit salziger Butter), gab die Bedienung kurz zurück. »Es gibt welche mit salziger Butter«, übersetzte Paula. »Das klingt sehr fettig, ich nehme einen Salat«, sagte Eva. »Ich nehme einen mit Schokolade«, sagte Anton. »Ich finde das klingt sehr gut mit salziger Butter«, sagte Paula. »Na, wenn du meinst«, sagte Manni. »Ich will mich mal der Spezialistin anschließen.« Von einem Crêpe wurden sie tatsächlich nicht satt und die »dünnen Dinger«, wie Manni sie nannte, waren auch nicht so richtig sein Ding. »Ein süßer Teig mit salziger Butter. Und das als Mahlzeit! Das verkaufen die doch sicher nur den Touristen und essen selbst den Hummer.« Die Bedienung kam erneut. »*L'addition, s'il vous plaît*« (Die Rechnung, bitte), sagte Paula, ebenso kurz angebunden. »*C'est tout?*« (Ist das alles?), fragte die Bedienung nach. »*Oui*«, betonte Paula nachdrücklich. Ziemlich hungrig standen sie vom Tisch wieder auf und redeten sich ein, dass es eigentlich viel zu heiß sei, um noch einen Pfannkuchen zu essen. Als sie fast wieder am Stadttor angekommen waren, konnte Manni nicht mehr widerstehen und kaufte allen eine große Portion Pommes rot-weiß. Da weiß man, was man hat.

Was ist diesmal schiefgelaufen?

Die Fischers haben gut daran getan, diesen magischen Ort zu besichtigen. Der Klosterberg ist trotz seiner etwa 3,6 Millionen Touristen jährlich unbedingt eine Reise wert. Und wenn man sich hinaufgequält hat, sollte man unbedingt auch die Klosteranlage besichtigen. Sie ist berühmt für ihren schönen Kreuzgang; seine mit normannischer Ornamentik ausgestalteten Spitzbogenarkaden ruhen auf schlanken Säulen. Außerdem zu besichtigen lohnt sich La Merveille, ein Trakt mit gotischen Gebäuden, zu denen auch der eindrucksvolle Rittersaal des Ordens gehört. Wer Zeit hat, über Nacht zu bleiben, wird den Ort etwas ruhiger und mit weniger Touristen erleben. Die Touristen kommen allerdings das ganze Jahr über.

Der Mont-Saint-Michel liegt in der gleichnamigen Bucht, die sich bei Ebbe vollkommen entleert – 14 Kilometer zieht sich das Wasser von der Küste zurück, nach sechs Stunden und 20 Minuten erobert sich die Flut »mit der Schnelligkeit eines Pferdes im Galopp« (Victor Hugo) das Land zurück. Durch die Straße, die direkt an den Berg heranführt, ist der natürliche Ablauf von Ebbe und Flut gestört, da das Wasser den Berg nicht mehr vollständig umspülen kann. Der Berg droht auf Dauer zu verlanden. Eine Renaturierung ist schon lange geplant – eine Stelzenbrücke soll dem Wasser die Möglichkeit geben, den Berg wieder ungehindert zu umspülen.

In der Crêperie ist den Fischers ein markanter Fehler unterlaufen: Die salzigen Crêpes, für die die Bretagne so berühmt ist, heißen *galettes*. Sie werden aus *blé noir* (dunklem Mehl) hergestellt. Dieses dunkle Mehl hat nichts mit Vollkornmehl oder gar Schwarzbrot zu tun. Es ist Buchweizenmehl und wird zu einem salzigen Galette-Teig verarbeitet. Diese Galettes gibt es als *complête* – also komplett, was bedeutet mit Schinken, Käse, Ei und meistens Tomate. Und in allen möglichen anderen Sorten, zum Beispiel mit Schafs- oder Ziegenkäse, Salat, Nüssen oder auch mit Wurst gefüllt. Anton hatte recht, tatsächlich isst man in der Regel mehrere Galettes. Und wenn nicht, dann zumindest eine Galette und einen süßen Crêpe als Nachspeise. Der klassische Crêpe ist mit Zucker und der typischen bretonischen *beurre salé* (salzigen Butter) bestrichen. Ein Highlight ist ein Crêpe, der mit Calvados flambiert wird. Zu den Galettes trinkt man in der Regel Cidre, einen moussierenden Apfelwein, der ungefähr so viel Alkohol wie Bier hat und sehr erfrischend sein kann. Im Englischen wird das Getränk als *Cider* bezeichnet, im Spanischen als *Sidra*.

Ursprünglich stammt der Cidre wohl aus dem heute in der Türkei gelegenen Ferienort Side, wo man 400 vor Christus begann, berauschende Getränke aus Apfel herzustellen. All diese Leckereien sind den Fischers leider entgangen.

Was können Sie besser machen?

Die Bedienung hat es den Fischers nicht leicht gemacht. Doch hätten sie noch einmal nachgefragt, wäre sie sicherlich bereit gewesen, ihnen zu erklären, was Crêpes und was Galettes sind. Und dass es eigentlich dieser dunkle Teig mit herzhaftem Belag ist, den die Fischers essen wollten. Gerade in touristischen Gebieten ist die Bedienung zuweilen ein wenig unfreundlich und gibt einem nicht selten das Gefühl, dass man zu doof ist, um die Karte zu lesen. Grund hierfür ist einzig Stress. Davon darf man sich nicht verunsichern lassen. Fragen Sie freundlich nach, wenn Ihnen etwas komisch vorkommt oder Sie nicht genau wissen, was der Name einer Speise bedeutet, dann erhalten Sie sicherlich eine freundliche Antwort.

Rezepte für Crêpes und Galettes nach bretonischer Art

Galettes de blé noir (Galettes aus dunklem Mehl)

Für 20 Galettes (Buchweizen-Crêpes): 250 g Buchweizenmehl, 1 EL Weizenmehl, 1 TL Salz, 1 Ei und 120 ml Wasser in eine Schüssel geben. So lange rühren, bis Sie einen festen Teigklumpen erhalten. Dann nach und nach unter Rühren oder Schlagen etwa 500 ml fettarme Milch hinzufügen (eventuell etwas mehr), bis Sie einen homogenen Teig erhalten. Butter in einer Pfanne erhitzen, Teig in der Pfanne oder auf dem Crêpe-Eisen dünn verstreichen und goldbraun ausbacken.

Crêpes de froment (süße Weizenmehl-Crêpes)

Für 15 Crêpes: 100–125 g Zucker, 1 TL Buchweizenmehl, eine Messerspitze grobes Salz, 2 Eier, 25 g zerlaufene Butter oder einen Esslöffel Olivenöl, 1 Päckchen Vanillezucker und etwa 100 ml Wasser mischen. Schlagen Sie die Zutaten mit einem Schneebesen oder Handrührgerät zu einem Brei und fügen Sie nach und nach unter Rühren 250 g Weizenmehl und 100 ml Milch hinzu, bis sie einen homogenen Teig ohne Klümpchen erhalten. Fügen Sie dann weitere 400 ml Milch hinzu. Sie erhalten einen Teig, der nicht zu dick ist, denn sowohl für Crêpes als auch für Galettes gilt: Je dünner, desto besser! Butter in einer Pfanne erhitzen, Teig in der Pfanne oder auf dem Crêpe-Eisen dünn verstreichen und goldbraun ausbacken.

22 Ein schöner Nachmittag

Paula und Eva oben ohne am Strand

Die Fischers kamen früher auf dem nächsten Zeltplatz an als gedacht. »Kaum fährt man mal mit dem Auto durch die Gegend, werden es glatt 30 Grad!« Manni schnaufte, als er ausstieg. Die anderen holten ihre Badesachen aus dem Bus, um sofort ins Meer zu springen. Manni folgte ihnen schnell, Badesachen brauchte er nicht, er badete sowieso am liebsten nackt. Das Wetter war für den Strand ideal, im Nu hatte Anton seine Klamotten ausgezogen, seine Badehose trug er drunter. »Wer als Erster im Wasser ist«, rief er noch und rannte auch schon los. Manni riss sich seine Klamotten vom Leib, doch Paula hielt seinen Arm fest. »Könnt ihr bitte eure Badesachen anlassen?«, flehte sie ihre Eltern an. »Wieso das denn?«, wunderte sich Manni. »Hier in Frankreich kann man nicht einfach nackt rumlaufen. Schaut euch doch mal um, alle sind angezogen!« Paula bekam bei der Aussicht, ihre Eltern hier nackt zu sehen, fast eine Panikattacke. »Ja, ja, klar«, antwortete Eva. Manni zog sich sein T-Shirt wieder an und ging mürrisch zurück zum Zeltplatz, um sich seine Badehose zu holen. Eva zog sich seelenruhig weiter aus. Sie hatte ihren Bikini an. »Auch nicht oben ohne«, sagte Paula noch, doch da war es schon zu spät – schwuppdiwupp und ihre Mutter hatte sich ihres Bikinioberteils entledigt. »Das ist doch kein Problem«, sagte Eva ruhig. »Das habe ich die letzten Tage ohne dich auch schon gemacht, und keiner hat was gesagt.« Paula schaute sich skeptisch um. Sie hatte auch

Lust, ihr Oberteil auszuziehen. Zumindest im Liegen, damit sie nahtlos braun würde. Wenn sie nachher ans Wasser ging, könnte sie es ja wieder anziehen. Paula zog sich also auch das Oberteil aus und legte sich neben ihre Mutter. Da kam Anton aus dem Wasser zurück und schüttelte kräftig seine Haare. »Igitt!«, schrien die beiden Frauen, als sie nass wurden. Anton nahm sich sein Handtuch und legte sich abseits von den beiden in die Sonne. »Warum kommst du nicht zu uns?«, wollte seine Mutter wissen. »Weil es mir peinlich ist«, sagte Anton. »Ich lege mich doch nicht mit meiner halbnackten Mutter an den Strand.« Eva verteidigte sich lachend: »Ich glaube, die Franzosen sind gar nicht so verklemmt wie du, Anton.« Paula schaute sich kurz um und spürte einige Blicke unangenehm auf ihr lasten. Sie griff zu ihrem T-Shirt und zog es sich schnell über. Am liebsten wäre sie im Boden versunken.

Was ist diesmal schiefgelaufen?

Paula hätte es eigentlich wissen können, zumindest hat sie geahnt, dass es nicht unbedingt angesagt ist, sich in Frankreich am Strand (halb)nackt auszuziehen. Die Aussicht auf nahtlose Bräune hatte sie allerdings alle Regeln vergessen lassen. Die Franzosen haben nämlich ein vollkommen anderes Verständnis dem eigenen Körper gegenüber, als wir es haben. Nicht umsonst behaupten die Amerikaner und Engländer von den Deutschen, sie seien in ihrem tiefsten Herzen alle Exhibitionisten. Tatsächlich lieben die Deutschen es, sich nackt auszuziehen, sei es in der Sauna, unter der Sammeldusche im Hallenbad oder beim Baden am See. Nicht nur in Ostdeutschland hatte FKK lange Hochkonjunktur, und wenn man seine Badesachen anbehielt, wurde man fast ausgelacht. Man galt als verklemmt. Doch auch in Frankreich gibt es seit etwa 1900 durch die Bewegung der Naturisten eine Tradition des »Schwedisch-Badens«. Michel Houellebecq beschreibt in seinem Roman »Elementarteilchen«, was sich an so einem abgeschirmten Strandabschnitt für FKK-Bader in Cap d'Agde an der Côte d'Azur alles abspielen kann. Allerdings handelt es sich hier um ausgewiesene FKK-Bereiche, in denen die Teilnehmer sich oft einiges von ihrem Nacktsein versprechen. Einfach nur oben ohne, ohne damit etwas zu beabsichtigen, ist in Frankreich nicht drin. In der Sauna behält man stets seine Badesachen an oder wickelt sich zumindest ein Handtuch um den Körper. Überhaupt gehen Franzosen so gut wie nie in die Sauna. Es gibt fast nirgendwo eine Sauna, die nicht zu einem Swingerclub gehört – außer in manchen Skiorten. Beim Umziehen am Strand ist es herrlich, Franzosen dabei zu beobachten, wie sie sich umständlich mit einer Hand (oder mit den Zähnen) ein Handtuch vorhalten, während sie versuchen, mit der anderen Hand eine nasse Badehose aus- und etwas anderes anzuziehen. Die intimsten Körperteile soll die Öffentlichkeit nicht sehen. Oft zieht allerdings diese Akrobatik mehr Aufmerksamkeit auf sich, als wenn man sich einfach schnell *à l'allemande* (nach deutscher Art) umzieht und dabei kurz entblößt. Sich demonstrativ oben ohne hinzulegen, zieht natürlich alle Blicke auf sich.

Was können Sie besser machen?

Respektieren Sie die kulturellen Unterschiede hinsichtlich der Präsentation des eigenen Körpers in der Öffentlichkeit. Oben ohne am Strand zu liegen, ist in Frankreich schon zu viel des Guten. Behalten Sie Ihr Bikinioberteil und erst recht Ihre Badehose an, denn selbst wenn keiner etwas sagt, so werden Sie die Ablehnung doch früher oder später zu spüren bekommen.

23 Keltisches in Locronan

Wie die Fischers ihre bretonische Leidenschaft entdecken

Die Landstraße war voll, voller als Manni erwartet hatte. »Warum müssen die denn alle ausgerechnet jetzt nach Locronan fahren?«

»Wer sagt denn, dass sie da hinfahren, wo wir hinfahren, Schatz?« Eva sah ihren Mann etwas streng von der Seite an. »Na hör mal, Locronan ist das schönste Dorf der Bretagne. Oder etwa nicht, Paula-Maus?« »Nenn mich bitte nicht so, Papa.« »Früher hattest du das gern.« »Ja – früher!«

Die Fischers waren in Ferienstimmung, aus dem Radio dudelten leise Chansons und auf dem Tagesprogramm stand eine der wichtigsten Sehenswürdigkeiten der Bretagne. Der kleine ehemalige Marktort lag zwischen der Halbinsel Cap Sizun und den Ausläufern der Montagnes Noires. Er war berühmt für seine blumengeschmückten Granithäuser, die aus dem 16. und 18. Jahrhundert stammten. Das Städtchen hatte im Spätmittelalter durch Segeltuchexport Reichtum erlangt. Selbst heute zerstörte kein einziger Neubau diesen uralten Ort, der schon mehrfach Schauplatz für Filmarbeiten war. Unter anderem drehte Roman Polanski hier »Tess« (1979) mit Nastassja Kinski. Auch Sophie Marceau und Philippe Noiret standen in Locronan schon vor der Kamera. Als Eva den Abschnitt aus ihrem Reiseführer zu Ende vorgelesen hatte, war sie ganz aufgeregt. Sie liebte diese bedeutsamen historischen, mystischen Orte. Nur Paula war langsam am

Ende ihrer Kräfte. Das permanente Übersetzen, Überreden und Erklären hatte sie einige Nerven gekostet und sie stellte fest, dass sie sich langsam aber sicher wieder auf ihre Gastfamilie freute. Sogar auf Claudine und ihre bissigen Kommentare. Das war jetzt einfach ihr Leben, mit allem, was dazugehörte. Der Gedanke tat gut und breitete sich warm und wohlig in ihr aus.

Als sie das Ortseingangsschild von Locronan passiert hatten, fand sich weit und breit kein Parkplatz. »Los, Paula-Maus, fragst du?« »Nur, wenn du das mit der Maus sein lässt!« »In Ordnung.« Paula sprang aus dem monströsen Wohnmobil und fragte ein junges Hand in Hand schlenderndes Pärchen nach einer Parkmöglichkeit. Aber so sehr sie sich auch konzentrierte, sie verstand die beiden einfach nicht. Es war fast, als wäre ihr Französisch mit einem Mal verschwunden! Einfach weg, aus und vorbei! »Paula-Maus, was ist denn jetzt?«, brüllte Manni über sein Lenkrad gebeugt, wobei ihm eine schweißnasse Haarsträhne nach der anderen in das erhitzte rote Gesicht fiel. Paula hatte ihren Vater in diesem Augenblick plötzlich schrecklich lieb. »Komme ja gleich!« Sie beschloss, besser einen älteren Menschen zu fragen, vielleicht war die Jugend hier in der Provinz einfach schräg drauf. Da kam auch schon ein etwas in die Jahre gekommener Herr auf sie zu und Paula schleuderte ihm hoffnungsvoll ihr »Bonjour!« entgegen. Na, wer sagt's denn?! Aber das, was daraufhin zu ihr zurückkam, war nicht die routinierte Höflichkeitsfloskel, sondern ein »Demad« oder so etwas in der Art. Oh Gott, wo waren sie denn hier gelandet? Die sprachen ja wie die Ureinwohner. »Eh, non, pardon«, entgegnete Paula bestimmt und hektisch zugleich. Das hatte einfach keinen Sinn! Als sie sich irritiert umdrehte, um so schnell wie möglich wieder in das heimelige Wohnmobil zu hüpfen, rief ihr der Alte noch ein »*Kenavo! Kenavo!*« hinterher. »*Merci, merci!*«, antwortete Paula schon halb davonrennend und prallte im nächsten Augenblick mit voller Wucht gegen die große Hintertür des Familienheiligtums. »Du siehst aus, als wäre dir Jesus persönlich erschienen«, witzelte Manni. »Alles in Ordnung, mein Liebling?«, schaltete sich Mama Eva besorgt dazu. »Ja!« Paula reimte sich jetzt irgendetwas aus dem zusammen, was das Pärchen zuvor gesagt hatte. Das musste reichen, sonst mutierte Manni noch zum tobenden Affen. »Äh, also, ich glaube, wir müssen vor dem Ort parken. Irgendwie habe ich die alle nicht verstanden.« »Ich dachte, du kannst Französisch, junges Fräulein.« Manni war inzwischen auch leicht »drüber« und wünschte sich nur noch einen starken Espresso. »Also gut, fahren wir wieder raus aus dem schönsten Dorf der Bretagne.« »Jetzt hab dich doch nicht so, Steuermann!« Eva versuchte die dicke Luft etwas zu verdünnen. Der Parkplatz befand sich tatsächlich kurz vor dem Ortseingang, komplett überfüllt und von Wohnwagen übersät. »Wollen die hier Wurzeln schlagen?«, wunderte sich Manni. Und vergaß vollkommen, dass er selbst Fahrer eines solchen Ungetüms war. Für das er sogar sein letztes Hemd geben würde. Wie Ameisen liefen die Menschen in den Ort hinein, eine schneller als die andere.

Als die Fischers Stunden später jeden Winkel und jede noch so kleine Gasse von Locronan besichtigt hatten, setzte Manni sein Ich-bin-mit-der-Welt-zufrieden-Grinsen auf und lud die Familie in ein schlichtes *Bar-tabac* auf einen Aperitif ein. »So was muss auch mal sein!« Drei einsame

Männer saßen am Tresen und tranken ihr Bier, im hinteren Bereich klingelte ein Spielautomat und daneben hockten zwei junge Frauen, die sich leise unterhielten. Als die vier Fischers eintraten, drehten sich die Männer um und nickten Manni kurz zu. Am Tresen stand eine rundliche ältere Dame mit einer ausladenden Hochsteckfrisur, die sich intensiv dem Abwasch von ein paar Biergläsern widmete. Sie hob weder den Kopf noch machte sie Anstalten, die Familie willkommen zu heißen. Paula fühlte sich unwohl, aber ging auf den Tresen zu und fragte nach der Karte. »*Tout est là*« (da steht alles), sagte die Barkönigin und zeigte auf eine vergilbte Tafel mit einem kaum lesbaren Angebot. »Lass mich mal, Mäuschen!« Manni drängte sich vor und bestellte in haarsträubendem Französisch vier Champagner. Die Dame seufzte, verschwand, kam nach einer guten Weile wieder und brachte eine angestaubte Flasche mit. »*Voilà!*« Sie goss die sprudelnde, leicht gelbliche Flüssigkeit in vier stumpfe Gläser und servierte das Ganze mit einer Mischung aus Belustigung und Stolz. Eva nahm ihr Glas, sah erst zu Manni, dann zu Paula und Anton und sagte feierlich: »Auf einen herrlichen Ausflug.« »Und das schönste Dorf der Bretagne«, fügte Manni noch hinzu. Er hatte rundum das Gefühl, das Richtige getan zu haben.

Was ist diesmal schiefgelaufen?

Im Juli und August sind Frankreichs Landstraßen voll. Egal, wo. Und auf dem Weg nach Locronan erst recht. Am schlimmsten ist es am letzten Juli- und am ersten August- wochenende. Das liegt daran, dass es für Kindergarten- und

Schulkinder genau zwei Monate Sommerurlaub gibt: Juli und August. Da die meisten Arbeitnehmer aber keine zwei Monate Urlaub machen können, wählen sie entweder den Juli oder den August für die Ferien aus. So gibt es die *juilletistes* und die *aoûtiens*. Hinter jeder dieser Bezeichnungen steckt eine eigene Philosophie. Während die *juilletistes* am letzten Juli- bzw. ersten August-Wochenende die Rückfahrt gen Heimat antreten, machen sich die *aoûtiens* genau dann auf den Weg in den Urlaub. Noch dazu lieben die Franzosen es, ihre Ferien in Frankreich zu verbringen. Während die einen also nach Norden, zum Beispiel in die Bretagne, fahren, kommen die anderen schon zurück, die nächsten fahren an die Côte d'Azur, wiederum andere an die Atlantikküste ...

Und Paula, was war mit ihrem Französisch los? Paula war von der anderen, viel härteren Aussprache des bretonischen Pärchens so irritiert, dass sie kaum etwas verstand. Obwohl es sich in dem Fall eindeutig um die französische Sprache handelte. Nur eben etwas anders artikuliert. Der ältere Herr allerdings antwortete tatsächlich auf Bretonisch – eine eigene Sprache –, nämlich mit dem bretonischen *Demad*, das »Guten Morgen« bedeutet. Und fügte später noch das ebenfalls bretonische *Kenavo* hinzu, das »Auf Wiedersehen« heißt. Ob er das aus reinem Jux oder aber aus Gewohnheit getan hat, sei an dieser Stelle dahingestellt. Das alles aber hat Paula vollkommen aus der Bahn geworfen und sie grundsätzlich an ihren Französischkenntnissen zweifeln lassen.

Dass die Familie sich in dem *Bar-tabac* etwas unwohl gefühlt hat, ist keineswegs verwunderlich. Diese Orte sind meistens Hafen und Auffangbecken für die Einsamen und Verlorenen. Hier wird vormittags das erste Bier serviert, einfaches günstiges Essen angeboten und den Gästen mindestens ein halbes Ohr geliehen. Es braucht dort keine Karte, denn alle wissen, was sie hier erwartet. In kleineren Orten kennt man sich, bleibt unter sich, und jeder »Eindringling« ist eine eigenartige Attraktion. Wenn der dann zuerst nach der Karte fragt und auch noch Champagner bestellt, erst recht!

Was können Sie besser machen?

Was die besondere Aussprache des Französischen in der Bretagne betrifft, hatte Paula lediglich Schwierigkeiten sich umzustellen. Das ist bei einem ersten Besuch in dieser Gegend leider nicht zu vermeiden. Paula hätte allerdings etwas höflicher nachfragen und ihr Unverständnis ein wenig verbergen können. Das wäre die hohe Kunst der Kommunikation. Im *Bar-tabac* ist ihr außerdem ein kleiner Fehler unterlaufen: Sie hätte eigentlich wissen müssen, dass man in dieser Art Etablissement keine Karte verlangt. Je einfacher, desto unwahrscheinlicher, dass es überhaupt eine gibt. Hier fragt man gleich und direkt die Bardame, dafür ist sie da und das auch gern. Den Champagner konnte sie natürlich nicht verhindern, aber auch der gehört keineswegs in eine solche Kneipe. Das war Manni egal, aber bei den einsamen Herren am Tresen hat es ganz bestimmt einen komischen Eindruck hinterlassen. Manchmal passen Ort und Bedürfnis einfach nicht zusammen. Wählen Sie für eine feinere Form des Aperitifs eher ein Bistro aus oder aber steigen Sie auf Bier, Pastis oder einfachen Wein um. Die spontane Anpassung will gelernt sein – oder aber Sie nehmen eine kleine Irritation der »Barkönigin und ihrem Gefolge« in Kauf.

Das Bretonische

Zwar steht in Artikel zwei der französischen Verfassung, dass die französische Sprache die alleinige Amtssprache Frankreichs ist und Trägerin der französischen Kultur in der Welt, aber die Rückbesinnung auf die regionale Sprachidentität hat in Zeiten der Globalisierung wieder stark an Bedeutung gewonnen. Das Bretonische ist kein französischer Dialekt, sondern die einzige moderne keltische Sprache, die auf dem europäischen Festland verbreitet ist. Noch bis ins 12. Jahrhundert war das Bretonische – die Sprache einstiger britischer Einwanderer – eine anerkannte Staatssprache, bis der Adel Französisch als offizielle Landessprache durchsetzte und das Bretonische nur noch vom einfachen Volk gesprochen wurde. Diese Tendenz setzte sich durch und kurz nach der französischen Revolution wurden alle Minderheitensprachen verboten. An den Schulen durfte kein Bretonisch gesprochen werden und wer dagegen verstieß, wurde hart bestraft. Erst 1951 wurde das Verbot der regionalen Sprachen vom französischen Staat aufgehoben. Und seit 1977 darf Bretonisch in Vorschulen unterrichtet werden. Heute existieren bretonische Zeitungen, Radiosender und Fernsehsendungen sowie zahlreiche Sprachkurse zum Auffrischen und Erlernen des Bretonischen. In den Schulen wird Bretonisch sogar als Wahlfach angeboten und an den Universitäten von Brest und Rennes gibt es eigene Lehrstühle für die bretonische Sprache. Von den heute rund 2,8 Millionen Bretonen sprechen allerdings nur noch ungefähr 300.000 Bretonisch und nur weitere 300.000 verstehen die Sprache, ohne sie aktiv anzuwenden. In den wenigsten Familien wachsen die Kinder mit der bretonischen Muttersprache auf. Das Aussterben des Bretonischen als aktive Umgangssprache lässt sich trotz der starken Rückbesinnung nur schwer aufhalten.

Kleines Bretonisch-Wörterbuch

Bretonisch	Französisch	Deutsch
avel	vent	Wind
bara	pain	Brot
braz	grand	groß
brezhoneg	breton	bretonisch
deiz	jour	Tag
gwerz	chanson	Lied
ilis	église	Kirche
itron	femme	Frau
kaer	beau	schön
krampouzec	crêpe	Crêpe
men	pierre	Stein
trez	sable	Sand

24 Die Zugfahrt

Der Bahnhof von Lamballe war wesentlich kleiner, als Paula gedacht hatte. Der Bahnsteig ein Provisorium, kein Fahrstuhl weit und breit, sodass sie die vielen Stufen mit ihrem dicken Rucksack auf dem Rücken mühsam erklimmen musste. Im Auto war dann plötzlich doch nicht mehr genug Platz dafür, weil Eva ganze Säcke voll Mitbringsel verstaut hatte. Das gute Salz aus der Bretagne in rauen Mengen – als gäbe es keins in Berlin –, alle »echten« Zutaten für die süßen Crêpes und salzigen Galettes und etliche Flaschen Cidre. *Mon dieu!* Aber Eva wollte eben unbedingt, dass die gesamte Verwandtschaft ihre Reise durch und durch »nachempfinden« konnte. Trotzdem freute sich Paula irgendwie, dass ihre Eltern die Bretagne so mochten. Und sie glaubte auch zu spüren, dass die beiden inzwischen nachvollziehen konnten, warum Paula dieses Jahr unbedingt in Frankreich verbringen musste. Ein niedlicher Regionalzug kam angefahren und hielt nur ganz kurz in Lamballe, sodass Paula sich wahnsinnig beeilen musste. Viele deutsche, englische und belgische Touristen saßen in Paulas Abteil, das rundum nach Urlaub roch. Ihre Eltern waren sicher längst auf der Landstraße, als sich der Zug schleppend in Bewegung setzte. Paula freute sich ein bisschen, endlich wieder allein zu sein, und genoss den weiten Blick auf Felder und Wälder aus ihrem Fenster. Plötzlich spürte sie, wie sehr sie Paris vermisst hatte. Ihre Freundin Juliana, ihre Klasse, Marie und sogar die gemütlichen Abende im Wohnzimmer der Bouchards. Claudine war zwar immer wieder streng mit ihr, aber sie verstand es trotzdem, Paula ein Gefühl von Geborgenheit zu vermitteln. »*Rennes, ici Rennes.*« (Rennes, hier Rennes) Oh Gott, ich muss raus, dachte Paula, hievte sich mit einem Arm den Rucksack auf den Rücken und verließ panisch das volle Urlaubsabteil. »*Au revoir!*«, hörte sie es noch hinter sich herrufen. Wie nett, diese entspannten Urlauber. Daran konnte man sich wirklich gewöhnen.

Jetzt hieß es, das richtige Gleis zu finden. Der Bahnhof von Rennes war doch um einiges größer, und auf der Anzeigetafel suchte Paula vergeblich nach ihrem TGV, dem *train à grande vitesse*, dem französischen »Zug mit großer Geschwindigkeit«. Dabei fuhr er doch schon in einer Viertelstunde! Paula fragte einen gut aussehenden jungen Mann nach dem Paris-Zug. »*Ah, vous avez le temps. Dans vingt-cinq minutes. C'est pour ça qu'il n'est pas encore indiqué.*« (Ach, Sie haben noch fünfundzwanzig Minuten Zeit. Deshalb ist er auch noch nicht angeschlagen.) Paula wunderte sich, war aber auch erleichtert, bedankte sich und kaufte sich gleich noch eine Flasche Wasser und ihre neue Lieblingszeitschrift. Eigentlich mochte sie Frauenzeitschriften gar nicht so, aber in Frankreich war sie total scharf darauf und fast süchtig danach, von einer Mode-Verzückung zur nächsten zu blättern. Als sie das nächste Mal auf die Tafel schaute, war ihr TGV tatsächlich angeschrieben und sie marschierte direkt zum Gleis. Das Ticket hatte sie sich schon vorab besorgt, sodass sie jetzt nur noch ihren Platz finden musste. Der Zug war rappelvoll, halb Frankreich schien aus dem Urlaub zu kommen und nach Paris zurückzuwollen. Paula quetschte sich durch die Massen, fand ihren Sitzplatz und ließ sich endlich richtig fallen. Jetzt gab es nur noch sie und die Zeitschrift. Von mir aus können wir auch zehn Stunden fahren, dachte Paula entspannt und fühlte sich plötzlich ganz schön erwachsen. Das Leben hatte noch viel zu bieten und sie war gerade erst am Anfang. Der TGV rollte sanft aus Rennes heraus, um sie herum vertrautes Stimmengewirr und plötzlich versank Paula in einen süßen Halbschlaf.

»*Mademoiselle! S'il vous plaît!*« (Fräulein! Darf ich bitten?), schnitt es mit einem Mal scharf durch ihren Traum. Gerade hatte sie ein junger Bretone auf einer stürmischen Klippe vor dem tobenden Meer retten wollen. Aber das hartnäckige Rütteln an ihrer Schulter gehörte woanders hin. Paula schlug die Augen auf und sah in das gerötete Gesicht des Schaffners. »*Oui, Monsieur?*« Sie war sofort hellwach. »*Votre billet, s'il vous plaît!*« (Ihre Fahrkarte, bitte!) Hastig wühlte Paula in ihrer Tasche, fand, was sie suchte, und reichte das längliche Ticket erleichtert weiter. »*Voilà!*« Wenigstens war sie jetzt wieder wach und konnte sich endlich der Mode widmen. »*Le billet n'a pas été composté*«, (Die Fahrkarte wurde nicht entwertet), fuhr der Schaffner Paula entrüstet an. Aber die verstand gar nichts. »*Quoi?*« »*Votre billet, il faut le composter à la gare.*« (Sie müssen Ihre Fahrkarte am Bahnsteig entwerten.) Er hielt Paula das Zugticket vor die Augen und zeigte immer wieder energisch darauf. Paula begriff überhaupt nicht, worum es hier gerade ging. »*Mais, ça c'est mon billet!*« (Aber das ist doch meine Fahrkarte!) Sie verwies auf das Datum und die Richtung und alles, was das Ticket eben ausmachte. Der Schaffner wurde immer ungeduldiger, blickte sich hilfesuchend um, aber niemand schien sich für diese Situation zu interessieren. Bis plötzlich eine amerikanische Touristin dazukam und Paula freundlich erklärte, dass sie das Ticket immer noch entwerten müsse, bevor sie in den Zug steige. Das sei so üblich in »*la belle France*«. Na toll, dachte Paula, das hätte ihr ja auch vorher mal irgendjemand sagen können. »*Mais je ne savais pas, Monsieur. Je suis vraiment désolée!*« (Das habe ich nicht gewusst, Monsieur. Das tut mir wirklich sehr leid!) Paula versuchte, den Herrn Schaffner mit ein wenig Mitleid zu bezirzen und hoffe inständig, er würde noch ein Auge zudrücken. Und tatsächlich schien er darauf einzugehen, ließ es sich aber nicht nehmen, einen kleinen Vortrag über das französische Ticketsystem, seine Besonderheiten und die Bedeutung des Zugfahrens im Allgemeinen zu halten. Obwohl Paula nicht einmal die Hälfte davon nachvollziehen konnte, nickte und lächelte sie so eifrig, wie sie nur konnte. Mit theatralischer Geste und Mimik entwertete der Schaffner schließlich Paulas Ticket und reichte es ihr fast vorwurfsvoll zurück. »*Merci beaucoup, Monsieur*«, stammelte sie sichtlich erleichtert und wünschte noch einen angenehmen Tag. Mit einem lauten Seufzer lehnte sie sich wieder zurück, starrte erschöpft in die schnell vorbeiziehende Landschaft und dankte dem Schicksal, dass es so gut zu ihr war. Kurz vor Paris erinnerte sie sich an ihre Zeitschrift und blätterte ein wenig geistesabwesend die Seiten mit der bunten Herbstmode durch.

Was ist diesmal schiefgelaufen?

Bahnfahren ist in Frankreich doch etwas anders als in Deutschland. Kleinere Bahnhöfe sind oft nur spärlich ausgerüstet, es gibt weder einen Zeitungskiosk noch ein Bistro und auch keine Anzeigetafeln. Dafür sind die größeren Bahnhöfe eher unübersichtlich und vor allem voll. Neben Paris gibt es nur ein paar wenige Knotenpunkte und die sind entsprechend überlaufen, da sich die reisenden Massen weniger gut auf das ganze Land verteilen. So auch Rennes: Hier ist es immer voll und hektisch. Und trotzdem werden die Züge grundsätzlich in Frankreich erst kurz vor Abfahrt auf der Übersichtstafel angezeigt. Sie müssen also nicht eine halbe Stunde vorher anfangen, nach Ihrem Zug zu suchen. Dann wiederum müssen Sie sich beeilen, denn jetzt strömen fast alle auf ein- und denselben Zug zu. Das ergibt ein heftiges Gerangel und teilweise unschöne Anschuldigungen. Daher beinhaltet das Ticket für den TGV grundsätzlich immer einen Sitzplatz. Und, es gibt nur so viele Tickets wie Sitzplätze. Deswegen kann es in Frankreich sein, dass ein Zug ausverkauft ist – dafür müssen Sie, wenn Sie ein Ticket ergattert haben, wenigstens nicht stehen.

In Frankreich werden Zugtickets vor der Reise entwertet. Dafür stehen am Eingang zu jedem Gleis gelbe oder orangefarbene Entwertungsmaschinen, die den Berliner U-Bahn-Entwertern nicht unähnlich sind. Hier schiebt man das Ticket kurz hinein und schon ist die Fahrkarte gültig. Aber eben erst dann! Paula hatte Glück, dass sie an einen wirklich netten Schaffner geraten ist, der ihr immerhin geglaubt hat und das Ticket trotz fehlender Entwertung voll gelten ließ. Denn eigentlich ist sie, obgleich sie im Besitz eines Tickets war, schwarzgefahren. Vielleicht spielte hier tatsächlich der Ausländerbonus (in diesem Fall ein Bonus) eine gewisse Rolle, vielleicht aber auch nicht. Das liegt natürlich, wie immer, ganz im Ermessen des Hoheitsbefugten.

Was können Sie besser machen?

Paula hätte sich da, wo sie das Ticket gekauft hat, auch erkundigen können, ob sie noch irgendetwas zu berücksichtigen habe. Nur zur Sicherheit. Allerdings hätte das ein aufmerksamer Verkäufer auch gleich von sich aus tun können, denn dieses System ist kein international verbreitetes, sondern ein eher landestypisches. Vermutlich hat es der- oder diejenige auch genau deswegen vergessen. Denn das Entwerten lernt man in Frankreich von der Pike auf, es ist ein Automatismus. Und: Wenn Paula nicht so in Eile gewesen wäre, hätte sie die leuchtenden Maschinchen vermutlich von alleine wahrgenommen und jemanden dazu befragen können. So aber ist sie hektisch an ihnen vorbeigerannt, ganz auf ihren Sitzplatz konzentriert, auf all die Menschenmassen und nicht zuletzt auf ihre Modezeitschrift.

25 Fred vom Jupiter
Warum Paula nicht so leicht zu transportieren ist

»Pssst!!!« Marie schlich auf Zehenspitzen durch das Wohnzimmer, den *salon*, und öffnete ganz vorsichtig ein Fenster. Der Mond schien hell und auf der Straße war niemand zu sehen. Paula staunte nicht schlecht, als sie die brave Tochter des Hauses so verwandelt sah: Wenn sie Marie nicht kennen würde, würde sie sie glatt für eine Einbrecherin halten. Und ihre geschickte Art verriet der Deutschen, dass sich die junge Französin nicht zum ersten Mal nachts heimlich davonschlich. Die aktuelle Mode kam den beiden jungen Mädchen in diesem Fall entgegen, schon praktisch so ein weiter Minirock, wenn man sich nachts aus dem Haus schleichen musste. Auf jeden Fall besser als ein enges »kleines Schwarzes« oder ein fußknöchellanges Gewand. Marie schaute sich nervös um, als Paula mit dem Absatz an den Fensterrahmen stieß. »*Fais attention!*« (Pass auf!), mahnte sie im Flüsterton. Paula war ja nicht von vorgestern und im Nu landeten sie auf dem gut gepflegten Rasen, dem Vorgarten des Hauses. Marie zog von außen das Fenster zu und schon waren die beiden jungen Frauen um die Straßenecke gebogen.

»*Guillaume a un petit studio à Montmartre*« (Guillaume hat eine kleine Wohnung am Montmartre), schwärmte Marie von ihrem Freund, als sie auf die Metro warteten. »*Il donne une super fête ce soir et ça me fait chier de ne pas pouvoir y aller.*«

(Er gibt heute Abend eine Superparty. Es kotzt mich an, dass ich nicht dort hin darf). Paula nickte, ja das war wirklich doof. »*Moi, en Allemagne, j'ai le droit de sortir le weekend.*« (In Deutschland darf ich am Wochenende ausgehen.) Marie war neidisch. »*Comme ça, on y arrive aussi!*« (So geht's ja auch!), sagte Paula schelmisch. Die beiden Mädchen lächelten sich verschwörerisch zu. Die Metro war noch ziemlich voll, gerade mal halb elf am Abend, und Paula fand es sehr merkwürdig, dass sie hier etwas Verbotenes taten. Sie stiegen an der Station Pigalle aus und liefen durch eines der schönsten Viertel von ganz Paris. Kleine hügelige Gassen, viele Cafés und Bars und eine Stimmung, als wäre der Inbegriff der Romantik persönlich in die Gegenwart geklettert. Die Wohnung lag unterm Dach und die Musik hörte man schon in dem schmalen Treppenhaus. Paula mochte auf Anhieb alles, die Gegend, das Haus, die Stimmung im Flur und die Tatsache, dass sie auf dem Weg zu ihrer ersten Party in Paris war. Guillaume machte auf. Er war schon ganz gut angeheitert und umarmte Marie überschwänglich mit einem Glas in der einen und einer Zigarette in der anderen Hand. »*Salut, mes jolies puces*« (Hallo, meine kleinen »Flöhe«), sagte er. »*Ça ne va pas, non?!*« (Geht's noch?!), entgegnete Marie gespielt pikiert. Die Wohnung war brechend voll, was aber auch nicht schwierig war, denn es handelte sich lediglich um ein Zimmer mit offener Küche und einem kleinen Bad. Von wegen Wohnung. Zwei Mädchen tanzten wild zu französischer Hip-Hop-Musik, andere unterhielten sich lautstark, die Küche war ein Schlachtfeld aus leeren und vollen Flaschen, Reste von Essbarem und Zigarettenkippen türmten sich. Es wurde Bier, Whisky und Wodka getrunken – und Joints geraucht.

»Das ist Paula aus Deutschland«, stellte Marie sie vor. Guillaume gab ihr links und rechts ein Küsschen und lächelte sie an. »Sehr erfreut«, flirtete er gleich. »Guten Tag, mein Fräulein«, stotterte Guillaume auf Deutsch. *J'ai appris l'allemand pendant dix ans mais c'est presque tout ce que je peux dire.*« (Ich habe zehn Jahre lang Deutsch gelernt, aber das ist fast alles, was ich sagen kann.) Guillaume lachte. Eine Frau kam mit einer Flasche Champagner und zwei Wassergläsern vorbei: »*Champagne?*« Sie begrüßte Marie mit Küsschen und Guillaume stellte sie Paula vor: »Das ist meine Freundin Bérénice. Also, wir sind kein Paar, aber wir besuchen zusammen einen Tantrakurs.« Die beiden brachen in schallendes Gelächter aus und Bérénice zog mit ihrer exklusiven Flasche weiter. Marie wollte schon trinken, doch Paula hielt ihr ihr Glas hin und die beiden stießen an. »Auf unser gemeinsames Jahr«, sagte Paula und schaute Marie in die Augen. Doch die hatte ihr Glas schon fast ausgetrunken. »*Ça picole?*« (Na, trinkt ihr?), fragte da eine Stimme hinter ihnen. »*Moi, je suis Fred*« (Ich bin Fred), stellte er sich vor. »*Salut Fred*«, sagte Marie, wieder Küsschen hier, Küsschen da, Paula machte es ihr nach. »Fährst du uns nachher nach Hause?«, fragte Marie. »*Bien sûr* – aber sicher doch. Ich kann euch doch nicht zu Fuß gehen lassen.« Er steckte sich eine Zigarette an. »Aber jetzt seid ihr ja erst mal angekommen. *C'est la fête!*« (Party!), rief er und tanzte um die Mädchen herum. Marie hielt ihm ihr leeres Glas hin. »*Champ?*« (Champagner?), fragte Fred. Marie nickte. Fred gab ihr seinen Joint und sorgte für Champagner-Nachschub, er hatte noch eine Flasche versteckt. »Fred ist ein alter Freund«, sagte Marie. »Er ist ein bisschen durchgeknallt, wahrscheinlich kifft er zu viel. Aber er ist ein herzensguter Typ!«

Sie tanzten, tranken und rauchten und überall, wo Paula war, war auch Fred, was nicht erstaunte, denn in der Wohnung trat man sich immer wieder auf die Füße. »Du tanzt richtig gut«, sagte Fred. »*Merci.*« Das hatte Paula schon öfter gehört. »Deutsche Frauen stellt man sich ganz anders vor«, meinte er. »Ach ja, wie denn?«, fragte Paula kess. »Na ja, nicht so hübsch und grazil und lustig. Eher etwas streng und langweilig und schlecht angezogen ...« »Was?« Paula spielte die Empörte. »Deutsche Frauen sind super«, erwiderte sie. »Offen, direkt ...« »Na ja, du auf jeden Fall.« Fred lächelte sie an. »Was machst du so im Leben?«, fragte Paula und nahm eine Zigarette aus der Packung, die Fred ihr hinhielt. Er schaute Paula lange und genüsslich an, während sie die ersten Züge nahm. »*J'ai un transport amoureux*« (wörtlich: Ich habe einen Liebestransport), sagte Fred und schaute ihr tief in die Augen. Paula lachte. Was auch immer das für ein komischer Beruf war, wollte sie lieber nicht so genau wissen. Marie hatte ja schon dezent darauf hingewiesen, dass Fred etwas neben der Spur sei.

Es war schon fast vier Uhr morgens, als das Auto von Fred in Maries Straße einbog. Paula saß auf dem Beifahrersitz und schaute sich verträumt die nächtliche Stadt an, Marie war hinten schon fast eingeschlafen. »*On se roule une pelle?*« (wörtlich: Rollen wir eine Schaufel?), fragte Fred Paula plötzlich. Was das wieder bedeutete? Wahrscheinlich wollte er einen Joint bauen. Sollte sie das jetzt machen? »*Pourquoi pas*« (Warum nicht), sagte sie. »Aber ich habe das noch nicht so oft gemacht, ich kann's nur versuchen.« Fred schaute sie glücklich an. Marie war plötzlich wieder hellwach. »*Alors, bonne nuit*« (Also, gute Nacht), sagte sie und sprang etwas überstürzt aus dem Auto. Paula war irritiert. »*Alors, une autre fois*«

(Ein andermal), sagte Paula zu Fred und lief Marie hinterher: »Attends moi!« (Warte auf mich!) Fred war leicht vor den Kopf gestoßen – das hatte leider nicht geklappt.

Was ist diesmal schiefgelaufen?

Ein paar Ausdrücke hat Paula falsch interpretiert: Der verrückte Fred wollte nicht mit Paula einen Joint rauchen, wie sie vermutet hatte. *Rouler une pelle* ist eine Redewendung und heißt so viel wie »knutschen«: die Zungen rollen. Eigentlich ist das kein schöner Ausdruck, für uns klingt das vollkommen unromantisch. Der verrückte Fred hatte wohl seine Verliebtheit hinter einer pseudo-coolen Fassade zu verstecken gesucht. Paula hätte das trotzdem kapieren können, wenn sie nicht schon einen anderen Ausdruck falsch verstanden hätte: *transport amoureux.* Das heißt so viel wie »Liebesrausch«. Man kann sich im Französischen überallhin transportieren lassen – eben auch in das Land der Liebe. Hier hatte Fred seine Verzückung für Paula bereits klar und offen ausgesprochen, was an dem vielen Alkohol und den Joints liegen musste, denn normalerweise sind Franzosen nicht so direkt. Im Französischen kann man nicht nur Waren, sondern auch Menschen transportieren. Es gibt sogar einen *transport poétique*, was so viel bedeutet wie: Verzückung oder ein rauschhafter Zustand durch einen poetischen Text.

Redewendungen *oder* »Das brennende Spültuch«

filer à l'anglaise (wörtlich: sich auf Englisch empfehlen) – die Biege machen, ohne sich zu verabschieden

il y a un cheveu (wörtlich: es gibt ein Haar) – die Sache hat einen Haken

malheureux comme les pierres (wörtlich: unglücklich wie die Steine) – todunglücklich

il pleut comme vache qui pisse (wörtlich: es regnet wie eine Kuh, die pisst) – es regnet in Strömen

il y a du monde au balcon (wörtlich: da sind Leute auf dem Balkon) – sie hat Holz vor der Hütte

Und wie sehr sich in Frankreich (fast) alles um das Thema Essen oder Kochen dreht, zeigen folgende Redewendungen:

tomber dans les pommes (wörtlich: in die Äpfel fallen) – aus den Latschen kippen

le panier à salade (wörtlich: der Salatkorb) – die grüne Minna: die Polizeiwanne/der Polizeibus

on ne peut pas faire d'omelette sans casser des œufs (wörtlich: man kann kein Omelette machen, ohne Eier zu zerschlagen) – wo gehobelt wird, fallen Späne

je suis chocolat (wörtlich: ich bin Schokolade) – ich bin angeschmiert

laisser quelqu'un en carafe (wörtlich: jemanden in der Karaffe lassen) – jemanden im Stich lassen

mettre les pieds dans le plat (wörtlich: die Füße in den Teller stellen) – ins Fettnäpfchen treten

la moutarde lui monte au nez (wörtlich: der Senf steigt ihm in die Nase) – ihm platzt der Kragen

il est soupe au lait (wörtlich: er ist Milchsuppe) – er geht gleich in die Luft

le torchon brûle entre eux (wörtlich: das Spültuch brennt zwischen ihnen) – der Haussegen hängt schief.

Wie Katja Paula an der Kasse verteidigt

»*Paula, tu pourrais faire des courses aujourd'hui?*« (Paula, könntest du heute einkaufen gehen?), fragte Claudine ihre Gasttochter, die noch verschlafen am Frühstückstisch saß, von dem wie immer längst alle aufgesprungen waren. Dass die keine Bauchschmerzen bekamen bei der Hektik, wunderte sich Paula. Heute hatte sie beschlossen, sich nicht anstecken zu lassen und den Tag ruhig anzugehen. Dann übernahm sie eben auch den Einkauf, was soll's. »*Okay, pas de problèmes*« (Okay, kein Problem), schickte sie entspannt zurück. »*Tu sais ce qu'il faut?*« (Du weißt, was wir brauchen?), rief Claudine ein wenig in Eile. »*Oui, oui!*« Das konnte ja wohl nicht so schwer sein. Kurz darauf war Claudine irgendwohin verschwunden. Und Paula saß allein in der großen Küche und freute sich über ihren freien Tag. Ein kurzer Blick in den Kühlschrank genügte, um zu wissen, dass *alles* fehlte. Also schnell den großen Marktkorb und einige Beutel gegriffen und ab zum nächsten Supermarkt. Schließlich wollte Paula auch noch genug Zeit zum Bummeln im Quartier Latin haben.

Am Eingang des Supermarkts steuerte sie auf einen der gigantischen Einkaufswagen zu und wollte auch schon mit der üblichen Ein-Euro-Münze die Kettensicherung lösen. Aber sie fand und fand keine! Stattdessen fiel Paula jetzt sie-

dend heiß ein, wie Claudine einmal beim Abendessen davon
erzählt hatte, dass die Kassiererinnen sich zu gern einen Spaß
daraus machten, die Kunden, die keine passenden Münzen
hatten, besonders lange warten zu lassen. So ein Mist aber
auch! Paula hetzte zu einer der viel beschäftigten Kassiererinnen und übte sich in Geduld. Nach mehrfachem zaghaft-
freundlichem »*Pardon?!*« wurde Paula irgendwann etwas
lauter und endlich zauberte das Mademoisellchen aus ihrer
Kasse die heiß ersehnte Ein-Euro-Münze. Uff, na, das fing
ja toll an! Paula schob den Wagen zielstrebig auf die Halle zu
und war geschockt. Das Angebot glich dem eines Kaufhauses:
Von der Gartenpflanze bis zur Hi-Fi-Anlage war hier wirklich alles zu finden. Na, großartig, da konnte sie sich ja auch
noch ihr Gästezimmer neu einrichten! In einem Affentempo
schob sie den Wagen durch die Garten- und Kleidungsab-
teilung, in der sich ganze Familien aufhielten und gemütlich
eine Entscheidung nach der anderen fällten. Paula schob
und schob und landete nach einer guten Viertelstunde im
Lebensmittelbereich. Zum Käse, einfach schnell zum Käse,
hämmerte es in ihrem Kopf. Als sie an dem entsprechenden
Regal ankam, verschlug es ihr fast die Sprache. Da lagen
mindestens zwanzig verschiedene Camembertsorten, ebenso
viele Blauschimmelvarianten und noch mal einiges mehr an
Hartkäse. Wie, bitteschön, sollte sie hier eine Entscheidung
treffen? Da half nur eins: auf den nächsten Franzosen warten,
dessen Auswahl beobachten und unauffällig nachziehen. Also
verbrachte Paula geschlagene fünf Minuten vor dem kühlen
Käseregal, bis endlich eine junge Familie angerollt kam. Die
Kinder stürzten sich sofort auf *La vache qui rit* (wörtlich: die
Kuh, die lacht; ein beliebter Schmelzkäse) und Mutter und

Vater entschieden sich für zwei Camembertsorten. Am Ende wurde auch noch ein Blauschimmel dazugepackt. Paula war sich plötzlich unsicher, ob das die richtige Vorgehensweise war. Schließlich entschied sie sich aber doch dafür und sackte exakt das ein, was die Familie kurz zuvor eingepackt hatte. Bis auf diese »lachende Kuh«, die würden Marie und Stéphane bestimmt nicht mehr wollen. Am Ende türmten sich die Käsesorten in ihrem Wagen und Paula zog beruhigt weiter. Erste Mission erfüllt.

Bei der Konfitüre entschied sie sich für die günstigste, bei den Wurstwaren machte sie es wie mit dem Käse und den Joghurt wählte sie einfach nach Farben aus. Bei Gemüse und Obst entschied sie sich ganz nach dem eigenen Geschmack. Dann noch Aufbackbrötchen, Eier und Nutella. So, fand Paula, das war's! Sie hatte einen bis über den Rand gefüllten Einkaufswagen an der Kasse stehen. Jetzt bitte schnell alles einscannen und dann nichts wie weg hier. Die Kassiererin wirkte vollkommen abgehetzt, warf Paula eine Summe zu, die sie nicht verstand, und drehte genervt die Anzeige um. Über hundert Euro?! Das war weit mehr, als Paula erwartet hatte. Sie griff also zu ihrer EC-Karte und hoffte inständig, dass Claudine ihr das Geld bald zurückgeben würde. Es sah nicht besonders gut aus mit ihrem Taschengeld. Die Kassiererin schaute Paula irritiert an: »*Celle-ci ne marche pas.*« (Die hier funktioniert nicht.) Was sollte das denn jetzt heißen? Warum funktionierte ihre EC-Karte hier nicht, Frankreich gehörte doch seit Ewigkeiten zur EU? »*Vous avez une carte bleue?*« Eine blaue Karte? Paula verstand gar nichts mehr. Ihre EC-Karte war weiß – ging es hier nach Farbe? »*Mais quelle carte? Merde alors, laissez-moi payer!*« (Was für eine Karte?

Verdammter Mist, lassen Sie mich doch einfach bezahlen!)
Hinter ihr wurde es immer unruhiger, Paula hörte ein stöh-
nendes »*Oh, c'est pas vrai*« (Das kann doch nicht wahr sein)
und wollte schon heftig zurückmaulen, als plötzlich eine
junge Frau an ihrer Seite stand und ihr auf Deutsch erklärte,
dass sie das jetzt erst mal schnell für Paula regeln würde. Sie
lieferte sich einen heftigen Schlagabtausch mit der Kassiererin, bis diese fluchend alle bereits gepackten Beutel zur Seite
nahm. Paula hatte jetzt zehn Minuten Zeit, um bei der nächsten Bank Bargeld zu holen und den Einkauf zu bezahlen.
Sie bedankte sich mehrfach bei der Unbekannten, rannte los,
kam rechtzeitig zurück und löste ihre Beute aus. Die junge
Frau hatte sogar auf Paula gewartet. »Ich bin Katja. Herzlich
willkommen in Frankreich!«

Was für ein Engel, dachte Paula. Das nächste Café gehörte
ihnen und der restliche Samstag auch. Katja lebte schon seit
Jahren in Paris, war verheiratet und hatte zwei kleine Kinder.
Ihr Mann, Matthieu, arbeitete viel, sie selbst war halbtags in
einer Werbeagentur tätig und würde sich freuen, Paula ein bisschen was zu zeigen und zu erzählen. Die beiden verabredeten
sich gleich für die kommende Woche. Erschöpft, aber glücklich kam Paula mit ihren prall gefüllten Beuteln nach Hause.
»*Paula, je me suis fait du souci!*« (Paula, ich habe mir Sorgen
gemacht!), rief Claudine aus dem Salon in die Küche. Paula
erwiderte nichts, sondern packte nur alles auf den Küchen-
tisch und wollte sofort in ihrem Zimmer verschwinden, als
Claudine sie zurückrief. Die ›lachende Kuh‹, die Baguettes und
die *Bonne Maman* fehlten. »*Désolée!*« (Tut mir leid!) Claudine
schüttelte nur den Kopf und bat Paula inständig, nie wieder
ohne Absprache einkaufen zu gehen.

Was ist diesmal schiefgelaufen?

Supermärkte sind in Frankreich eine Philosophie für sich. Nicht nur dass es unzählige in verschiedenen Größen sowie zahlreiche Ketten gibt, die je nach Region variieren, auch der innere Aufbau und das Angebot gehorchen einer ganz eigenen Logik. Grundsätzlich wird unterschieden zwischen einem *hypermarché* und einem *supermarché*. Ein *hypermarché* hat eine Ladenfläche von 5.000 bis 23.000 Quadratmeter und bietet bis zu 70.000 Artikel an. Der bekannteste in Frankreich ist *Carrefour*. Der *supermarché*, am stärksten vertreten durch *Champion*, hat eine viel kleinere Ladenfläche (1.000 bis 2.000 Quadratmeter) und weitaus weniger Artikel im Angebot.

Was Paula nicht wissen konnte, ist, dass sie in einem der gigantischen *hypermarchés* gelandet war. Hier die Orientierung zu behalten, ist wirklich nicht einfach und bei Hektik zum schieren Verzweifeln. Denn jedes Segment ist mit einer enorm großen Vielfalt ausgestattet, sodass die Qual der Wahl hier an der Tagesordnung ist. Dass das Käseregal in Frankreich üppiger ausgestattet ist als in Deutschland, überrascht nicht, überfordert aber beim ersten Einkauf trotzdem. Viele Franzosen entscheiden bei der Auswahl des Camemberts allein nach Konsistenz, das heißt per Daumenprobe wird das Zielobjekt kurz und schnell »bedrückt«, um festzustellen, ob hart oder weich genug – je nach Gusto und Bedarf. Und auch die Einkaufsphilosophie ist in Frankreich eine andere. Familien gehen oft am Wochenende gemeinsam in den Supermarkt, nehmen sich ausführlich Zeit, wobei die Kinder vorn im Spielbereich bleiben können. Man sucht möglichst alle Zutaten für die kommende Woche zusammen, hat sich mit einem Zettel entsprechend vorbereitet und lässt sich gern an der Fisch- und Fleischtheke ausführlich beraten. Das gehört zum Service eines französischen Supermarkts. Essen ist wichtig und der dazugehörige Einkauf auch. Paula hingegen ist schnell und hektisch durch die Gänge gerollt, an der Auswahl nahezu verzweifelt und hat an der Kasse sämtliche Nerven verloren. Denn die Franzosen kennen keine EC-Karten. In Frankreich wird per sogenannter Debitkarte gezahlt, die *carte bleue*, die auch eine Geheimnummer hat, oder per Scheck. Beides sind übliche und beliebte Zahlungsmittel, wobei die *carte bleue* am weitesten verbreitet ist und nur innerhalb Frankreichs zum Einsatz kommen kann (es sei denn, man hat eine *carte bleue* VISA). Die Debitkarte funktioniert wie eine Kreditkarte, mit dem Unterschied, dass das zugehörige Girokonto sofort, und nicht erst später, belastet wird.

Darüber hinaus waren die Einkäufe, die Paula gemacht hat, weit weg von dem, was die Familie normalerweise konsumiert. Darauf hatte Paula bisher nicht geachtet, weil im Alltag eben kaum gemeinsam gefrühstückt und das Abendessen immer von den Gasteltern zubereitet wird.

Was können Sie besser machen?

Paula hätte sich bei ihrer Gastmutter erkundigen müssen, was und wie viel sie von allem einkaufen soll. Dann hätte sie sich erstens schneller entscheiden können, zweitens das richtige gegriffen und drittens sicherlich schon die passende Ein-Euro-Münze dabei gehabt. Und eine *carte bleue* wird sich Paula spätestens jetzt anschaffen, denn ohne die ist man in Frankreich wirklich aufgeschmissen. Da sie ohne Gebühren

ausgehändigt wird und die einzige Voraussetzung ein französisches Konto ist, sollte Paula schnell und problemlos zu ihrer
blauen Karte kommen.

27 Ich Franzose, du blond!

Wie Katja ihren Matthieu kennenlernt

»Du bist mit einem Franzosen verheiratet?«, fragte Paula Katja vergnügt, nachdem sie ihren dritten Crémant bestellt hatten. Sie hatte dieses hübsche kleine Café zuvor noch nie gesehen. Was für ein Glück, dass sie an der Kasse nicht hatte zahlen können, sonst hätte sie Katja nie kennengelernt. Jetzt saßen sie hier schon seit bestimmt zwei Stunden und quatschten, während die Einkäufe warm wurden und der Käse sicher schon zu schmelzen begann. Aber das war Paula gerade vollkommen egal. »Das ist immer mein Traum gewesen, einen Franzosen zu heiraten und in einer schicken Wohnung in Paris zu leben und kleine süße bilinguale Kinder zu zeugen.« Katja musste schmunzeln, »Ja, so stellt man sich das vor, aber in Wirklichkeit ist es natürlich alles andere als einfach.« Doch das wollte Paula nicht hören. »Erzähl doch mal, wie hast du ihn denn kennengelernt?« Der Kellner kam und die beiden stießen auf gute deutsche Art auf ihre neue Freundschaft an. »Also«, begann Katja, »es war mitten in der Nacht, um genau zu sein morgens um halb vier. Ich stieg aus einem Taxi und hatte wunderbar gute Laune. Mit einer Freundin zusammen war ich in Kreuzberg durch die Bars gezogen und wir hatten jede Menge Blödsinn angestellt und ganz nebenbei war ich natürlich immer noch auf der Suche nach »dem Richtigen«. Die restliche Nacht wollte ich jetzt für einen minimalen Schönheitsschlaf nutzen, als mir auf der Straße ein ehemaliger Arbeitskollege entgegenkam. Bastien, ein Franzose, war mit einer kleinen Truppe Franzosen und ein paar wenigen deutschen Frauen unterwegs. Sie wollten noch in eine letzte Bar weiterziehen. Sie feierten irgendeinen Geburtstag und Bastien bat mich eindringlich: »Komm doch mit!« »Nein, ich muss jetzt meinen Schönheitsschlaf machen.« Er lachte »Du siehst nicht gerade müde aus.« »Bin ich auch nicht«, gab ich zu. »Na los, dann komm schon mit!« Das wiederholte er fünfmal, ehe ich mir einen Ruck geben konnte und mich der Gruppe anschloss. Nachdem ich mit Bastien gequatscht hatte, der schon lange eine deutsche Freundin hatte und auch schon seit Jahren in Deutschland lebte, tanzten wir alle noch ziemlich lange, tranken auch ziemlich viel und irgendwann stand ich mit Matthieu an der Bar. Wir unterhielten uns und flirteten ein wenig, wobei ich sofort das Gefühl hatte, dass man mit Franzosen automatisch flirtet, wenn man sich mit ihnen unterhält. Ich war mir ziemlich sicher, dass das an »dem Franzosen an sich« lag. Meine Erfahrung sagte mir: Entweder waren Franzosen extrem unfreundlich und abweisend oder sie flirteten, was das Zeug hielt. In beiden Fällen beherrschten sie die Kommunikation und man fühlte sich eigenartig unsicher. Ich flirtete also heftig zurück, denn das erschien mir die angemessene Kommunikation. Doch Matthieu unterbrach das Spiel, als er plötzlich sagte: »Du findest mich doch nur gut, weil ich Franzose bin.« Ich war perplex. Wer sagte ihm denn, dass ich ihn gut fand. War das so offensichtlich? Wieder war ein Vorurteil bestätigt: Er fand es anscheinend normal, dass deutsche Frauen auf Franzosen stehen, und musste ein paar Mal erlebt haben, dass sie vor allem mit ihm flirteten, weil er so einen wunderbaren französischen Akzent hatte. Aber ich wusste zu kontern: »Na, und du findest mich doch nur gut, weil ich blond bin.« Wir mussten beide lachen, denn Blondinenwitze und Franzosenklischees befinden sich in ein und derselben Liga: Beide wollen nur das eine und sind daher leicht zu haben. Dabei war Matthieu gar nicht draufgängerisch, was mich wiederum ziemlich irritierte. Wahrscheinlich wollte er gar nichts von mir. Er brachte mich brav nach Hause und ich war es, die ihm vor der Tür noch meine Telefonnummer gab. Dann verschwand er in den hellen Morgen. Ich dachte nur: Komisch, diese Franzosen!« Paula und Katja mussten beide lachen.

»Ich versuchte, diese Begegnung schnell zu vergessen, denn es ist ja allgemein bekannt, dass bei Franzosen *toujours l'amour* angesagt ist, und wenn Matthieu sich schon gleich am Anfang so zurückhaltend verhielt und nicht einmal nach meiner Telefonnummer fragte, dann konnte das alles nicht von großer Bedeutung sein. Die Franzosen gelten schließlich als die besten Liebhaber Europas, höflich und einfühlsam kommen sie doch schnell zum Wesentlichen. Und wenn man sich auf einen Franzosen einlässt, muss man mit viel Konkurrenz rechnen. Nicht umsonst gelten die französischen Frauen als besonders gut aussehend und in jeder Lebenslage perfekt gestylt. Frauen, die stets bemüht sind, zu gefallen. Koste es, was es wolle. Und das schien mir damals auch ratsam, wenn man den französischen Mann halten will, der sich à la Balzac oder Sartre nicht selten links und rechts ein paar Geliebte leistet. Nur mit Leidenschaft und Lust ist der Franzose zu ködern. Wenn überhaupt!

Ich war also recht erstaunt, als sich Matthieu urplötzlich, zehn Tage nach unserem ersten Treffen, bei mir meldete. Wir verabredeten uns auf einen Kaffee, und er fuhr mich mit seiner Vespa durch Berlin. Ein wunderschöner Nachmittag. Beim Abschied lud ich ihn zum Essen ein. Das war ein guter Vorwand, um sich wiederzusehen. Es war Spätsommer, noch relativ heiß, aber es gab bereits Kürbisse auf dem Biomarkt. Ich wollte Matthieu eine leckere Kürbissuppe kredenzen. Das Ergebnis fand ich trotz des hohen Verliebtheitsgrades gar nicht schlecht. Zum Kerzenanzünden war es noch zu hell und unser erstes Essen würde nicht das klassische Candle-Light-Dinner sein. Mir war es sowieso am wichtigsten, das Ganze so unverfänglich wie nur möglich zu gestalten. Der Franzose sollte sich bloß nicht einbilden, dass er und sein Akzent mir gefielen.

Matthieu war überpünktlich und aß die Suppe in wenigen Sekunden mit auffällig viel Brot auf. »Möchtest du noch einen Teller?«, fragte ich ihn etwas verlegen. »Nein, danke«, kam es wie aus der Pistole geschossen. »Bist du schon satt?«, fragte ich erstaunt. »Och ...« Ich hatte auch keinen großen Hunger, dafür war ich viel zu nervös. Schnell legte ich eine alte Edith-Piaf-Platte auf und sein Gesicht verzog sich. »Hast du nicht was anderes?«, nörgelte er. »Magst du Piaf nicht?«, fragte ich erstaunt. »Der Spatz von Paris« war für mich der Inbegriff des französischen Chansons. »Das ist eher die Generation meiner Eltern«, sagte Matthieu. Während ich weiter Rotwein trank, hörte er damit auf und saß in meinen Augen schier »auf dem Trockenen«. Ich überlegte fieberhaft, was ich ihm noch zu essen und zu trinken anbieten könnte. Das Einzige, was ich noch hatte, waren zwei halbwegs frische Äpfel. Ich staunte nicht schlecht, als er den Apfel genüsslich schälte und Stück für Stück verputzte, während ich einen Espresso zubereitete. Ich bot ihm den zweiten Apfel an, den er auch noch aß. Schließlich verabschiedete er sich relativ früh und ich blieb verunsichert zurück. Er müsse am nächsten Tag früh aufstehen, meinte er. Ich gab mir Mühe, das zu glauben. Doch ich wurde den Eindruck nicht los, dass irgendetwas nicht stimmte. Später konnten wir gemeinsam wunderbar über diesen ersten Abend lachen.«

Paula war richtig warm ums Herz geworden. Katja zahlte für beide, sie verabschiedeten sich mit Küsschen und beschlossen, sich ab jetzt regelmäßig zu treffen.

Was ist diesmal schiefgelaufen?

Das Vorurteil, dass Franzosen ständig nur an das eine denken und sich unablässig Geliebte leisten, trifft in der Regel nicht zu. Nur weil in französischen Filmen und Büchern viel die Rede von Untreue und Sex ist, kann man daraus nicht den Schluss ziehen, dass Franzosen grundsätzlich mehr betrügen oder leidenschaftlicheren Sex haben als wir Deutsche. Unsere westlichen Nachbarn unternehmen allerdings nichts, um das Klischee des wilden, heißblütigen Franzosen zu zerstören, im Gegenteil: Sie sonnen sich in diesem Vorurteil, denn der Ruf, der ihnen da vorauseilt, ist ja nicht der schlechteste. Auch wenn Katja ihren Matthieu als guten Liebhaber bezeichnet (was sie später tut), sollte man also nicht enttäuscht sein, wenn der Franzose, auf den man selbst trifft, nicht dem Klischee entspricht. Matthieu hatte wirklich einen anstrengenden Tag vor sich, von dem er Katja erst hinterher erzählte. Als gewissenhafter Mensch wollte er sich nicht mitten in der Woche »die Kante geben« – und Katja vor allem behutsam kennenlernen. Sie war verunsichert, weil er eben nicht dem Bild entsprach, das sie im Kopf hatte.

Aber das eigentliche Fettnäpfchen war die Suppe: Franzosen essen zwar Suppe, klar, aber nicht unbedingt im Sommer, wenn es warm ist. Und niemals als Hauptspeise. Wenn man im Kreise der engsten Angehörigen speist, kann man als Dame des Hauses auch mal »nur« eine Suppe kredenzen. Allerdings nur mit Fleisch- oder Fischeinlage. Eine Mahlzeit ohne Fleisch oder Fisch ist für den Durchschnittsfranzosen keine Mahlzeit. Suppe als Vorspeise und dann ... zumindest eine Quiche mit Speck. Katja und Matthieu haben später noch oft Kürbissuppe zusammen gekocht, aber bevor er an jenem Abend nach Hause fuhr, hielt er noch an einem Dönerstand.

Was können Sie besser machen?

Wenn Sie einen Franzosen oder eine Französin kennenlernen, dann wundern Sie sich nicht, wenn hemmungslos geflirtet wird. Das heißt aber nicht, dass es sofort »zur Sache« geht. Seien Sie nicht enttäuscht, wenn hinter dieser Flirtoberfläche zunächst einmal gar nicht der direkte Drang zur Tat steht. Das heißt nicht, dass dies nicht gewünscht ist, sondern dass Flirten an sich nicht unbedingt mit einer Absicht verbunden ist, sondern vielmehr zum guten Ton gehört. Sie können also auch zurückflirten, ohne dass Sie sich damit in eine prekäre Lage begeben oder irgendwelche Versprechungen machen. Wenn es Ihnen zu viel wird, dann ziehen Sie nicht gleich die Notbremse, oft reicht es auch, sich einfach wieder zurückzunehmen.

Und was, wenn Sie einen Franzosen zum Essen zu sich nach Hause einladen? Kein Problem, Franzosen mögen in der Regel deutsches und besonders österreichisches Essen sehr gerne – Sie müssen also nicht zum Französischkochbuch greifen. Schnitzel, Gulasch oder Käsespätzle sind ziemlich Erfolg versprechend. Und, kommen Sie Franzosen oder Französinnen jungen bis mittleren Alters nicht mit Edith Piaf. Das ist die Musik ihrer Eltern, der heute 60- bis 90-Jährigen. Die Chansons von damals werden heute von jungen Songwritern wie Benjamin Biolay, Coralie Clément oder Emilie Simon auf alternative Art und Weise interpretiert. Darüber hinaus hat sich der französische Hip-Hop unter Jugendlichen und jungen Erwachsenen durchgesetzt und internationale Anerkennung erfahren.

28 Madame, Madame!

Warum Paula im Unterricht nicht mitkommt

Paula stieg nervös in die RER (*Réseau Express Régional*), die etwa der deutschen Regional- oder S-Bahn entspricht. Heute war ihr erster Schultag und sie hatte heftige Bauchschmerzen. Was, wenn sie die ganze Zeit kein Wort verstehen würde? Was, wenn ihre Mitschüler sie einfach komplett ignorierten? Jetzt wünschte sie sich Sophie, ihre beste Freundin, herbei. Sophie hatte immer und auf alles eine Antwort. Aber Sophie war in Berlin, viel zu weit weg und überhaupt, das hier würde Paula wohl alleine durchstehen müssen. Schließlich hatte sie das alles so gewollt, basta. Nach einer guten Stunde hatte Paula das Gelände der internationalen Schule erreicht, in der sie ab sofort die elfte Klasse absolvieren würde. Nur, wo musste sie hin? Nachdem sie dreimal gefragt und dreimal blöd angeguckt worden war, hatte sie das Klassenzimmer irgendwie doch gefunden. Als sie die Tür aufmachte, starrten sie dreißig Augenpaare an und sie fühlte sich wie im Zoo. Paula erspähte einen letzten freien Platz in der ersten Reihe und lief ohne zu zögern darauf zu. »*Salut, je suis Juliana*«, ertönte es sogleich neben ihr. Paula war erleichtert und die beiden Mädchen kamen sofort ins Gespräch. Juliana war mit ihrer Familie aus dem kolumbianischen Bogotá nach Frankreich gekommen, weil ihr Vater in einem französischen Unternehmen einen guten Job gefunden hatte. Auch für sie war es der erste Tag im Lycée International und sie beschlossen sogleich, mittags zusammen in die Kantine zu gehen. Paula und Juliana merkten kaum, dass inzwischen Madame Autrand den Raum betreten hatte. Innerhalb von Sekunden wurde es mucksmäuschenstill. Bis auf die erste Reihe. »*S'il vous plaît, Mesdemoiselles!*« (Meine Damen, bitte!), schallte es jetzt umso eindringlicher durchs Klassenzimmer. Madame Autrand war es offensichtlich gewohnt, dass Ruhe und Disziplin in ihren Klassen herrschten, sobald sie den Raum betrat. »*Bienvenue pour la rentrée. Je vous souhaite une studieuse année. Travaillez-bien! Et maintenant: Notez!*« (Willkommen im neuen Schuljahr. Ich wünsche euch ein lehrreiches Jahr. Arbeitet gut! Und jetzt: notiert, bitte!) Und in Sekundenschnelle schlugen alle Schüler ihre Hefte auf. Paula wusste gar nicht, wie ihr geschah. Selbst Juliana hatte umgehend ein leeres Exemplar vor sich liegen. Und alle – ja, alle – benutzten sie das gleiche Modell. *Claire de France* oder so was. In verschiedenen Farben, aber immer das gleiche Heft. Paula konnte es kaum fassen. Madame Autrand diktierte und diktierte und das gesamte Klassenzimmer schrieb mit. Es ging um irgendeinen Aufbau eines *commentaire composé*, eine komische Gliederung für die Analyse von Romanen. So viel konnte Paula verstehen. Aber eben nicht mitschreiben, das war einfach zu schnell. Und vor allem, wozu? Hat hier noch nie jemand etwas von Handouts gehört? Warum schrieb niemand einfach in Stichpunkten mit? Sondern – wie Paula vor und hinter sich unschwer erkennen konnte – wirklich Wort für Wort. Geschockt und verunsichert zog Paula ihren A4-Ringblock hervor und versuchte, wenigstens irgendetwas festzuhalten. Madame Autrand aber fuhr fort wie ein Wasserfall und Paula hatte Mühe, auch nur ein paar Fetzen zu verstehen. Als sie überhaupt nicht mehr folgen konnte und vollkommen außer Puste war, rief sie laut: »*Madame Autrand, Madame Autrand!*« Keine Reaktion. Paula unternahm einen zweiten Versuch. Und wieder keine Reaktion. Bis Juliana ihr ins Ohr flüsterte: »*Essaie sans Autrand.*« (Versuch's mal ohne Autrand.) Und siehe da, kaum hatte Paula das erste *Madame* ausgesprochen, schoss die Lehrerin auf sie zu und fragte, wie sie helfen könne. So etwas Pingeliges aber auch, dachte sich Paula. Aber sie verkniff sich ihre Bemerkung und bat darum, eine Mitschrift zu bekommen. Madame Autrand verwies sie lautstark an Samantha, die Klassenbeste, von der sie sich die Mitschrift gern nach dem Unterricht kopieren könne. Na, prima, dachte Paula. Dann weiß es ja jetzt die ganze Klasse, dass ich hier kein Wort mitkriege. Supernummer! Nach dem Mitschreibmarathon war Paula absolut erledigt und enttäuscht. So hatte sie sich ihre erste Französischstunde wirklich nicht vorgestellt. Sie hoffte, den Rest der Stunde würde man vielleicht noch über das Diktierte sprechen, Meinungen dazu austauschen. Schließlich musste das Mündliche ja auch zählen und davon erhoffte sie sich so einiges. Und tatsächlich fragte Madame Autrand ihre Schüler, ob sie auch alles verstanden und notiert hätten. Also meldete sich Paula und sagte, dass sie gern über die verschiedenen Analysewege diskutieren würde. »*Merci, Paula, mais nous ne discutons pas en classe. Vous pouvez faire ça entre vous pendant la pause.*« (Danke, Paula, aber wir diskutieren nicht im Unterricht. Ihr könnt das gerne untereinander in der Pause machen.) Bitte was? Es würde keine Diskussionen geben? Gar keine? Aber das hier war doch Frankreich, das Land der schönen Worte, der erhitzten Denker und Hobbyphilosophen! Paula verstand die Welt nicht mehr und wollte nur noch eins: mit Juliana in die Kantine gehen und stundenlang über Kolumbien reden.

Was ist diesmal schiefgelaufen?

Das Schulsystem in Frankreich ist grundsätzlich strenger und einheitlicher strukturiert als das deutsche. Es herrscht ein Frontalunterricht, der die Schüler zu größtmöglicher Konzentration und Disziplin anhalten soll. Dabei spielt die mündliche Beteiligung kaum eine Rolle. Dafür finden unzählige schriftliche Kontrollen statt, in denen das Mitgeschriebene Wort für Wort wiedergegeben werden soll und die am Ende die Gesamtnote eines Schülers ausmachen. Ein Ausgleich zwischen schriftlichen und mündlichen Leistungen ist daher nicht möglich. Im Französischunterricht gibt es beispielsweise verschiedene Formen der Textinterpretation, die einmal erlernt und dann schematisch auf jeden Text angewandt werden. Das *commentaire composé*, ein Analysemodell, das Paula diktiert bekam, ist dabei die gängigste Form. Hier wird jeder Text in drei Hauptteile untergliedert: *introduction*, *développement* und *conclusion*. Der Schüler muss seinen Gliederungsplan auch immer mit abgeben, denn die Methode, die »richtige« Annäherung an den Text, zählt mehr als die individuelle Interpretation und Deutung. Es steht also nicht die in Deutschland übliche Meinungsbildung und deren Äußerung im Vordergrund, sondern das objektive Abwiegen der Fakten, das am Ende eine ausgewogene Synthese ergeben soll. So benutzen französische Schüler nicht das *je* (ich), sondern das distanziertere *nous* (wir) oder *on* (man), wenn sie einen Textausschnitt betrachten oder ein Gedicht analysieren.

Paula kam nicht nur mit dem Mitschreiben kaum hinterher, sie hat auch noch den kleinen Fehler begangen, die Klassenlehrerin mit *Madame* und ihrem Nachnamen *Autrand* anzusprechen, so wie es in Deutschland üblich ist. In Frankreich aber gibt es eine Grundregel, die man sich merken sollte, wenn man etwas Zeit dort verbringt, denn sie besagt, dass die Anrede im öffentlichen Bereich sowohl mündlich als auch schriftlich »anonymisiert« bleibt. Es heißt also grundsätzlich nur *Madame* und *Monsieur* und das gilt selbst im Zeitalter von E-Mails: *Chère Madame/Cher Monsieur* wird hier als Anrede benutzt, auch wenn man den Nachnamen seines Gegenübers kennt. Sobald man etwas vertrauter miteinander ist, wird die formale Anrede gegen ein persönliches Du ausgetauscht. Bis dahin aber heißt es: bloß nicht zu nahe treten!

Was können Sie besser machen?

Es ist kein Wunder, dass Paula mit dieser Form des frontalen Unterrichtens und des passiven Mitschreibens ihre Mühe hat. Sie ist es nicht gewohnt, dass der Lehrer vorn unentwegt diktiert und die Schüler übereifrig jedes einzelne Wort zu Papier bringen, um es dann stoisch auswendig zu lernen. Eine solche Vorgehensweise wäre im deutschen Schulsystem undenkbar. In Frankreich hingegen herrscht eine gewisse Uniformierung, die sich bis ins Universitätssystem durchzieht. Das *commentaire composé* ist also aus dem Selbstverständnis der Franzosen ebenso wenig wegzudenken wie Serge Gainsbourg. Und daher hat Paula auch gar keine andere Wahl, als sich in das fremde System hineinzubegeben und es für eine gewisse Zeit mitzuspielen. Auf diese Weise lernt sie den Umgang mit der französischen Sprache bestens und nimmt auch ein paar nützliche Grundregeln für die Textanalyse mit nach Hause. Je schneller sie den negativen Schock konstruktiv umsetzt, desto besser für ihr Sprachverständnis und das Verständnis der französischen Kultur.

Das Schul- und Bildungssystem

Das heutige Bildungswesen in Frankreich gründet sich auf Gesetze, die von 1881 bis 1886 durch den Unterrichtsminister Jules Ferry erlassen wurden. Sie legten vor allem den unentgeltlichen Pflichtbesuch öffentlicher Schulen fest (heute: bis zum 16. Lebensjahr).

Da das Bildungssystem in Frankreich zentralistisch organisiert ist, sehen die Lehrpläne im gesamten Land die gleichen Inhalte vor. Es gilt, eine gewaltige Menge an Stoff zu verarbeiten, dessen Beherrschung regelmäßig in Form von schriftlichen Kontrollen überprüft wird. (Das erklärt den Frontalunterricht.) Im Gegensatz zu unserem Schulsystem liegt der Schwerpunkt in Frankreich auf der Auslese und der Ausbildung von Eliten. Viele Eltern fördern dieses System, indem sie ihren Kindern von klein auf antrainieren, wie wichtig gute Leistungen sind. Grundsätzlich teilen viele von ihnen die Auffassung, dass die Schule zu wichtig sei, um als Terrain für künstlerische Freiheiten »missbraucht« zu werden.

Das französische Bildungssystem ist in drei Bereiche gegliedert: Elementarstufe, Sekundarstufe und Hochschule. Die Elementarstufe beinhaltet die Vorschule (*Ecole maternelle*), die die Kinder in der Regel ab einem Alter von zwei Jahren besuchen und die unserem Kindergarten entspricht, und die ganztägige Grundschule (*Ecole primaire*) für Kinder ab sechs Jahren. Die *Ecole primaire* dauert fünf Jahre, nach deren Abschluss die Kinder das *Collège* besuchen, im Durchschnitt also mit elf Jahren. Das ist der Eintritt in die Sekundarstufe. Das *Collège* ist für alle gleich, eine vierjährige Gesamtschulstufe bis zum 15. Lebensjahr. Danach kann der Jugendliche sich zwischen einer berufsbildenden Schule und dem *Lycée* entscheiden, das in etwa dem Gymnasium entspricht. Das *Lycée* wird mit dem *Baccalauréat* (kurz *Bac*; entspricht in etwa dem Abitur/der Matura) abgeschlossen, das wiederum verschiedene Schwerpunkte haben kann: naturwissenschaftlich, wirtschaftlich oder literarisch. Das *Baccalau-*

réat berechtigt zum Studium an den Universitäten, so wie auch in Deutschland.

Besonders begehrt ist das Studium an einer der *Grandes écoles*. Diese spezialisierten Hochschulen dienen der Ausbildung von Führungseliten in Wirtschaft, Verwaltung, Kultur und Politik. Die *Grandes écoles* können allerdings erst nach dem Absolvieren der sogenannten *classes préparatoires* besucht werden. Diese zwei Jahre gelten mit als die härtesten im gesamten Bildungssystem, denn hier wird gepaukt und gedrillt bis zum Umfallen. Es gilt die Spreu vom Weizen zu trennen. Die *Grandes écoles* suchen sich ihre Schüler nach den besten Leistungen aus, denn ihr eigener Ruf hängt von der Erfolgsquote ab. Das Gros der Franzosen besucht jedoch die »normalen« Universitäten, die ein ähnliches Angebot aufweisen wie die deutschen.

Warum Paula sich wie ein Mensch zweiter Klasse fühlt

»*Non, merci, Madame*« (Nein danke, Madame), »*Oui, bien sûr, Madame*« (Aber natürlich, Madame), »*Volontiers, Madame*« (Gerne, Madame), »*Comme vous voulez, Madame*« (Wie Sie wünschen, Madame) – Paula kam das langsam zu den Ohren heraus. Immer freundlich lächeln, der Dame des Hauses nicht widersprechen, sich in allen Bereichen anpassen und Höflichkeit auf allen Gebieten walten lassen, zum Einkaufen geschickt werden, nicht nach 22 Uhr nach Hause kommen ... Jeden Tag fragte man sie nach den Hausaufgaben und überhaupt behandelte man sie wie ein kleines Kind, fand Paula. Nicht selten sagte Claudine: »Nein, das braucht Paula nicht« oder »Paula sollte da nicht hingehen«, und sie selbst wurde gar nicht gefragt.

Heute saßen die Bouchards wieder einmal beim Abendessen und Madame fragte ganz höflich und freundlich: »*Hé Paula, ça a été à l'école?*« (Und, Paula, wie war es heute in der Schule?) Paula überlegte kurz und antwortete diesmal nicht mit dem üblichen *Oui, très bien* (Ja, sehr gut), sondern sagte stattdessen: »*Pas vraiment.*« (Nicht so doll.) Alle Augen richteten sich auf sie und erwarteten eine Katastrophe. »*Ces cours monotones m'enervent. Il faut toujours tout noter. Je n'ai vraiment pas l'habitude et ça me fait chier qu'on ne peut pas discuter en classe!*« (Dieser monotone Unterricht nervt total. Man muss immer alles mitschreiben.

Das bin ich wirklich nicht gewohnt und es kotzt mich an, dass man nicht diskutieren kann!) Kurzes Schweigen, dann Claudines mahnende Worte: »*Ça ne se dit pas!*« (So etwas sagt man nicht!) »*Quoi?*«, fragte Paula nach. »*On n'utilise pas ces mots!*« (Solche Worte benutzt man nicht!) »*Mais …*« (Aber …) Paula wollte schon erwidern, dass sie diesen Ausdruck von Madames Kindern Marie und Stéphane gelernt hatte, die das eigentlich ständig sagten, nur anscheinend nicht am Tisch mit Madame. Die flehenden Blicke Maries brachten Paula zum Schweigen. »*Excusez-moi*« (Entschuldigen Sie bitte), sagte sie also sofort und dachte dabei, dass sie dringend mal raus musste. Und Katja treffen. Doch wie und wann? Die Schule ging bis 17 Uhr, danach eilten *les enfants* (die Kinder), wie man hier mit siebzehn noch genannt wurde, zum Klavier, Flöten- oder Geigenunterricht oder trieben mit einer Besessenheit Sport, als wollten sie sich zur nächsten Olympiade anmelden. Sie eilten oder wurden von ihren Eltern gefahren, die bereitwillig den Chauffeur spielten, damit aus ihren Kindern später etwas ganz Großes würde. Danach hetzten sie nach Hause, um noch schnell mit den *devoirs* (den Hausaufgaben) anzufangen, bevor es Abendessen gab. Manchmal nickten Marie und Stéphane tatsächlich beim Abendessen ein, doch nach dem Essen konnten durchaus noch Hausaufgaben für den kommenden Tag auf sie warten, dann wurde es spät und man musste ja morgens wieder früh raus. Das alles kannte Paula nicht. Aus Deutschland war sie eine andere Maxime gewohnt: Freizeit. Es ging darum, Zeit für sich zu haben, Zeit, die nicht verplant war. Zeit zum Nachdenken und um sich als Persönlichkeit entwickeln zu können. Wenn man einer Freizeitbeschäftigung nachging, dann ging es in erster Linie darum, Spaß daran zu haben und nicht sofort eine

Meisterschaft anzupeilen – zumindest beim Großteil der deutschen Bevölkerung. Dieses Leben hier kam ihr ausgesprochen elitär vor. Sie hatte den Eindruck, dass es ständig darum ging zu beweisen, dass man besonders gut erzogen war und besonders hoch in der gesellschaftlichen Hierarchie stand. Adelsgleich. Um sich diesem Milieu einmal zu entziehen, beschloss Paula, sich einer Notlüge zu bedienen: »*Demain soir, je ne serai pas là. Je suis invitée par Juliana, on va travailler ensemble pour les prochains contrôles en math.*« (Morgen Abend bin ich nicht da, ich bin zu Juliana eingeladen, wir werden zusammen für die Mathearbeit lernen.) Bernard und Claudine schauten sie an. »*Elle est bonne en math?*« (Ist sie gut in Mathe?), fragte Bernard. »*Oui, bien meilleure que moi*« (Ja, viel besser als ich), antwortete Paula souverän. »*Ça serait bien pour toi aussi, Marie*« (Das wäre für dich auch gut, Marie), sagte Bernard und schaute seine Tochter herausfordernd an. Marie ahnte, dass Paula etwas anderes vorhatte, als Mathe zu lernen, doch sie sagte: »*Bien sûr, si j'ai le droit de venir?*« (Natürlich, wenn ich mitkommen darf?) Ihre Eltern schauten jetzt auffordernd zu Paula, die das doch sicher organisieren könne. Stéphane sagte plötzlich: »*À propos, demain, je voulais m'entraîner pour les prochains matchs de tennis. Je vais rentrer très tard.*« (Apropos morgen: Ich wollte zum Tennis, für die nächsten Spiele trainieren. Ich komme sehr spät zurück.) »*Bon, alors, nous serons seuls*« (Gut, dann werden wir wohl ganz alleine sein), sagte Claudine, und nachdem der erste Vorwurf darüber verklungen war, überlegten sie, was es denn zu essen geben würde, und beschlossen dann, endlich einmal wieder in ein schickes Restaurant zu gehen. Was für ein Akt, dachte sich Paula und war mal gespannt, was die beiden anderen morgen Abend wirklich vorhatten.

Paula freute sich wie eine Schneekönigin, als sie sich am folgenden Abend mit Katja in einem Restaurant traf. Sie zog sich vorher noch auf der Toilette eines Kaufhauses um, schminkte sich und kam sich vor wie eine Dame von Welt, als sie mit Katja gemütlich beim *apéro* saß. Sie erzählte ihr die ganze Lügengeschichte. Katja musste lachen. »Na, und wo sind deine Pseudo-Geschwister jetzt«, wollte sie wissen. »Also, Stéphane hat eine Freundin, mit der trifft er sich heimlich, die hat bestimmt auch irgendeine Ausrede zu Hause erfunden. Und Marie ist mit ein paar Leuten ins Kino gegangen.« Katja nickte verständnisvoll und nahm einen Schluck von ihrem Kir Crémant. »Irgendwie habe ich ständig das Gefühl, Madame möchte beweisen, wie toll sie erzogen wurde und dass sie fast adelig ist. Ich werde hier immer wie ein Bauerntrampel angeschaut. Aber ich bin einfach *anders* erzogen worden, nicht schlechter, im Gegenteil! Kann es sein, dass in Frankreich alle meinen, von Louis XIV. höchstpersönlich abzustammen?« Katja lachte herzlich. »Ja, das kann einem durchaus so vorkommen. Teilweise liegt es daran, dass alte Traditionen, die es in Deutschland längst nicht mehr gibt, hier noch stark gelebt werden.« Sie hob ihr Glas: »Prost, Frau Gräfin Fischer«, sagte sie amüsiert. »Ihre Durchlaucht«, erwiderte Paula mit einer gespielten Verbeugung. »Was für Traditionen meinen Sie denn genau?«, wollte sie nun von Katja wissen. »Also, ich erinnere mich zum Beispiel daran: Ich war wieder einmal in Frankreich zu Besuch, Matthieu und ich lebten damals noch in Berlin, da sagte seine Mutter plötzlich zu mir: ›*Katja, tu peux m'appeler Catherine.*‹ (Katja, du darfst mich Catherine nennen.) Ich war natürlich hocherfreut und gab ihr links und rechts ein Küsschen – ein Freundschaftsküsschen, wie man das eben so macht. Dann sagte ich: ›*Merci, Catherine, c'est très gentil de ta part.*‹ (Danke, Catherine, das ist sehr freundlich von dir.) Matthieus Mutter schaute mich leicht pikiert an und Matthieu nahm mich zur Seite. ›Nein, so geht das nicht‹, flüsterte er. Mir war wirklich nicht klar, was ich falsch gemacht hatte.«

Auch Paula schaute ratlos: »Wieso, was war denn?«

Was ist diesmal schiefgelaufen?

So einige Fettnäpfchen lagen auf Paulas und Katjas Wegen. Zum Beispiel gibt es viele Ausdrücke, die man unter Jugendlichen oder »unter sich« benutzt, die aber in den meisten offiziellen Situationen oder auch im Gespräch mit der älteren Generation, vornehmlich mit den eigenen Eltern, absolut tabu sind. Dazu gehören Flüche, alles, was irgendwie mit Fäkalien oder Geschlechtsorganen zu tun hat, aber auch viele andere Ausdrücke, bei denen man nicht ahnen kann, dass sie nicht gesellschaftsfähig sind. Für Paula war es nur eine Frage der Zeit, sich hier ins Fettnäpfchen zu setzen, denn sie konnte ja nicht wissen, dass die Kinder mit den Eltern eine andere Sprache sprechen als untereinander. *Ça me fait chier* (wörtlich: das macht mich »kacken«) – was Paula im Gespräch mit ihren Gasteltern verwendet hat, noch dazu bei Tisch – würde man mit »das macht mich wahnsinnig« übersetzen, scheint also vollkommen harmlos. Da aber das Wort »auf Fäkalbasis« gründet, ist es nicht salonfähig.

Hinsichtlich der Tagesplanung hat man in Frankreich wirklich ganz andere Vorstellungen als bei uns: Der Begriff des Feierabends lässt sich bezeichnenderweise nicht ins Französische übersetzen und das Wort »Hobby« hat im

Französischen eine etwas negative Konnotation. Denn eine ausgeprägte Vorstellung von Selbstverwirklichung gibt es in Frankreich nicht. Was zählt, sind Leistungen. Kreative Früchte von Individuen werden kaum toleriert, sondern man wird eher als »Sonntagsmaler« oder »Sonntagsdichter« verspottet. Das deutsche »Zeit für sich haben« entspricht in Frankreich einem Ideal der Bildung, einem lebenslangen Lernprozess. Die Vorstellung von »an sich selbst arbeiten« und »sich selbst finden« gibt es in Frankreich weniger. Vielmehr ist hier der soziale Druck noch stärker als bei uns, den gesellschaftlichen Normen und Anforderungen gerecht zu werden. Es ist also nicht verwunderlich, dass sich Paula mit ihrer deutschen Sozialisation in Frankreich wie in ein Korsett gepresst fühlte. Vielleicht hätte sie nicht lügen sollen, um Katja zu treffen, sondern einfach die Wahrheit sagen können. Doch es ist relativ wahrscheinlich, dass man sie dann nicht fortgelassen hätte. Obwohl, wer weiß?

Ins fettigste Fettnäpfchen ist allerdings Katja gestiefelt, als sie ihre Schwiegermutter duzte (»... *de ta part*«). Ihr Fehler liegt darin begründet, dass wir in Deutschland eine andere Vorstellung vom Duzen und Siezen haben: Schon in der Schule wird man in Deutschland meist mit Beginn des 18. Lebensjahres von seinen Lehrern gesiezt. In Frankreich wäre das unvorstellbar. Es hat sich als Tradition erhalten, dass ältere Menschen jüngere duzen, während die Jüngeren die Älteren siezen. Während Katja also von ihrer Schwiegermutter geduzt wird, wird Katja sie umgekehrt voraussichtlich ihr Leben lang siezen müssen. Für Katja ist das sehr fremd, in Frankreich vollkommen normal. Noch dazu ist die Version »Vorname und Sie« in Frankreich sehr viel geläufiger als in Deutschland.

Was können Sie besser machen?

Wenn Sie in Frankreich eine neue Ausdrucksweise kennenlernen, dann können Sie in Zweifelsfällen ruhig fragen, ob diese auch salonfähig ist. Die meisten Franzosen sind es gewohnt, *avec maman et papa* (mit Mama und Papa) oder natürlich auch mit Oma, Opa und Vorgesetzten deutlich andere Töne anzuschlagen als unter Gleichaltrigen auf Partys.

Ihr Duz- und Siezsystem durchschauen auch die Franzosen nicht so richtig. Sie können also nichts verkehrt machen, wenn Sie einfach jeden, der (etwa) über 20 scheint, erst einmal siezen. Hingegen ist es nicht üblich, 18- bis 20-Jährige einfach zu siezen. In Frankreich nimmt man an, dass diese »jungen Leute« dem Alter einen gewissen Respekt entgegenbringen müssen, was umgekehrt nur bedingt der Fall ist. Und wenn Ihnen jemand anbietet, sie oder ihn mit Vornamen anzureden, heißt das noch lange nicht, dass dadurch das *vous* (Sie) gegen ein *tu* (du) eingetauscht wird. Nehmen Sie es nicht als persönlichen Affront, wenn man Ihnen auch nach vielen Treffen noch kein Du anbietet. Franzosen finden es oft angenehmer, sich gegenseitig zu siezen. Während in Deutschland das Du auch als Sympathiebeweis schnell angeboten wird, bleiben Franzosen häufig lange beim Sie, ohne dass das heißt, dass man Sie nicht mag oder man Sie nicht als Freund oder Freundin ansieht. Das eine hat mit dem anderen nichts zu tun.

Bourgeoisie – Boheme – Bobo

Es ist eher ein gefühltes als ein offizielles Klassensystem, das in Frankreich herrscht. Denn oberflächlich gesehen sind alle gleich – nach dem Prinzip der *égalité* (Gleichheit) –, nur eben unter dieser Oberfläche sind die alten Unterschiede bestehen geblieben. Das Wort *bourgeoisie* bedeutete nach der Revolution (1789–1799) in erster Linie, Bürger einer Stadt mit gewissen Rechten und Pflichten zu sein. Diese *bourgeoisie* hatte an sich selbst den Anspruch, zivilisiert und talentiert zu sein, einige kamen als geschickte Händler zu Geld und Ansehen. Im Laufe der Zeit hat sich die Bedeutung des Begriffs verändert: Heute bezeichnet *bourgeoisie* die obere Mittelschicht oder jene Schicht, die durch ihr Verhalten soziale Normen definiert. *Bourgeois* ist inzwischen weniger ein Status als vielmehr eine Lebensart.

Die *bohème* dagegen nimmt sich die Freiheit, sich gegen die Normen und Gepflogenheiten der Klassen und oft auch des eigenen Elternhauses aufzulehnen und sich über gesellschaftliche Regeln und Normen hinwegzusetzen. Der Begriff stammt ursprünglich aus dem 15. Jahrhundert: *Bohèmien* bezeichnete die aus Böhmen stammenden Zigeuner und bedeutete so viel wie »unsittlich«, nicht mehr der Gesellschaft zugehörig. Aus dieser Antihaltung hat sich ein Lebensstil entwickelt, der besonders in Künstlerkreisen gepflegt wurde: Trinkgelage, Lesungen und Diskussionen, lange Caféaufenthalte usw. Jede *bohème* hatte ihren eigenen Kreis und ging einem Sinn des Lebens jenseits der gesellschaftlichen Normen und Moralvorstellungen nach.

In puncto Lebensstil ließen sich heutzutage ganze Generationen als *bohèmiens* bezeichnen; von einer entsprechenden politischen oder gesellschaftlichen Haltung ist jedoch nicht mehr allzu viel übrig geblieben. *Bobo* setzt sich aus den Wörtern *bourgeois* und *bohème* zusammen, denn was einst ein Gegensatz war, passt heute wunderbar zusammen. *Bobos* sind die »Kapitalisten der Gegenkultur«, also diejenigen, die in ihrer wohlbehüteten bürgerlichen Welt mit all deren materiellen Errungenschaften leben, die einen ausschweifenden Lebensstil à la Boheme pflegen, deren Antihaltung übers Partymachen oder ein Logo auf dem T-Shirt jedoch nicht hinausgeht, und die sich zugleich nicht der bürgerlich-konservativen Klasse zugehörig fühlen. Gut nachzulesen in dem Buch »Bobos in Paradise« (2000) des New-York-Times-Kolumnisten David Brooks.

30 Sei kein Frosch – bitte!

Paula im Land der Delikatessen

Heute Abend waren die Bouchards bei Claudines Bruder Claude und dessen Familie zum Abendessen eingeladen. Natürlich mit Paula. Als sie die Wohnung im Pariser Stadtteil Marais in der Nähe vom Place des Vosges, den Paula so liebte, betraten, herrschte große Aufregung: Die Kinder rannten brüllend durch den Flur, die Großmutter schimpfte hinterher und Claude und seine Frau entschuldigten sich ein wenig geniert für den Lärm. Paula fand das alles sehr sympathisch, endlich einmal etwas Ungezwungenes in diesen steifen Kreisen! Doch der Schein trog. Kaum saßen alle am Tisch, wurden die Kinder zurechtgewiesen und mit Regeln und Prinzipien gefüttert. Die kleine Clémentine wurde immer stiller und blasser. Ihr Bruder Sébastien ließ sich nichts anmerken und plapperte munter weiter und weiter. Bis der Vater ihn plötzlich heftig und laut ermahnte. Wie vom Blitz getroffen erhob sich der Kleine und stellte sich protest- und wortlos in die Ecke des Salons.

»*C'est quoi comme jeu?*« (Was ist das denn für ein Spiel?), wollte Paula jetzt wissen. Neun Köpfe drehten sich gleichzeitig in ihre Richtung. Betretenes Schweigen. Dann übernahm Claudine die Führung und erklärte Paula kurz und sachlich, dass Sébastien jetzt gerade über sein Verhalten nachdenke. »*Sinon, il ne comprendra jamais*« (Sonst versteht er das nie), beendete sie ihren kleinen Vortrag. Claude und seine Frau waren erleichtert, Paula perplex. Das war also bitterer Ernst, diese Eckennummer! Na, da würden ihre Eltern aber nicht schlecht staunen. Mannomann! Paula bedankte sich für die nette Erklärung und hoffte, das Essen würde die Stimmung wieder etwas heben.

Claude verkündete stolz, es gäbe eine besondere Spezialität, und trug mehrere heiße Schalen herein. »*Oh, des escargots! J'adore!*«, rief die Großmutter voller Entzücken. Eine niedliche alte Dame, dachte Paula. Schick und eigenwillig, ein bisschen als wäre sie einem Musical entsprungen. Aber als Paula dann die Schale mit den sechs Löchern und den kleinen, verschrumpelten Schnecken darin vor sich hatte, fand sie die Alte gar nicht mehr so niedlich. Noch nie in ihrem Leben hatte Paula Schnecken gegessen. Warum auch? Es gab doch so viele andere Köstlichkeiten. Jetzt aber hatte sie wohl keine andere Wahl. »*Je les ai fais avec ta sauce préférée, Claudine*« (Ich habe sie mit deiner Lieblingssoße zubereitet, Claudine), schallte es fröhlich vom anderen Ende des Tischs. »*Paula, tu aimes les escargots?*« (Paula, magst du Schnecken?), fragte Claudine ein wenig besorgt und zugleich durchaus herausfordernd. Ein echter Franzose musste Schnecken lieben! »*Oui, oui*«, gab Paula schnell zurück. Und zum Beweis stach sie herzhaft in das erste der sechs glitschigen Weichtiere. Ein kalter Schauer lief ihr über den Rücken. Sie schloss die Augen, atmete tief durch und schob sich den Glibber in den Mund. Vorsichtig, ganz vorsichtig kaute sie darauf herum. Es fühlte sich ungewohnt, aber eigentlich gar nicht so schlimm an. Ein bisschen wie weiches Fleisch. Die Soße hatte so viel Knoblauch in sich, dass alles andere danach schmeckte. Gott sei Dank! Paula verspürte Erleichterung. Sie würde sich einfach voll und ganz auf den Knoblauchgeschmack konzentrieren. »*Mmh, très bon!*« Diese Blöße würde sie sich vor ihrer Gastmutter auf keinen Fall geben. Eine Schnecke nach der anderen landete in ihrem Magen und sie hoffte, dass sie sich dort auch schön ruhig verhalten würden. Alle anderen am Tisch waren ebenfalls mit ihren sechs Tierchen beschäftigt. Zufriedenheit machte sich breit. Auch Marie und Stéphane schienen absolute Schnecken-fans zu sein. In null Komma nichts waren alle Vertiefungen in den Schalen blitzblank. Verrückt, wie man sich daran gewöhnen kann, dachte Paula.

Kurz darauf schritt Claude mit einem riesigen Tablett auf den Tisch zu und verkündete dabei: »*Pour toi, Paula, un vrai chef d'œuvre de la cuisine française.*« (Für dich, Paula, eine echte Besonderheit der französischen Küche.) Paula hoffte, dass sie jetzt für die Schneckenqual entschädigt würde und freute sich auf ein ordentliches Stück Fleisch oder einen Gemüseauflauf oder Pasta oder Fisch oder einen Reistopf oder … Oh nein, bitte, bitte nicht! In der Mitte des Tisches stand jetzt ein gro-ßer Bräter, der weder den fetten Braten noch saftige Kotcletts beherbergte, sondern dünne, kleine, unförmige Beinchen: Froschschenkel! Mit einer widerlichen Selbstverständlichkeit lagen sie alle nebeneinander, reckten ihre krummen Dinger in die Luft und waren von oben bis unten mit Petersilie bedeckt. Paula wurde sofort schlecht, sie entschuldigte sich kurz und verschwand auf die Toilette. Dieser Anblick würde sie noch in ihren Träumen verfolgen! Als sie zurückkam, ein wenig erleichtert und mit frischem Kampfgeist ausgestattet, waren alle anderen bereits munter am Speisen. Marie, Stéphane und sogar die Kleinen bissen herzhaft in die dünnen Beinchen.

»*Ça va, Paula?*«, fragte der Hausherr zwar besorgt, aber mit einem Hauch von Belustigung um die Mundwinkel. Wirklich witzig, dachte Paula. »*Oui, ça va!*« Was sonst sollte sie darauf antworten. Los, Paula, das schaffst du, forderte eine innere Stimme sie heraus. Ganz langsam und nicht zu viel auf einmal. Der erste Bissen war der schlimmste, Paula fürchtete, sie würde gleich im hohen Bogen den Tisch bespucken. Aber nichts dergleichen geschah, sie würgte von einem Froschschenkel zum nächsten und schwor sich, nie wieder irgendwelche Spezialitäten der französischen Küche zu probieren.

Was ist diesmal schiefgelaufen?

Es ist gewissermaßen eine Ehre, dass Paula mit zum Bruder ihrer Gastmutter eingeladen wird. Denn die Familie ist in Frankreich geradezu heilig und ein Universum für sich. Da muss Paula neben den ganzen Fettnäpfchentritten also auch das eine oder andere richtig gemacht haben.

Als eines der Kinder nicht pariert, wird es in die Ecke gestellt, um dort über die »falsche« Handlung nachzudenken. Das ist ein in Frankreich weit verbreitetes Erziehungsmittel, über das Paula verständlicherweise erstaunt war und daher naiv fragte, was das für ein Spiel sei. Damit hat sie sich, ohne es zu wissen, ein wenig zu weit hinausgelehnt und zunächst unangenehmes Schweigen hervorgerufen. Denn auf ihre Erziehungsmethoden lassen die Franzosen nichts kommen. Die sind zwar manchmal streng, aber notwendig, denn sie führen zu guten Ergebnissen. Auch, wenn das andere anders sehen. Hier ist Paula also in ein Fettnäpfchen getreten, das aber durch Claudines Vortrag wieder versachlicht wurde.

Sowohl Schnecken als auch Froschschenkel sind für Paula Neuland, sodass ihre – berechtigte – Unsicherheit zu spüren war. Sie hat sich tapfer geschlagen, indem sie beides probiert und nicht gleich verweigert hat. Dass die Gastgeber ihr damit tatsächlich eine Freude machen wollten, lässt sich daran ablesen, dass alle anderen mit großem Genuss gespeist haben. Ganz nach der Maxime: Man bietet seinen Gästen an, was man selbst am liebsten isst. Und ein klein wenig »erzieherischer« Wille gesellte sich vielleicht auch noch dazu – Franzosen überzeugen ihr Gegenüber einfach zu gern.

Was können Sie besser machen?

Hätte Paula nicht nach einem »Spiel« gefragt, sondern sich ernsthaft erkundigt, warum der kleine Sébastien auf einmal in die Ecke musste, wäre das Schweigen vermutlich noch schneller in eine sachliche Erklärung übergegangen. Mit ihrer Frage aber hat Paula die Eigenwilligkeit dieser Maßnahme mehr als deutlich gemacht und das hat die gesamte Familie als Angriff empfunden. Hier hätte Paula etwas respektvoller auf die konkrete Situation eingehen können. Denn dass es sich nicht um ein Spiel handelt, wurde ziemlich schnell klar. Letztendlich wollte Paula natürlich auch ihr Unverständnis zum Ausdruck bringen. Denn diese Form der Erziehung hat sie selbst nie erfahren, und sie ist in Deutschland auch keineswegs üblich. Das Fünkchen Provokation hätte sie sich, zumal als Gast innerhalb der Familie, allerdings verkneifen können.

Wer partout keine Schnecken oder Froschschenkel essen möchte, kann seinem Gastgeber höflich und freundlich zu verstehen geben, dass diese französischen Spezialitäten einfach zu speziell sind, und dafür umso mehr den guten Rotwein und den herrlichen Nachtisch loben.

Im Land der »Frogs« – Froschschenkel und Schnecken

Franzosen haben den Ruf, begeisterte Schnecken- und Froschschenkelesser zu sein und werden deshalb auch gern von den Angelsachsen als »Frogs« oder »Froggies« bezeichnet. Zwar stehen Schnecken und Froschschenkel nicht auf jeder Speisekarte und auch die Geschmäcker der Franzosen gehen an dieser Stelle tatsächlich auseinander, aber sie zählen nach wie vor zu den beliebtesten landestypischen Delikatessen. Frankreich ist mit rund 150 Millionen konsumierten Froschschenkeln im Jahr der größte internationale Abnehmer. Geliefert werden diese liebreizenden Exemplare vor allem aus Indonesien, Indien und Bangladesch. Im Elsass gehört der Froschschenkel sogar mehr oder weniger zur Alltagsverpflegung. Das Fleisch erinnert in Geschmack und Konsistenz an das von jungem Huhn, das mit Knoblauch und Petersilie zubereitet wird.

Und auch beim Schneckenkonsum ist Frankreich – mit über 500 Millionen Schnecken pro Jahr – eines der führenden europäischen Länder. Am beliebtesten sind die Weinbergschnecken, die meist in einer Soße aus gehackter Petersilie, Kräutern, Weißwein und Knoblauch in der Pfanne gebraten und dann in speziellen Schalen mit kleinen Einbuchtungen – für jede Schnecke eine – serviert werden.

Was soll Katja bloß mitbringen?

»*Aux Champs Élysées!*« Paula stolzierte voll guten Mutes mit Katja die Prachtstraße hinauf bis zum Triumphbogen. Es war wirklich ein tolles Gefühl, eine Freundin zu haben, auch wenn es eine Deutsche war. »Es ist wirklich schwer, Französinnen kennenzulernen«, meinte Paula zu Katja. »Na ja, kennenlernen geht schon, aber richtige Freunde zu finden, ist wirklich nicht so einfach.« Katja war schick angezogen, fand Paula, sie hätte durchaus als Französin durchgehen können. Und nicht nur ihr Stil. So weit sie das beurteilen konnte, hatte Katja kaum einen Akzent im Französischen. »Bei dir müsste das doch was anderes sein«, meinte Paula. »Du lebst hier, hast eine französische Familie, deine Kinder gehen hier zur Schule ...« »Ja, das stimmt. Deswegen geht es mittlerweile auch. Aber wenn ich alleine hier wäre, hätte ich nicht so leicht Anschluss gefunden. Die Franzosen bleiben gerne unter sich.« Die Sonne schien und am liebsten hätte Paula sich die Jacke ausgezogen und um den Bauch gebunden. In Deutschland hätte sie das gemacht – hier auf keinen Fall. »Wurdest du denn von Matthieus Familie schnell akzeptiert? Ich meine, wie war das denn, als du seinen Eltern zum ersten Mal begegnet bist?«

Katja musste nicht lange überlegen: »Das war an Ostern. Wir waren fast ein Jahr zusammen, da fragte mich Matthieu, ob ich nicht über die Feiertage mit ihm in die Bretagne reisen wolle. Seine Eltern haben dort ein Haus. Ich war ganz aufgeregt. Ich wollte natürlich einen perfekten Eindruck machen. Also bin ich erst mal zur Maniküre, dann zum Friseur. Es war das erste und letzte Mal, dass ich mir künstliche Fingernägel habe machen lassen ... Und dann die Frage aller Fragen: Was ziehe ich an? Nicht zu auffällig, nicht zu tief ausgeschnitten, praktisch und doch elegant, alltagstauglich und doch schick. Als potenzielle Schwiegertochter will man ja gut gepflegt sein, aber auch ein bisschen raffiniert angezogen, zeigen, dass man anpacken kann und doch auf sein Äußeres achtet, wie meine Mutter mich immer ermahnte. Und dann natürlich die Frage: Was bringe ich bloß aus Deutschland mit? Zu Ostern ist das relativ einfach: Osterhasen, Ostereier, also Schokolade. Und was noch? Mein Vater hatte die glorreiche Idee: »Bring doch deutschen Wein mit. Es gibt überaus guten deutschen Wein!« Ich fand die Idee gut und dachte, das würde vielleicht helfen, die Vorurteile gegenüber deutschem Wein abzubauen. Ich bin in eine Weinhandlung gegangen und habe ihnen dort mein Problem geschildert. Drei Weinverkäufer fachsimpelten über den richtigen Wein und dann rieten sie mir zu einer speziellen Sorte Dornfelder. Das sei ein Wein, der sich schon durch seine besondere Farbe auszeichne: Er sei zwar nicht knallrot, aber doch wirklich ganz schön rot, meinte der Verkäufer. Sozusagen ein Nebenprodukt, denn man habe eigentlich rote Farbe herstellen wollen und dabei sei dann dieser entzückende Wein herausgekommen. Zum Schluss fügte er noch hinzu: ›Wenn Sie den Wein mit dieser Geschichte servieren, kommt das bestimmt gut an!‹ Na gut, ich nahm zwei Flaschen davon. Und die Geschichte nahm ich auch mit.

Das Wetter in der Bretagne war nicht so besonders toll, deswegen saßen wir oft länger mittags am Tisch und redeten. Matthieu hatte seine Eltern lange nicht mehr gesehen und viel zu erzählen. Mir gegenüber waren sie diskret, ich wurde zwar einiges gefragt, aber nicht gelöchert. Ich bemühte mich, nicht allzu sehr zu stottern. Ich dekorierte den Ostertisch mit Ostereiern und den Osterhasen, das kam sehr gut an. In Frankreich, meinten sie, kenne man eher Osterglocken aus Schokolade. Die Hasen fanden sie niedlich. Zur Vorspeise tranken wir Champagner, dann kam ein Weißwein zum Schollenfilet und zum Käse wurde auf Rotwein gewechselt. Jetzt kam mein Wein zum Einsatz. Ich erzählte die Geschichte dieses besonderen Weines und der Vater schaute sich interessiert und leicht belustigt das Etikett an. Die Mutter machte den Eindruck, als hätte sie keine Lust, Farbe zu probieren, die noch dazu gar keine war. Man schenkte sich den Wein ein, musterte die Farbe, fand sie witzig, trank einen Schluck und befand den Wein als gut. Allerdings musste zum Käse ein anderer Wein her, der angeblich besser passte und von dem noch reichlich da war. Wir schlachteten einen der Osterhasen, der auf der Fahrt zerbrochen war, als Schokolade zum Kaffee. Als wir vom Tisch aufstanden, war die Flasche Dornfelder noch fast halb voll. Abends wurde allerdings ein anderer Wein eingeschenkt. ›*Vous n'avez pas aimé le vin allemand?*‹ (Mögen Sie den deutschen Wein nicht?), fragte ich vorsichtig. ›*Si, si!*‹, entgegnete Matthieus Mutter. ›*Mais avec le bœuf, ce vin va beaucoup mieux.*‹ (Aber mit dem Rind ist dieser Wein einfach besser.) Ich habe die anderen eineinhalb Flaschen nie wiedergesehen.«

Was ist diesmal schiefgelaufen?

Traditionell gibt es in Frankreich zu Ostern tatsächlich Glocken statt Hasen aus Schokolade. Mittlerweile hat aber auch der Osterhase Einzug gehalten und man bekommt fast dieselben Osterschleckereien in Frankreich wie in Deutschland. Allerdings ist in Frankreich insgesamt die Osterdekoration wesentlich dezenter als bei uns, und kaum ein Franzose würde auf die Idee kommen, große Schokohasen zu kaufen, außer für die Kinder. Mit den Schokoladenhasen hat Katja wirklich alles richtig gemacht und etwas typisch Deutsches mitgebracht.

Wein nach Frankreich mitzubringen, ist allerdings wie Eulen nach Athen zu tragen. Auch wenn es sehr, sehr gute Weine in Deutschland gibt, wird sich in Frankreich nur ein Weinspezialist wirklich dafür interessieren. Die meisten Franzosen halten einfach französischen Wein für den besten. Sie sind schließlich die Erfinder des *Grand Cru*, des besten Weines der Welt.

Und nicht nur das: Manche Franzosen meinen auch, die besten Sinnesorgane zu haben, und trauen vor allem den Deutschen nicht wirklich zu, auf dieser Ebene mithalten zu können. Die Eltern von Matthieu haben erst einmal sehr höflich reagiert und fanden es bestimmt auch nett, einen deutschen Wein zu probieren und die lustige Farbe zu begutachten. Der deutsche Wein war also eher ein Kuriosum für sie. Um allerdings einen guten Wein zu einem guten Essen zu servieren, was man an einem Fest wie Ostern natürlich möchte, wurde sofort auf einen französischen Wein zurückgegriffen.

Wein

Ob rot, weiß oder rosé – zu jedem Essen gehört der richtige Wein. Essen ohne Wein, das wäre in Frankreich einfach undenkbar. Erst das richtige Zusammenspiel von Speise und Wein schafft den kulinarischen Hochgenuss. Wein ist in Frankreich deshalb auch grundsätzlich ans Essen gebunden und wird kaum separat konsumiert. Jeder noch so kleine Supermarkt wartet mit einem üppigen Weinregal auf, jeder größere hat sogar mehrere Weinberater angestellt. Das Aussuchen des »richtigen« Weines wird zelebriert und als sinnliche Einstimmung auf das bevorstehende Essen genossen. Denn auch ein sehr guter Wein kann in einer falschen Kombination nicht mehr schmecken. Wir geben Ihnen ein paar Tipps, damit Sie unter den unzähligen angebotenen Weinen relativ schnell – wenn auch nur grob – den guten vom schlechteren unterscheiden können:

Das Anbaugebiet: Die erste Besonderheit des französischen Weins ist, dass er in der Regel nicht nach Rebsorten, sondern nach Anbaugebieten unterschieden wird. In Frankreich wird nur sehr selten die Traubensorte überhaupt genannt. Die Gebiete sind klar voneinander abgegrenzt. Die wichtigsten sind: Loire, Bourgogne, Bordeaux, Beaujolais, Elsass, Rhône, Savoyen, Languedoc-Roussillon und Korsika. Jedes Anbaugebiet hat seine eigene Flaschenform. Ein Bordeauxwein muss zum Beispiel eine Delle im Flaschenboden haben, in die man seinen Finger stecken kann. Wenn der Hersteller also schon bei der Flasche spart, kann es mit dem Wein selbst nicht weit her sein ... Entsprechend werden die Weine nach ihrem Anbaugebiet charakterisiert: Weine aus dem Loire-Tal gelten als eher leicht, die aus der Bourgogne als schwere Weine.

Die Abfüllung: Hier gilt eine einfache Gleichung: Je exakter die Frage nach dem Ort der Abfüllung auf dem Flaschenetikett beantwortet ist, umso besser ist der Wein. Steht auf der Flasche die etwas schwammige Umschreibung »*Mise en bouteille dans la région de production*« (Abgefüllt in der Gegend der Herstellung) ist in der Regel von einem preisgünstigen, eher schlechteren Wein auszugehen. Denn dabei handelt es sich meist um irgendwelchen Wein, oft Reste, die häufig unter Zugabe von Zucker zusammengeschüttet werden. Hier kann man Pech haben – Achtung vor Kopfschmerzen! Ein besserer Wein ist ein solcher, der auf dem Etikett die konkretere Bezeichnung »*Mise en bouteille au château* ...« (Abgefüllt in Schloss ...) oder »*Mise en bouteille au domaine* ...« (Abgefüllt im Landgut ...) trägt. Oft sieht man noch ein Bild des Schlosses oder des Landhauses auf dem Etikett, das eine Stimmung evozieren soll, die natürlich mit dem Geschmack des Weines nichts zu tun hat.

Die Herkunft: Eine weitaus genauere Bezeichnung, die einen Qualitätssprung markiert, lautet: *Appellation d'origine contrôlée* (Bezeichnung für eine kontrollierte Herkunft; abgekürzt *AOC*). Nur wo Bordeaux drin ist, darf auch Bordeaux draufstehen. Doch hier muss man aufpassen, denn Bordeaux ist nicht gleich Bordeaux. Steht auf der Flasche »*Appellation bordeaux contrôlée*« heißt das im Grunde nicht selten, dass verschiedene Bordeauxweine vermischt wurden. Um einen wirklich guten Wein zu haben, muss die Bezeichnung noch genauer sein. In jeder Weinregion gibt es mehrere Unterregionen, wie beim Bordeaux zum Beispiel Medoc, Haut-Médoc, Blaye etc. Je präziser die Angabe auf dem Etikett, umso besser ist der Wein. Denn derjenige, der exzellentes Gesöff herstellt, möchte natürlich auch mit seinem Produkt in Verbindung gebracht werden. Einen guten bis sehr guten Wein erkennt man dann an folgenden Worten auf dem Etikett: *Appellation Médoc contrôlée*, also garantiert kontrollierter Bordeauxwein und zwar aus der Anbauregion Médoc.

Und wenn dann noch folgende Informationen hinzukommen, wird der Wein praktisch unbezahlbar: »*CAF du Taillanet, Heritiers Cazenave Proprietaire, Saint-Yzans-de Médoc*«. *CAF* steht für *Coopérative Agricole Francais*, also eine Winzerkooperative der Familie Taillanet, der Erbengemeinschaft von Cazenave aus Saint Yzans im Médoc. Hier beginnt nun die Welt der Weinkenner ...

Übrigens: Die Trauben, auf denen der französische Wein heute basiert, stammen aus den USA. Eine Traubenseuche Ende des 19. Jahrhunderts vernichtete fast alle französischen Rebstöcke; sie mussten neu eingeführt werden.

Was können Sie besser machen?

Wenn Sie kein Weinfachmann sind, dann bringen Sie lieber keinen deutschen Wein mit nach Frankreich. Und wenn Sie ein Fachmann sind, dann suchen Sie einen guten deutschen Riesling aus. Wenn Sie etwas zu einem Essen beisteuern wollen, dann gehen Sie lieber in einen dieser bombastisch großen französischen Supermärkte, dort findet man eine Wein- und Champagnerabteilung, die allein schon so groß ist wie ein normaler deutscher Supermarkt. In der Regel gibt es dort allein zwanzig verschiedene Sorten Champagner, dann noch einmal mindestens so viele Sorten Crémant, Cidre, Cassis etc. Und unendlich viele Weinsorten. Welchen Wein man zu welchem Essen und zu welcher Gelegenheit trinkt, ist eine Wissenschaft für sich. Die meisten stehen in einem guten Preis-Leistungsverhältnis. Wahrscheinlich werden Sie überrascht sein, auch schon eine Auswahl an Champagnern zu haben, die bei etwa 15 Euro liegen. Einen guten Crémant bekommt man hier für den Preis eines deutschen Sektes. Einen kleinen Überblick finden Sie unten im Infokasten »Champagner«. Deutscher Weißwein, ein guter Riesling zum Beispiel, kann sich unter Umständen auch in Frankreich sehen lassen. Wenn Sie gerne etwas »typisch Deutsches« mitbringen möchten, dann suchen Sie vorzugsweise etwas originelles Regionales aus. Vielleicht sogar etwas, das nichts mit Essen und Trinken zu tun hat.

Champagner

Wurden im Jahr 1785 »nur« 300.000 Flaschen produziert, waren es 1910 schon 40 Millionen. Ende der Achtzigerjahre stieg die Produktion auf 200 Millionen Flaschen pro Jahr an, heute werden jährlich etwa 2,5 Millionen Hektoliter des begehrten Schaumweines hergestellt, 2008 waren es bereits 400 Millionen Flaschen. Champagner darf nur in Frankreich und auch dort nur in einem speziell ausgewiesenen Gebiet hergestellt werden. Zwar werden dieselben Trauben aus anderen Regionen in Frankreich genauso zu Schaumwein verarbeitet, doch dann darf sich das Getränk nicht Champagner nennen. Es bekommt stattdessen den Namen *Crémant*. *Crémant* ist also im Grunde wie Champagner, nur dass er nicht aus der Champagne, sondern aus anderen Anbaugebieten Frankreichs stammt.

Das Anbaugebiet wurde bereits 1927 festgelegt und seitdem kaum vergrößert. Die Region kommt langsam bei der steigenden Schaumwein-Nachfrage ganz schön ins Schwitzen! Das Gebiet heißt Champagne, umfasst 34.000 Hektar und ist damit recht klein. Die Region ist in fünf Gebiete unterteilt: Marne, Aube, Aisne, Haute-Marne und Seine-et-Marne. Hier werden über 100 verschiedene

Champagnersorten hergestellt – alle, die es gibt. Die bekanntesten unter ihnen sind *Veuve Clicquot*, *Pommery*, *Jacquart* oder *Moët & Chandon*. Das Klima in der Champagne ist besonders: semi-kontinental mit ozeanischen Einflüssen. Die Trauben reifen dadurch recht langsam, was Frische und Finesse des edelsten Getränkes der Welt fördert.

Die meisten Weinbauern in der Champagne stellen keinen eigenen Champagner her, sondern verkaufen ihre Trauben an die großen Champagnerhäuser oder Winzergenossenschaften. Von ihnen wurden alle Champagner-Gemeinden auf einer Qualitätsskala (*échelle des crus*) eingestuft. Die mit 100 Prozent bewerteten Gemeinden dürfen die Bezeichnung *Grand Cru* führen. Bei einem Skalenwert zwischen 90 und 99 Prozent gilt eine Gemeinde als ***Premier Cru***. Diese Bezeichnungen gelten sowohl für Champagner als auch für Wein.

32 Film ab!

Paula geht zum ersten Mal alleine ins Kino

Paula wusste aus ihrem Französischunterricht, wie bedeutend Paris für den Film und
der Film für Paris war. Eine Liebe, die alle
Franzosen teilten, die sie sozusagen mit der
Muttermilch aufsogen. François Truffaut, Jean-Luc Godard,
Claude Chabrol, Eric Rohmer – und wie sie alle hießen. Sie
hatten den französischen Film groß gemacht, ihn in die Welt
getragen und verteidigt, wo auch immer sie konnten. Paula
hatte von diesen Namen gehört, aber nie auch nur einen einzigen Film gesehen. Sie überlegte fieberhaft, wie sie endlich
mit dieser Welt in Berührung kommen konnte. Ins Kino zu
gehen, wäre doch ein guter Anfang. Gedacht, getan.

An einem Samstagmorgen blätterte Paula im *Pariscope*, dem
wöchentlich erscheinenden Pariser Stadtmagazin, und fand
auch gleich eine Nachmittagsvorstellung in einem kleinen Kino
am Jardin du Luxembourg. Der Regisseur hieß Jean Epstein –
was für ein himmlischer Name! Sie war noch nie allein ins Kino
gegangen, aber sie freute sich auf ihren Paris-Tag und wollte
ihn mit niemandem teilen. Also rief sie Claudine nur zu, dass
sie nicht mit dem Abendessen auf sie warten solle, sie sei unterwegs. *»Amuse-toi bien!«*, rief Claudine auffällig aufgesetzt und
schaute ihr etwas missmutig hinterher. Paula wusste, dass ihr
das nicht recht war, sie hätte lieber eine Vorzeige-Gastschülerin
mit Supernoten und einer akzentfreien Aussprache. Aber Paula

wollte mehr – oder etwas anderes, sie wollte Paris entdecken, für sich allein und ganz auf ihre Art.

Kaum war sie am Jardin du Luxembourg angekommen, waren alle Zweifel wie weggewischt. Kinder jagten um die Fontäne herum, die Alten schauten ihnen dabei zu, die Jungen saßen auf Stühlen daneben und kicherten, was das Zeug hielt. Paula hatte extra an eine dicke Decke gedacht, um sich auf die Wiese zu legen. Es war noch warm genug in diesen ersten Herbsttagen. Sie suchte sich ein idyllisches Plätzchen und machte es sich bequem. Der Himmel über ihr war atemberaubend klar und weit. Paula lauschte dem Kreischen der Kinder, den Vögeln und sich selbst. Was für ein Glück sie hatte, das alles erleben zu können. Paris, die Schule, die neuen Freunde, dieses Gefühl, etwas zu schaffen, das sie vorher nicht für möglich gehalten hatte. Berlin kam ihr unendlich weit weg vor, obwohl sie engen Kontakt mit ihrer Clique hielt. Was die wohl gerade machten? »*Mademoiselle, s'il vous plait!*« (Bitte sehr, Fräulein!) Mit einem schrillen Pfiff wurde Paula aus ihren Gedanken gerissen. Vor ihr stand ein Parkwächter in Uniform. Paula richtete sich sofort auf. »*Vous ne pouvez pas rester là*« (Sie können da nicht bleiben), fuhr der Uniformierte fort und machte Gesten, die an eine Dampflok erinnerten. »*Pourquoi?*« (Warum?), wollte Paula forsch wissen. Und sie wurde auf ein kleines grünes Schildchen verwiesen, auf dem in Minischrift stand, dass die Wiesen nicht zu nutzen sind. Paula zeigte, dass sie verstanden hatte, und machte sich daran, ihre Siebensachen zusammenzusuchen. Der Trillerpfeifenmensch wich dabei nicht von ihrer Seite. Haben die keine anderen Probleme in Paris?, fragte sich Paula genervt. Adieu, ihr schönen, wohltuenden Gedanken.

Sie lief in die andere Richtung des Parks und stellte fest, dass von irgendwoher Orchestermusik kam. Paula folgte den sinnlichen Tönen und staunte nicht schlecht, als sie mitten im Park einen Pavillon entdeckte, der mit einem kleinen Orchester besetzt war. Menschentrauben hatten sich davor versammelt und es herrschte eine andächtige, den Moment auskostende Stimmung. Paula war beglückt – es war eben doch ein wunderschöner Tag. Ihr Tag! Als sie genug zugehört hatte, schlenderte sie weiter und suchte sich gleich am Park ein Café, um ihren Eltern eine Postkarte zu schreiben. Manni und Eva sollten wissen, wie gut es ihr hier ging und wie dankbar Paula für all das war. Sie fand gleich gegenüber vom Park einen wunderschönen Teesalon und gönnte sich eine große *chocolat chaud*. Als sie bezahlen wollte, antwortete der Kellner auf Englisch und Paula war enttäuscht. Sie gab sich doch alle Mühe und fand, dass man ihren deutschen Akzent eigentlich kaum noch hörte. Dafür ließ sie wenig Trinkgeld zurück und beeilte sich, aus dem Café zu kommen. Sie freute sich jetzt riesig auf ihren ersten französischen Film.

Das Kino war winzig, aber alle Stühle hatten einen wunderschönen dunkelroten Samtüberzug. Der Vorhang fiel mächtig und schwer auf die Bühne. Kaum saß sie auf ihrem Platz, wurde es auch schon dunkel. Eine kleine ältere Dame saß eine Reihe vor ihr. Sonst hatte niemand den Weg hierher gefunden. Für diese Anzahl würde in Deutschland wohl kaum eine Leinwand bespielt. Aber so war das eben im Land des Films. Und Paula fühlte sich pudelwohl in diesem Universum, der Welt in der Welt. Sie beschloss, ab jetzt viel öfter ins Kino zu gehen. Und es tat gar nicht weh alleine. Als die Musik einsetzte, war sie wie in Trance. Wunderschöne Schwarz-Weiß-Bilder, kunstvolle Kameraeinstellungen und ausdrucksstarke Gesichter. Aber: kein Ton! Oh je, deshalb nur diese alte Dame und sie. Sie war in einem Stummfilm gelandet. Der erste französische Film und dann gleich stumm. Paula zwang sich, das alles mit Humor zu nehmen und das Schauspiel zu genießen, das es in dieser Form heute gar nicht mehr gab. Als der Film zu Ende war, schnarchte es laut aus der Reihe vor ihr, und Paula schlich sich leise aus dem warmen samtigen Saal. Draußen wurde es inzwischen dämmrig, ein laues Windchen wehte und sie spazierte beflügelt zur nächsten Metrostation. Der erste Schritt in die Filmwelt war getan! Paula wusste jetzt, dass Jean Epstein ein bedeutender Stummfilmregisseur war. Und sie würde sogar ein wenig mitreden können, wenn auf der nächsten Fete wieder alle nur übers Kino sprachen.

Was ist diesmal schiefgelaufen?

Parkanlagen werden in Paris mit einer besonders aufwendigen Hingabe und Pflege bedacht und daher gezielt vor eventuellen Beschädigungen geschützt. Es ist deshalb grundsätzlich verboten, die Wiesen für Freizeittätigkeiten zu nutzen. Weder für Picknicke noch für Mittagsschläfchen, Zwiegespräche oder spielende Hunde. Deshalb gibt es unzählige Stühle und Bänke in den Parks, die die Liegeflächen ersetzen sollen. Um kontinuierlich darauf zu achten, dass das auch geschieht, sind täglich mehrere Parkwächter mit Trillerpfeifen im Einsatz. Sie haben die undankbare Aufgabe, all den Touristen, die diese Regel natürlich nicht kennen, hinterherzupfeifen und sie dazu zu bewegen, ihren gemütlichen Wiesenplatz zu verlassen. So wie Paula.

Wer in einem Café am Jardin du Luxembourg einkehrt, darf sich nicht wundern, wenn hier mehrheitlich Englisch mit den Gästen gesprochen wird. In einer der touristischsten Ecken von ganz Paris sind die Kellner vor allem eins: schnell und genervt. Da ist es vollkommen egal, ob *Mademoiselle* gut oder sogar besser Französisch spricht. Sie wird allein aufgrund ihres Äußeren als Touristin wahrgenommen und entsprechend behandelt.

Auch dass Paula an einem Samstagnachmittag in einem Stummfilm gelandet ist, überrascht keineswegs. Denn in Frankreich zeigen viele kleine Programmkinos regelmäßig, insbesondere nachmittags am Wochenende, Retrospektiven von wichtigen französischen und internationalen Regisseuren. Das entspricht dem *goût* (Geschmack) einer Nation, die mehr will als die aktuellen Blockbuster und Filmfestivalgewinner. Die Kinos können sich ein so exquisites Programm jedoch nur leisten, weil der Staat diesen Kultursektor großzügig unterstützt. Paulas Kinobesuch ist also nicht schiefgelaufen, sondern zeigt, wie vielfältig und speziell dieser Bereich in Frankreich sein will und kann.

Was können Sie besser machen?

Die unschöne Situation im Park hätte sich Paula ersparen können, wenn sie aufmerksam und in Ruhe das Drumherum wahrgenommen hätte. Da sie aber in Gedanken versunken war, ist ihr das kleine Hinweisschild einfach nicht aufgefallen. Unabhängig davon hätte sie natürlich trotzdem bemerken können, dass niemand außer ihr auf der Wiese lag und alle anderen sich auf den bereitstehenden Stühlen und Bänken eingerichtet hatten. Da sie es aber aus Deutschland gewohnt ist, jede Wiese in einem öffentlichen Park nutzen zu können, kam sie nicht auf die Idee, dass das in Frankreich anders sein könnte. Den Stummfilm hätte Paula vermutlich nicht ausgesucht, aber sie wollte sich auf den Namen des Regisseurs und ihr Gefühl verlassen. Umso überraschender und schöner wurde dann die Vorstellung.

Der französische Film

Frankreich gilt als Geburtsstätte des Films und spielte die wohl bedeutendste Rolle bei der Entwicklung und Etablierung dieses Mediums. Am 28. Dezember 1895 führten die Brüder Auguste und Louis Lumière, beide Ingenieure aus Lyon, im Grand Café in Paris ihren ersten selbst gedrehten Film mit einem *Cinématographe* vor. Dieser Apparat war Filmkamera, Kopiergerät und Filmprojektor in einem und damit allen bisherigen Erfindungen überlegen. Als das Publikum die bewegten Bilder auf der Leinwand sah, die einen fahrenden Zug zeigten, sprangen etliche von ihren Stühlen auf und verließen den Saal, aus Angst überrollt zu werden. Diese Urvorführung wird gern als Geburtsstunde des Kinos bezeichnet und die Lyoner Brüder als die ersten Regisseure innerhalb der Filmgeschichte gefeiert.

Nach wie vor nimmt Frankreich in puncto Film eine Ausnahmestellung in Europa ein: Kein anderes Land produziert so viele Filme im Jahr und kein anderer Staat unterstützt die Filmproduktion so kontinuierlich. Nicht zuletzt deshalb, weil der französische Film einen wesentlichen Teil des nationalen Prestiges ausmacht. In der frühen Stummfilmzeit errichteten französische Unternehmen in ganz Europa Kinos und Tochtergesellschaften zur Verbreitung ihrer Filme. Mehrere neue Stilrichtungen des Films gingen von Frankreich aus. Allen voran die *Nouvelle Vague,* eine Generation von jungen Regisseuren wie Jean-Luc Godard, Claude Chabrol, François Truffaut und Eric Rohmer, die Ende der Fünfzigerjahre das französische Kino revolutionierten, indem sie mit neuen ästhetischen und technischen Mitteln eine »Poesie des Alltags« schufen. Sie etablierten den Ruf des Neuen Französischen Films. Als Auslöser gilt Truffauts »Sie küssten und sie schlugen ihn« (französischer Originaltitel: *Les Quatre Cents Coups*) aus dem Jahr 1959.

Nach wie vor genießt der französische Film in Frankreich einen hohen Stellenwert. Der Marktanteil an eigenen Produktionen liegt zwischen 35 und 50 Prozent, in Deutschland sind das nur rund 15 Prozent. Etwa 200 französische Filme werden im Jahr produziert. Jährlich fließen rund 700 Millionen in die Filmförderung, das ist dreimal so viel wie in Deutschland. Einen Teil dieser Gelder generiert die Filmindustrie durch den Verkauf von Kino-Eintrittskarten: Mit einem Aufschlag von elf Prozent auf jede Eintrittskarte, auch die für US-Blockbuster-Vorstellungen, werden die Filme der nationalen Regisseure subventioniert.

Wie Katja Paula vor der Liebe rettet

Es war ein wunderschöner Samstag in Paris. Die Bäume leuchteten in einem Goldgelb, der Himmel war strahlend blau und die Straßen taten sich weit vor ihnen auf. Katja und Paula schlenderten am Canal Saint Martin entlang, der sich wie eine samtgrüne Schlange durch die Straßen bog. Bäume, Bänke und ein kleiner Park säumten das Ufer. Auf beiden Straßenseiten lockten süße Boutiquen und unzählige Cafés mit ihren kleinen runden Tischen, den großen Fensterscheiben und den vielen jungen, lachenden Menschen. Ein paar Touristen drängten sich vor der großen Hebebrücke, die gerade geöffnet wurde, um einen kleinen Ausflugsdampfer durchzuschleusen. »Ohs« und »Ahs« verteilten sich echoartig über dem Wasser. Eine herbstliche, unbeschwerte Leichtigkeit lag in der Luft.

»Ich liebe diesen Kanal«, zwitscherte Katja in den Samstag. »Es ist ein ganz anderes Paris, nicht so hektisch und eng, fast ein bisschen ländlich. Findest du nicht?« »Hm.« Paula antwortete kaum und schaute nur wie gebannt auf eines der Cafés am Kanal. »Was hast du denn?« »Ich glaube, ich habe noch nie einen so schönen Mann gesehen. Der da drüben, wie Jean-Paul Belmondo, oder?« Paula und Katja blickten jetzt beide in die gleiche Richtung, die eine fasziniert, die andere suchend, sodass der junge Mann gar nicht umhinkam, die geballte weibliche Aufmerksamkeit zu bemerken. Er lächelte erst verlegen, zwinkerte dann aber siegessicher zu ihnen hinüber. Paula lächelte glücklich zurück und kurz darauf stand der Jean-Paul Belmondo auch schon vor ihr. »*Salut, les filles! Vous voulez boire un verre avec nous?*« (Na, Mädels! Wollt Ihr ein Gläschen mit uns trinken?))»*Oui!*«, schoss es sofort aus Paula heraus. »*Okay, deux minutes*«, entgegnete Katja bestimmt. Die beiden setzten sich zu dem Schönling und seinem Kumpel und begannen ein harmloses, nettes Samstagnachmittagsgespräch – über Paris, Berlin, Musik und Filme. Bis Marc, der Schöne, Paula direkt und offen fragte, ob sie gleich noch mit zu ihm kommen wolle, um ein paar alte Platten zu hören. Da mischte sich Katja ein, sie hätten noch einiges zu erledigen, ein anderes Mal vielleicht! Sie hakte sich schnell bei Paula unter – Marc konnte Paula gerade noch seine Telefonnummer zustecken – und zog sie weiter den Kanal entlang.

»Oh Mann, Paula, auf dich muss man ja noch ganz schön aufpassen!« »Wieso das denn, wir hätten doch nur ein bisschen Musik gehört.« Paula war stinkig. Da hatte sie den Märchenprinzen von ganz Paris entdeckt, und er sie, und jetzt durfte sie noch nicht einmal mit zu ihm. Katja war eben doch schon älter. Und: verheiratet! Das nächste Mal würde sie mit Marie herkommen. Und trotzdem mochte sie Katja wahnsinnig gern, sie war geradezu ansteckend positiv und so herzlich und überhaupt, Paula fühlte sich immer, na ja meistens, von ihr verstanden. »Entschuldige, aber das war einfach nicht deine Kragenweite, Paula. Der hätte dich ziemlich schnell abserviert, glaub mir. Hast du nicht Lust auf einen Crêpe?« Paula grummelte. Katja wartete die Antwort gar nicht mehr ab, sondern steuerte schon den nächsten Stand an, spendierte zweimal *au chocolat* und suchte eine freie Bank. »Komm schon, Paula, die sind wirklich göttlich hier. Ich erzähle dir auch eine kleine Geschichte.« »Na gut.« Paula biss in ihren Crêpe.

»Meinen ersten Job in Paris hatte ich in einem großen Unternehmen.« »Ja, und?« »Jetzt warte doch mal! Ich war genauso lebenshungrig und leidenschaftlich wie du, wollte alles wissen, alles mitnehmen. Die anderen Frauen waren immer total schick gekleidet, trugen ausschließlich Röcke, einige sogar Kostümchen. Und die Männer waren immer alle in Anzug und Hemd. Ich war die einzige in Jeans und Blusen, aber ich hatte damals nicht das Gefühl, dass das jemanden störte. Im Gegenteil: Die Männer waren wie die Fliegen. Ständig umkreisten sie uns Frauen, machten hier und da ihre charmanten und leicht anzüglichen Bemerkungen. Es lag immer diese Flirtstimmung in der Luft. Dabei waren fast alle in festen Händen. Aber das wurde tagsüber einfach ausgeblendet, damit man sich als Frau und Mann begegnen konnte und nicht nur als Arbeitskollegen. Eigenartig, aber irgendwie auch ganz angenehm. Ich fühlte mich immer gut, selbstbewusst und begehrt. Und dann eines Tages hat mich mein Chef zum Mittagessen eingeladen. Ich befürchtete, dass er mit meiner Arbeit unzufrieden wäre, beruhigte mich aber mit der Tatsache, dass er dafür nicht mit mir essen gehen musste. Wir gingen in ein superschickes, teures Restaurant, mitten am Tag, und plötzlich fragte er mich: *»Katja, vous me trouvez comment?«* (Katja, wie finden Sie mich?) Mir wurde heiß und kalt und dann habe ich einfach angefangen, von seinen Führungsqualitäten zu schwärmen, seinem Umgang mit den Kollegen und so.« »Oh Gott, wie unangenehm!« »Das kannst du laut sagen!« »Und weiter?« »Er hat sein Rotweinglas genommen, mir zugeprostet, tief in die Augen geschaut und gesagt: *Je vous adore depuis le premier jour.* (Ich vergöttere Sie seit dem ersten Tag.)« »Oh, nein!« »Oh, doch, und ich saß da wie versteinert. Ich hatte keine Ahnung, wie ich darauf reagieren sollte. Nach einer kurzen Pause habe ich ihm gesagt, dass ich glücklich verheiratet bin. Und dann bin ich aufgestanden und gegangen. Luft schnappen.« »Wow!« »Als ich zurück ins Büro kam, spürte ich sofort, dass die anderen etwas ahnten. Wir waren ja schließlich nicht zusammen zurückgekommen. Also, erzählte ich meiner engsten Kollegin, was passiert war. Sie guckte mich an wie ein Auto und fragte mich, was denn mein Problem sei. Er habe mir doch einfach nur ein wunderschönes Kompliment gemacht, auf das ich wahnsinnig stolz sein könne.«

Was ist diesmal schiefgelaufen?

Paula ist jung und unbeschwert und voller Lust auf Abenteuer. Und trifft auf einen Mann, der das vermutlich auszunutzen weiß. Das kann ihr in Frankreich genauso wie in Deutschland passieren – ausnahmsweise also kein rein französischer Fettnapf. Franzosen sind nicht generell draufgängerischer und offensiver, sondern sie lieben es einfach, mit ihrem Gegenüber zu spielen. Weil es Spaß macht, weil es das Leben bereichert, das Mann- und Frausein. Es geht in erster Linie um das Wie und nicht um das Ob. Marc sah in Paula eine Eroberungsmöglichkeit, die es zu verführen galt, und hätte dieses Spiel zu gern zu Ende gespielt. Und auch Katjas Chef hat vor allem Gefallen daran gefunden, seine neue Angestellte mit schmeichelnden Worten und gutem Rotwein zu bezirzen. Ohne dabei gleich seine Frau für sie verlassen oder auch »nur« betrügen zu wollen. Das muss man wissen, um souverän genug mit diesen spielerischen Situationen umgehen zu können, die in Frankreich einfach mehr zum (Arbeits-)Alltag gehören als in Deutschland.

Katja ist als junge Berufsanfängerin gleich in zwei Fettnäpfchen getreten. Sie hat sich nicht auf den im Unternehmen herrschenden Kleidungsstil einlassen wollen, obwohl sie wusste, dass es in Frankreich durchaus üblich ist, schicker und eleganter gekleidet am Arbeitsplatz zu erscheinen. Sie war sich bewusst, dass sie als Einzige in Jeans auffällt, aber sie war zu stolz und vielleicht auch zu bequem, um sich anzupassen. Das ist für einen Neueinsteiger nicht unbedingt ratsam, wenn man nicht negativ auffallen will. Das andere Fettnäpfchen betrifft das Mittagessen mit ihrem Chef. Denn ein »*Je vous adore!*« (Ich verehre/vergöttere Sie!) oder »*Vous êtes très charmante!*« (Sie sind sehr charmant!) oder auch »*Vous êtes magnifique!*« (Sie sind umwerfend!) hat noch lange nicht zu bedeuten, dass der andere tatsächlich Tag und Nacht an Sie denkt. Es ist ein charmantes Kompliment, das auch als solches gilt, aber keinerlei Konsequenzen nach sich zieht. Katja hat in der Situation völlig unangemessen reagiert und ihren Chef vor den Kopf gestoßen, nicht zuletzt dadurch, dass sie nicht gemeinsam mit ihm ins Büro zurückgekehrt ist.

Was können Sie besser machen?

Paula hätte weniger offensichtlich ihre Faszination zeigen sollen, denn nur dadurch konnte der fremde Schönling annehmen, sie sei für ihn zu haben. Stattdessen hätte Paula nach seiner Nummer fragen und später entscheiden können, ob sie ihn noch einmal mit einer Freundin zusammen oder unverfänglich fürs Kino treffen will. Einen »Straßenflirt« gleich mit nach Hause zu begleiten, das sollte man wirklich nur, wenn man sich auf »alles« einlassen möchte – egal wie gut er auch aussehen mag und egal ob in Frankreich, Italien oder Spanien.

In den ersten Monaten in einer französischen Firma sollten Sie sich auf die in Ihrem Unternehmen herrschende Kleiderordnung einstellen, auch wenn sie nirgendwo festgeschrieben ist. Später ist dieses Prinzip auch wieder zu lockern, aber für den Anfang durchaus zu empfehlen. Denn dadurch zeigt man deutlich, dass man die unausgesprochene »Bürokleiderordnung« erkannt und verstanden hat und vor allem bereit ist, sie, auf welche konkrete Weise auch immer, umzusetzen.

Was die Äußerungen des Chefs betrifft, hätte Katja, wie schon von ihrer Kollegin analysiert, wirklich weitaus gelassener und charmanter reagieren können, indem sie einfach spielerisch darüber hinweggegangen wäre, sich bedankt und zu einem anderen Thema übergeleitet hätte. Also: Genießen Sie es einfach, ohne sich den Kopf darüber zu zerbrechen. Nehmen Sie das Flirten in Frankreich am Arbeitsplatz als leichtes Konversationsspiel, das zum guten Ton und zu einer ausgelassenen Stimmung beiträgt. Und bewerten Sie nicht jede Äußerung und jedes Kompliment gleich als Heiratsantrag!

Was gestern erlaubt war, ist heute verboten

Wie Paula nachts ihren Hunger stillt

Paula wachte mitten in der Nacht auf. Ihr Magen grummelte so laut, dass sie selbst einen großen Schreck bekam. Seit sie in Paris war, aß sie viel und noch viel mehr und konnte sich das nicht erklären. Vielleicht schmeckte es einfach besser als zu Hause? Vielleicht musste sie aber auch nur das kleine Heimweh ein wenig besänftigen. Jedenfalls hatte sie Hunger und das, obwohl das ausführliche Abendessen keine vier Stunden zurücklag. Es müsste noch etwas von dem herrlichen *fromage de chèvre* (Ziegenkäse) und der göttlichen Leberpastete im Kühlschrank sein. Paula nahm all ihren Mut zusammen, kletterte aus ihrem schönen Messingbett, schlüpfte in die blauen Pantoffeln und öffnete vorsichtig die leicht quietschende Zimmertür. Es war nicht weit bis zur Küche, sie musste nur am Arbeitszimmer, an der Waschkammer und am Badezimmer vorbei. Leise und auf Zehenspitzen schlich sie langsam in die geräumige Küche. Sie musste sich erst orientieren in der Dunkelheit. Dann fand sie ihn, den riesigen Kühlschrank, eine Kühl-Gefrier-Kombi, die nicht nur die alltäglichen Lebensmittel beherbergte, sondern auch unglaubliche Mengen an Tiefkühlkost. Das hatte Paula festgestellt, als sie sich einmal in den Schubfächern geirrt hatte. Jetzt hieß es, höchste Vorsicht beim Öffnen. Es quietschte erbarmungslos, Paula musste sich zusammenreißen und einen heftigen Ruck wagen, um weiteres Gequietsche zu vermeiden. Uff, geschafft! Vor ihr eröffnete sich alles, was ihr Magen begehrte: Käse, Wurst, Bratenreste, und, sie konnte es kaum fassen, die Schachtel mit den Minitörtchen stand auch noch da. Was für ein nächtliches Glücksgefühl! Behutsam und sorgfältig nahm Paula den Ziegenkäse und die Pastete heraus und naschte davon, so viel sie wollte. Köstlich, einfach köstlich! Sie verstaute alles wieder dort, wo es hingehörte. Und zum Abschluss gönnte sie sich ein kleines Erdbeertörtchen. Das würde bestimmt niemand merken. Schließlich gab es ja kein Frühstück. Und außerdem: Was war denn falsch daran? Sie hatte einfach Appetit. Erleichtert und gesättigt schlich Paula wieder in ihr Zimmerchen zurück, legte sich ins Bett und schlief sofort wohlig ein.

Am nächsten Morgen traf sie gut gelaunt und ausgeschlafen auf eine wie immer leicht hektische Claudine. »*Excuse-moi, Paula, mais dans notre famille personne ne se sert au frigo pendant la nuit! Si tu ne manges pas assez, il faut me le dire!*« (Paula, in unserer Familie bedient sich niemand nachts am Kühlschrank! Wenn du nicht genug zu essen bekommst, musst du mir das sagen!) Paula wurde purpurrot und wusste gar nicht, was sie sagen sollte. Sie hatte doch kein Verbrechen begangen! »*D'accord*« (In Ordnung), stammelte sie etwas verschämt und schlürfte ihren heißen Kaffee. Das Telefon klingelte und Paula betete inständig, dass es für Claudine oder sie selbst sein möge, damit sie aus dieser unschönen Situation herauskäme. Marie rief die Treppe herunter: »*Paula c'est pour toi!*« (Für Dich, Paula!) Gott sei Dank. Am anderen Ende war ihre beste Freundin Sophie. »Was für ein Glück, dass du jetzt anrufst, Sophiechen!« Paula redete wie ein Wasserfall.

Als sie eine halbe Stunde später wieder in die Küche kam, teilte ihr Claudine mit, dass sie in Zukunft nur noch einmal am Tag telefonieren könne. Sie müsse sich stärker auf ihre Hausaufgaben konzentrieren. Schließlich seien die Ferien jetzt vorbei und sie wolle doch in ihrem Austauschjahr auch etwas lernen, oder etwa nicht?

Was ist diesmal schiefgelaufen?

Paula wusste nicht, dass es bei den Bouchards – wie in einigen französischen Familien – ein unausgesprochenes Verbot gab, sich nachts am Kühlschrank zu bedienen. Auch wenn das kein Verbrechen ist, ruft eine Verbotsüberschreitung natürlich Unmut hervor. In Frankreich wird vor allem zu den festen Mahlzeiten gegessen und kaum zwischendurch. Dadurch gebührt diesen Momenten des Zusammenkommens mehr Respekt und Zeit und würdigt das, was auf den Tisch kommt, umso mehr. Eltern achten streng darauf, dass ihre Kinder nicht zu viel Süßigkeiten und Ähnliches zwischendurch naschen, um für das Mittag- und Abendessen noch genug Platz im Bauch zu haben. Hinzu kommt, dass der Kühlschrank ein hochsensibles Feld ist. Hier beansprucht die französische Hausdame gern eine Alleinherrschaft – sie macht die Einkäufe, bereitet das Essen und hat den Überblick über das, was da ist und was fehlt. Wenn nachts darin herumgefuhrwerkt wird, entspricht das nicht mehr ihrer Ordnung.

Und das Telefonieren? Paula pflegt ihre Kontakte nach Deutschland intensiv und regelmäßig, was der Hausherrin ebenfalls missfällt. Sie findet, dass sich Paula mehr auf ihre Zeit in Frankreich einstellen und ihre Hausaufgaben ernst und gewissenhaft erledigen sollte. Mit dem Ärger über Paulas nächtliche Kühlschrankorgie im Nacken kam es dann zum Telefonverbot.

Was können Sie besser machen?

Wenn man ein ganzes Jahr in einer fremden Gastfamilie verbringt, ist es durchaus ratsam, sich zunächst nach den familieninternen Regeln zu erkundigen. Denn auch wenn die Kunst darin besteht zu erspüren, was die »goldenen Regeln« des *savoir vivre* sind, so hat doch jede Familie zusätzlich ihre eigenen festen Vorschriften, gegen die zu verstoßen umso unangenehmer ist, wenn man für eine Weile zu Gast ist. Paula hätte vermutlich gut daran getan, sich eine eigene kleine Ecke im Kühlschrank zu reservieren, in der sie dann allerlei Dinge bunkert, die ihr über nächtliche Hungerattacken hinweghelfen.

Das Telefonverbot muss sie wohl oder übel akzeptieren, denn sie blockiert damit die Telefonleitung im Haus und könnte sich ein Handy anschaffen oder auch eine Karte für die Telefonzelle. Es gibt verschiedene Möglichkeiten, von Frankreich aus günstig ins Ausland zu telefonieren, die in jedem *Bar-tabac* erfragt werden können.

35 Kirschkuchen im Stehen

**Warum Paula zum ersten und
zum letzten Mal eine Patisserie betritt**

Paula war mal wieder zu spät dran. Sie hatte sich den Stress angetan, sich nach der Schule, zwischen Hausaufgaben und Abendessen, mit Katja auf dem Montmartre zu treffen, um gemeinsam den Sonnenuntergang anzuschauen. Dafür musste sie jetzt durch die ganze Stadt rasen, und das dauerte ewig, denn es war Berufsverkehr, die Straßen und U-Bahnen vollgestopft mit Menschen. Paula hatte leider gar keine Zeit und Muße, sich die schönen Schaufenster anzusehen, an denen sie jeden Tag vorbeikam. Doch sie hatte wahnsinnigen Hunger. Da war wieder diese sagenhafte *pâtisserie*, deren Auslagen einfach unglaublich lecker aussahen. Paula beschloss, ganz schnell hineinzugehen und sich etwas auf die Hand zu holen. Sonst würde sie den Sonnenuntergang mit knurrendem Magen erleben und dann war es die ganze Sache auch nicht wert.

Im Geschäft schien es, als wäre die Zeit stehengeblieben. Die Verkäuferinnen bedienten die Kunden, als hätten die für heute nichts anderes mehr vor und nur darauf gewartet, hier den Abend zu verbringen. Es gab zwei lange Theken, an der einen wurden nur diese kleinen runden bunten Kekse verkauft, die einen komischen Namen hatten, der für Paula wie Makkaroni klang. Die Dame vor ihr erkundigte sich eingehend nach dem Geschmack einer jeden Farbe und überlegte dann lange, welche sie wohl nehmen sollte. Paula fragte sich, ob sie die Kekse für ein neues Kunstwerk farblich anordnen wollte. Sie wurde langsam ungeduldig. Als sie dann den Preis der Kekse entdeckte, konnte sie es kaum fassen – die Dinger kosteten einen Euro pro Stück! Paula verstand nun auch, warum die Verkäuferin jeden einzelnen Keks in Cellophan verpackt in einer kleinen Schachtel anordnete, die aussah, als wolle man sie sein Leben lang aufbewahren und seine Familienfotos darin verstauen.

Paula schielte zur anderen Theke hinüber. Dort wurden kleine Pralinen verkauft, die schönsten, die sie jemals gesehen hatte. Jede einzelne war hinreißend gestaltet. Die aus dunkler Schokolade waren mit weißer Schrift und Schnörkeln bemalt, andere helle Pralinen trugen bunte Muster – viel zu schön, um gegessen zu werden. Daneben standen Mini-Törtchen, die ebenfalls sehr lecker aussahen. Eines davon, so beschloss Paula, wollte sie jetzt unbedingt verschlingen. Da kam auch schon eine Verkäuferin mit einem freundlichen »*Bonjour, Mademoiselle*« auf sie zu und Paula zeigte auf ein kleines Törtchen. »*Une petite tarte comme ça*« (Eines von diesen kleinen Törtchen), sagte sie hastig. »*Une tarte aux cerises?*« (Ein Kirschtörtchen?), wollte die Verkäuferin wissen. Oder wollte sie Paula nur mitteilen, worum es sich dabei handelte? Kirschen waren gut, alles war gut. »*Oui, Madame, s'il vous plaît*« (Ja, Madame, bitte), antwortete Paula höflich, aber schnell. Wenn sie sich so langsam bewegte, wie sie sprach, dann wäre Paula auch nach Ladenschluss noch hier. Die Verkäuferin säuberte erst ihr Werkzeug, bevor sie dann ganz langsam und gewissenhaft das Törtchen von seinem Platz hob und es vorsichtig auf ein winziges goldenes Pappblatt legte. Von dort wollte sie das Törtchen dann in einem kleinen Karton verschwinden lassen, der aber erst noch schnell zusammengefaltet werden wollte. »*Il ne faut pas …*« (Das muss nicht …), meinte Paula, der gerade nicht einfiel, was »nicht einpacken« auf Französisch hieß. Die Verkäuferin schaute sie fragend an und balancierte das Törtchen in der Luft. »*Je vais le manger comme ça*« (Ich werde es so essen), sagte Paula und streckte die Hand nach ihrem Kirschkuchen aus. Was für eine Umweltverschmutzung, dachte sie. Für so ein winziges Törtchen muss man ja nicht gleich einen ganzen Baum fällen! Die Verkäuferin schaute ratlos, bevor sie einfach weiter ihre Arbeit verrichtete und Paula nicht mehr beachtete. Sie umwickelte nun das Törtchen mit einem Papier, drehte die Enden des Papiers fein säuberlich zusammen, als würde sie ein großartiges Geschenk verpacken, klebte ein Band herum, das sie mit einer Schleife schloss, und hob das Ganze in den kleinen hübschen Pappkarton. Paula wurde immer wütender. Sie hatte doch gesagt, dass sie keine Verpackung wolle, warum kümmerte sich die Frau nicht darum? Jetzt stand sie sicher schon eine geschlagene Viertelstunde in dieser *pâtisserie*, obwohl sie doch einfach nur etwas Schnelles auf die Hand hatte haben wollen. Ein kleines Croissant oder ein *mille-feuilles*, eine Cremeschnitte aus Blätterteig, oder ein *éclair*, gefülltes und glasiertes Brandteiggebäck, oder irgendetwas dergleichen. Und damit nicht genug! Die Verkäuferin klappte jetzt die oberen Enden der Pappschachtel zusammen, zog mit ihren langen Fingernägeln einen niedlichen Aufkleber von einem großen Blatt ab und klebte den Karton damit fein säuberlich zu. Paula streckte nun die Hand danach aus, doch sie bekam ihre *tarte aux cerises* noch immer nicht. Die Dame nahm sie mit zur Kasse, dort wurde ein Betrag eingegeben, ein Zettel ausgedruckt und Paula musste zuerst bezahlen:

6,35 Euro. Sie war fassungslos. Jetzt aber nichts wie weg und keine Diskussionen mehr, dachte sie sich, legte einen Zehn-Euro-Schein hin, und während die Verkäuferin das Wechselgeld heraussuchte, nahm sie sich unter ihrem strafenden Blick einfach den kleinen Pappkarton. Vor den entsetzten Augen der Frau öffnete die wütende Paula nun die Schachtel, zerrte das Törtchen aus seinem niedlichen Bettchen und fing an, es sich in den Mund zu stopfen. »*Avez-vous une poubelle?*« (Haben Sie einen Mülleimer?), fragte sie die Verkäuferin und zeigte auf den Pappkarton, den diese mit so viel Liebe und Mühe hergerichtet hatte. Die antwortete gar nicht, sondern starrte Paula nur an. Sie musste sich auch nicht um die nachfolgende Kundin kümmern, denn auch diese und überhaupt alle Menschen im Laden schauten auf Paula, die mit einer Hand ihr Wechselgeld entgegennahm, während sie mit der anderen Hand ihr Törtchen aß. Sie ließ den Pappkarton einfach stehen und machte sich daran, aus diesem Zeitloch herauszukommen. Fast genoss sie die Blicke der anderen, die bestimmt für den Rest des Tages über sie reden würden. Warum hatte die Verkäuferin auch nicht auf sie gehört?! Als sie zur Metro eilte, wusste sie, dass sie nie wieder unter Zeitdruck eine *pâtisserie* betreten würde, vielleicht überhaupt nie wieder.

Was ist diesmal schiefgelaufen?

Paula hat eindeutig einiges verkehrt gemacht. Zunächst hat sie die *boulangerie* (Bäckerei) mit der *pâtisserie* (etwa: Konditorei) verwechselt. Während es in Deutschland beim Bäcker nicht nur Brötchen und Rosinenschnecken, sondern auch Kuchen und eventuell Törtchen gibt, sind in Frankreich diese Leckereien fein säuberlich voneinander getrennt. Denn jeder kleine Laden, der Essen verkauft, ist spezialisiert. Die Patisserien machen ihre Pralinen selbst und auch ihre *macarons*, wie die farbenfrohen Kekse – bestehend aus zwei Mandelbaiserschalen, die durch eine Buttercreme zusammengehalten werden – heißen, die Paula »Makkaroni« nannte. Die Bäcker backen ihr eigenes Baguette, denn nicht jeder kann alles und vor allem nicht alles gleich gut. Mittlerweile ist diese Spezialisierung allerdings dabei sich aufzulösen, und immer häufiger findet man *boulangerie* und *pâtisserie* in einem. Doch eben nicht immer. Während man in Frankreich (neben den USA) die größten Supermärkte der Welt findet, gibt es auf der anderen, der traditionellen Seite des Landes noch viele kleine (Lebensmittel-)Läden, die jeweils ein sehr eng definiertes Angebot haben. Beim Fleischkauf zum Beispiel muss man zuweilen ein wenig suchen, denn es gibt einige Händler, die sich auf jeweils einzelne Fleischsorten spezialisiert haben. So findet man in Paris nicht selten Metzgereien, die entweder nur Pferdefleisch, nur Huhn, nur Schwein oder nur Rind verkaufen. Die Französinnen (es sind in Frankreich nach wie vor häufig die Frauen, die in diesen Läden einkaufen) machen ein Ritual daraus, von einem Laden zum nächsten zu eilen und sich durch das jeweilige Sortiment zu fragen und zu riechen.

Was die *pâtisserie* angeht: Franzosen sehen ihre kleinen Törtchen und Kekschen wirklich als eine Art Kunstwerk an. Es ist für sie unvorstellbar, dass man sich nicht gemütlich hinsetzt und das wunderschöne Stück der Schöpfung gebührend feiert, während man es verspeist. Nicht unbedingt mit einer Tasse Tee, aber zumindest im Sitzen. Meistens werden diese Leckereien als Geschenk zu einer Abendesseneinladung mitgebracht. Dann werden die Süßigkeiten, die so sorgfältig verpackt werden wie Babys im Winter, feierlich überreicht und schließlich unter den Augen aller langsam entblättert. Auch wenn man diese Stückchen für sein eigenes Dinnerdessert kauft, wird so verfahren. Niemals würde ein Franzose auf die Idee kommen, eine *tarte aux cerises* schon im Laden aus der Verpackung zu ziehen und im Gehen auf der Straße zu essen. Paula, die das Törtchen nicht einpacken lassen wollte, hat die Verkäuferin völlig verunsichert, denn in erster Linie ist das Verpacken ihr Job, mehr als das Verkaufen selbst.

Was können Sie besser machen?

Ein guter Vorsatz von Paula ist sicherlich, niemals dann eine *pâtisserie* zu betreten, wenn sie gerade in Eile ist und/ oder einen Bärenhunger hat. Das gilt für alle französischen Geschäfte. Egal ob Supermarkt, Metzgerei oder Blumenladen – »mal eben schnell« geht gar nicht, alles dauert! Denn die Hauptsache für Franzosen ist es nicht, schnell zu sein, sondern möglichst freundlich, ruhig und gewissenhaft. Im Gehen auf der Straße oder in der U-Bahn sieht man Franzosen nur selten essen, auf langen Reisen im TGV vielleicht. Natürlich bricht auch die jüngere Generation mit diesen Tabus, indem Döner oder Burger im Gehen verspeist werden, doch so häufig wie in Deutschland sieht man das nicht. Der Vorgang des Kaufens ist in Frankreich fast genauso wichtig wie das Produkt selbst. Das gilt auch für die riesigen Supermärkte, wo man vom Computer über die Heizdecke bis zur Damenfeinstrumpfhose und dem lebenden Hummer auch noch zwanzig Sorten Honig findet. Und nicht nur wegen der Riesenauswahl dauert es hier lange: Ein zweites Hindernis auf dem Weg zum schnellen Einkauf sind die Kassen. Während in Deutschland Kassierer und Kassiererinnen mindestens sechzig Produkte pro Minute scannen müssen – Gerücht hin oder her –, gibt es in Frankreich wohl eher die Ansage, ein Produkt in sechzig Minuten über den Scanner zu ziehen. Das ist natürlich maßlos übertrieben, doch wenn man an die »deutsche Schnelligkeit« gewohnt ist, kann einen die französische Langsam- oder Gemütlichkeit, wie man's nimmt, in den Wahnsinn treiben. Nehmen Sie sich also zum Einkaufen in Frankreich Zeit.

Wenn Sie eine *pâtisserie* betreten, dann machen Sie eine kleine Zeremonie daraus: Suchen Sie die Plätzchen und Törtchen fein säuberlich aus und stellen Sie sie in der hübschen Verpackung auf den Tisch. Genießen Sie das langsame Auspacken. Sehen Sie sich schon an der Verpackung satt, dann müssen Sie das Törtchen nur noch anschauen und kaum noch essen. Und wenn Sie eine leckere, schön eingepackte Nachspeise bei einer Essenseinladung mitbringen, sind Sie sicher ein sehr willkommener Gast.

Und noch ein Tipp: Die Kekse und Küchlein sind in Frankreich zwar sehr teuer und dafür auch noch winzig, allerdings sind sie auch sehr reichhaltig, und wenn man sie langsam isst, reicht wenig davon schon vollkommen aus. Die bunten »Kekse für einen Euro«, die *macarons*, sind eine französische Spezialität – man muss sie unbedingt probieren!

Katja denkt um: Erst das Vergnügen, dann die Arbeit

Es war schon kurz nach sieben. Um sieben war Paula an der Treppe der Basilika Sacré-Cœur verabredet. Mit Katja. Und jetzt war sie wegen des Kirschkuchens schon zu spät dran. Sie hasste es, sich unter Zeitdruck zu fühlen. Noch dazu stand sie an der Ampel an der Metrostation Pigalle und es wurde einfach nicht grün. Um sie herum schien das niemanden zu stören – ob jung oder alt, Frau oder Mann, alle gingen sie bei Rot über die Straße. Als wäre es das Normalste der Welt. Mit Kindern! Trotz der vorbeihetzenden Massen stand Paula fest wie ein Felsen. Sie würde auf Grün warten, komme, was wolle. Dafür war ihr der Pariser Verkehr einfach zu unübersichtlich, zu hektisch und irgendwie auch zu willkürlich. Und überhaupt, das lernt man doch von klein auf, dass man bei Rot nicht über die Straße geht. Wozu gibt es sie sonst, die blöden Ampeln? Ein paar Sekunden später sprang sie auf Grün und Paula hetzte über die Straße.

Als sie endlich auf der obersten Stufe der pompösen Treppe angekommen war, erstreckte sich ein einziges Lichtermeer zu ihren Füßen. Der Tag war schon fast der Nacht gewichen und Paris in die magische blaue Stunde gehüllt. Hier oben hatte man das Gefühl, alles sei möglich, als bestünde das Leben aus unzähligen Möglichkeiten. Katja kam auf die verträumte Paula zugestürmt und entschuldigte sich überschwänglich für die

Verspätung. Dann hockten sie auch schon gemütlich zusammen, am Fuße der Sacré-Cœur, um sie herum kleine Grüppchen, hier und da Gitarrenklänge und der wohl schönste Blick auf ganz Paris. Paula konnte nicht oft genug hier sein und Katja ging es genauso. »Ach, Katja, ich beneide dich!«, seufzte Paula in den weiten Abendhimmel. »Du arbeitest in Paris, hast dir einen Franzosen geangelt, und deine Kinder sprechen schon jetzt besser französisch als ich.« Katja knuffte Paula heftig in die Seite. »Jetzt hör aber mal auf! Du bist jung, hübsch, quasi in der Blüte deines Lebens und überhaupt. Wenn du wüsstest, wie hart der Anfang war. Glaub ja nicht, dass ich mich hier gleich in alles eingefunden habe.« »Nicht?« »Beileibe nicht. Zum Beispiel kann ich mich heute noch an jede Sekunde meines ersten geschäftlichen Abendessens erinnern. Schrecklich! Das war mit Matthieu, mit einem seiner Geschäftspartner und dessen Frau.« »Oh Gott, mir reicht ja schon das Abendessen mit meiner Gastfamilie. Jedes Mal beobachtet Claudine mich dabei, als wäre ich fünf!« »Ach, das darfst du dir nicht so zu Herzen nehmen, Paula. Sie meint es nicht böse, das alles spielt eben in ihrem Leben eine zentrale Rolle. Und im Leben meines Mannes auch. Deshalb musste ich damals auch mit, obwohl ich lieber alleine zu Hause geblieben wäre, mit einer guten Flasche Rotwein und einem tollen Alain-Delon-Film. Von dem kann ich einfach nicht genug kriegen. Hast du mal ›Der Swimmingpool‹ gesehen?« »Nee, ich kenn mich in der französischen Filmwelt noch nicht so aus. Ist der gut?« »Gut?! Großartig! Das ist DER Film mit Alain Delon und Romy Schneider. Für den standen die beiden zum ersten Mal nach ihrer Trennung wieder gemeinsam vor der Kamera. Da liegt eine Spannung in der Luft, die macht dich verrückt. Den musst du wirklich sehen, solange du hier bist. Versprichst du mir das?« »Versprochen! Aber was war denn jetzt mit diesem Essen?«

»Also: Vor dem Essen erklärte mir Matthieu eine geschlagene Stunde, was ich zu sagen und zu fragen hätte. Es ging um irgendeinen wichtigen Abschluss in seiner Firma und dieser Geschäftspartner zierte sich seit Wochen. Daher das Essen. In einem der edelsten Schuppen von ganz Paris. Ich hatte mein schickstes Kleid an – schlicht schwarz, aber mit tiefem Ausschnitt – und fühlte mich trotzdem wie Aschenputtel, als der andere mit seiner Frau im Arm auf uns zugeschossen kam. Sie glitzerte von oben bis unten.« »So wie Paris – unfassbar dieser Blick, oder?« »Ja! Also, jedenfalls, ich konnte zu dem Zeitpunkt schon ganz gut Französisch und fühlte mich eigentlich recht sicher. Aber dieser Typ kam aus dem Süden, und ich verstand nur noch die Hälfte. Das war das eine. Das andere war, dass sie die ganze Zeit über absolute Nebensächlichkeiten sprachen. Mit einem unglaublichen Enthusiasmus unterhielten sie sich über die köstliche *foie gras*, den guten Wein, darüber, wie gern sie beide segelten, über das letzte Fußballspiel, über den letzten Kinofilm, Frankreichs Norden und Frankreichs Süden – und so ging das eine halbe Ewigkeit, Paula. Ich bin fast gestorben vor Nervosität. Ich kannte ja das Ziel dieser ganzen Veranstaltung. Wir aßen die Vorspeise, die Hauptspeise, das Dessert – und kein einziges Wort zum Geschäft. Kein einziges! Kannst du dir das vorstellen? Ich bin wirklich fast verrückt geworden. Habe Matthieu mit Blicken zu verstehen geben wollen, dass er doch endlich mal das Eigentliche, das Geschäftliche ansprechen solle. Aber er schien nicht zu begreifen. Wir Frauen versuchten dann ein unabhängiges Gespräch zu führen – ich musste mich ja ablenken – über so spannende Dinge wie Mode und das Kinderkriegen und so was. Matthieu trat mir plötzlich mehrmals unterm Tisch auf den Fuß und ich wusste überhaupt nicht, was er wollte. Ich sah einfach nicht ein, dass ich wie ein dummes Püppchen den Tisch zu schmücken und den Mund zu halten hatte. Dann hätte er mich gleich zu Hause bei Alain Delon lassen können, oder?« »Absolut!«, bestätigte Paula schnell. Katja fuhr fort: »Irgendwann hat es mir gereicht. Ich habe diesen langweiligen, nicht enden wollenden Smalltalk unterbrochen und einfach eine Frage zur aktuellen politischen Lage gestellt. Daraufhin haben mich die beiden Herren angeguckt, als sei ich der Leibhaftige. Nach einer kleinen, aber verdammt peinlichen Schweigeminute haben sie kurz und trocken darauf geantwortet, um dann sofort über einen gemeinsamen Bekannten zu sprechen. Als wir schon unseren Espresso tranken, unternahm Matthieu endlich einen vorsichtigen Anlauf und fragte sein Gegenüber nach dem Geschäft. Der andere reagierte relativ entspannt und sagte nur beiläufig, dass die bisherigen Abschlüsse zwischen beiden Häusern ziemlich ordentlich gewesen seien und er vermutlich dieser Tage den Vertrag unterschreiben werde. Ich konnte regelrecht zugucken, wie sich Matthieu entspannte. Als er sich dann sogar um die Rechnung riss, konnte ich einfach nicht fassen, was für ein absurder Abend das war. Das ganze Theater für eine einzige Bemerkung, eine Inszenierung par excellence.«

Vor Paula und Katja spielte ein schöner junger Franzose sanft Gitarre und seine Freundin sang leise ein paar Chansons dazu. Die beiden wirkten glücklich und frisch verliebt. »Was soll's«, sagte Katja abschließend. »Ich geh jedenfalls seitdem zu keinem Geschäftsessen mehr mit.« »Hm ... ja, da hast du recht.« Paula hörte nur noch mit halbem Ohr zu, zu versunken war sie in den Anblick des schönen Paares. »Ach, Paula, du wirst dich bestimmt auch ganz bald verlieben. Ich jedenfalls würde das, wenn ich Jean, Pierre oder Michel wäre.«

Was ist diesmal schiefgelaufen?

Was längst zu einem Klischee mutiert ist, stimmt aber doch: Franzosen gehen regelmäßig und entspannt bei Rot über die Straße. Sie halten sich daran einfach nicht so streng und disipliniert wie die Deutschen. Andersherum machen sich die Franzosen gerne über die Deutschen und deren Gehorsam lustig. Das typische Bild im deutschen Straßenverkehr ist: Die Fußgänger bleiben bei einer roten Ampel alle brav stehen, auch wenn weit und breit kein Auto zu sehen ist. Und wenn es einer wagt, bei Rot zu gehen, wird der nicht selten von anderen Fußgängern ermahnt. Das wäre in Frankreich undenkbar. Erstens läuft jeder Fußgänger bei Rot über die Straße und zweitens mischen sich Franzosen nicht in Dinge ein, die »sie nichts angehen«. Jeder ist für sich selbst verantwortlich und wird nicht von anderen, die er nicht kennt, gemaßregelt.

Katja wiederum ist gleich mehrfach angeeckt im Laufe dieses geschäftlichen Essens. Sie hat sich mit ihrer Rolle als schmückendes Beiwerk an dem Abend keineswegs zufriedengeben wollen, und statt die brave »Assistentin« zu spielen, hat sie nach einer Weile ein Gespräch mit der Gattin des Geschäftspartners angefangen. Das ist in diesem Fall nicht erwünscht, fast unhöflich. Die Frauen sollen das Gespräch ihrer Männer möglichst bereichern, mit netten kleinen Zusatzbemerkungen, und sich nicht in ein unabhängiges Zweiergespräch begeben, das Desinteresse an der eigentlichen

Kommunikation signalisiert. Aus Höflichkeit ist die andere Dame auf Katjas Schritt eingegangen, hätte ihn aber vermutlich nicht von sich aus getan. Es ziemt sich einfach nicht, an einem solchen Abend den Alleingang zu mimen.

Der wirkliche Fauxpas allerdings war Katjas Versuch, in dieser Konstellation über das aktuelle politische Geschehen in Frankreich zu sprechen. Bei einem offiziellen Geschäftsessen gibt es regelrechte No-go-Gesprächsthemen und dazu gehören Politik und Religion. Im Grunde zählt alles dazu, was unterschiedliche Meinungen und somit Dissonanzen hervorrufen könnte. Die Meinung des Einzelnen steht im geschäftlichen Zusammensein nicht im Vordergrund, vielmehr die leichte und entspannte Stimmung, die alles umschifft, was die leiseste Möglichkeit zum Konflikt bietet. Es ist ein ungeschriebenes Gesetz, dass bei Geschäftsessen Smalltalk gehalten wird, die Partner sich über allgemeine und vor allem »neutrale« Themen austauschen, bevorzugt übers Essen, gerne auch über (halbwegs) Privates. Es geht um eine gute Stimmung und nicht darum, schnell und effektiv ans Ziel zu kommen.

Dass man genau durch dieses nette Geplänkel, das niemandem weh tut, einen fruchtbaren Nährboden schafft, um schließlich mit einer einzigen, wie nebenbei eingestreuten Bemerkung zum gewünschten Ergebnis zu gelangen, hatte Katja nicht nachvollziehen können. Stattdessen wollte sie durch ihre Frage zur aktuellen Politik etwas mehr Tiefgründigkeit in das Gespräch bringen und, wenn es ihr möglich gewesen wäre, das Ganze beschleunigen. Was ihr allerdings heftig missglückte, wie das allgemeine Schweigen überdeutlich zeigte. Deutsche Geschäftspartner pflegen im Geschäftsalltag einen sachlicheren Umgang miteinander. Vermutlich war Katja deshalb verwundert über diese Form der »Verhandlung«.

Was können Sie besser machen?

Ob wir das gutheißen wollen oder nicht: Paula wird im Laufe ihres Austauschjahrs bestimmt noch ein paar Mal bei Rot über die Straße gehen. Einfach um sich zugehörig zu fühlen und nicht immer wie die deutsche Korrektheit in Person dazustehen. Spätestens mit einer Gruppe Franzosen wird sie nicht mehr zögern. Denn es gehört einfach dazu, in Frankreich mit Selbstverständlichkeit und einem gewissen Stolz bestimmte Regeln zu missachten. Vielleicht ist das auch noch ein Rest Revolutionsgeist, der sich in dieser Form im Alltag bemerkbar macht.

Katja hätte sich während des Essens stärker zurücknehmen und sich den Spielregeln, in diesem Fall der Herren, doch ein wenig mehr fügen sollen. Auch wenn ihr das schwerfiel. Wenn sie etwas zur gepflegten Konversation hätte beitragen wollen, hätte sie zum Beispiel darüber berichten können, wie es ihr in Frankreich gefällt (sehr gut natürlich!) und was sie besonders begeistert (vielleicht das Essen?). Denn hier ging es um das gute Verhältnis zweier Geschäftspartner, die erst dann über harte Fakten reden können, wenn sie sich ein bisschen aufgewärmt haben. Frühestens beim Nachtisch oder beim anschließenden Kaffee wird übers Geschäftliche gesprochen. Frei nach dem Motto: Erst das Vergnügen, dann die Arbeit. Franzosen lieben eben das gepflegte, ästhetische und sinnliche Gespräch – ob beruflich oder privat (das werden wir im nächsten Kapitel sehen). Und davon könnten wir Deutschen uns hier und da auch eine Scheibe abschneiden.

37 Regen und Sonnenschein
Wie Katja an der hohen Kunst der Konversation scheitert

Paula lehnte sich gemütlich auf den Stufen vor Sacré-Cœur zurück – Katja hatte eine Decke mitgebracht –, ließ ihren Blick über die Dächer von Paris schweifen und lauschte weiter ihrer deutschen Freundin.

»Wir waren schon seit zwei Wochen in der Normandie und es regnete und regnete«, erzählte Katja. »Ich hatte längst die Innenstadt von Rouen besichtigt, *la ville aux cents clochers* (die Stadt der hundert Glocken), mit ihren unzähligen Kirchen und der berühmten Kathedrale Notre-Dame de Rouen. Da musst du unbedingt mal hinfahren, Paula. Diese kleinen Gässchen sind sehr beeindruckend, man könnte dort ohne Umbauten hier und heute einen historischen Mittelalterfilm drehen. Ganze Straßenzüge stammen aus dem 13. und 15. Jahrhundert und faszinieren durch ihr farbiges Fachwerk. Obwohl sehr viel im Zweiten Weltkrieg zerstört wurde, besitzt Rouen noch ungefähr zweitausend mittelalterliche Fachwerkhäuser. Es ist fantastisch, sich ein wenig im Herzen dieser Stadt treiben zu lassen. Ich habe sogar den Turm bestiegen, auf dem sich *le Gros Horloge* befindet, eine große astronomische Uhr aus dem 14. Jahrhundert. Danach habe ich das sogenannte Pest-Beinhaus *L'aître Saint-Maclou* besichtigt, dessen Totentanzschnitzereien mir Gänsehaut bereitet haben. Kein Wunder, dass die Franzosen nicht besonders gut auf die Engländer zu sprechen sind: Bereits 1419 hatten diese die Stadt erobert, und auf der Place du vieux marché (Alter Marktplatz) ist noch der Stein zu sehen, auf dem die britische Krone am 30. Mai 1431 die französische Heilige Jeanne d'Arc verbrennen ließ. Ich konnte mir den Scheiterhaufen bildlich vorstellen, fast, schien mir, waren die Schreie noch zu hören. Und auch die Deutschen haben überall sichtbare Narben hinterlassen: Eine für Jeanne d'Arc errichtete Kirche aus dem 16. Jahrhundert wurde bei Bombenangriffen 1944 zerstört, doch die klugen Normannen haben vorher die originalen Kirchenfenster gerettet und in die neue Kirche Sainte-Jeanne-d'Arc 1979 eingebaut. Als Deutsche habe ich mich doch ein bisschen komisch gefühlt, obwohl mir das gleichzeitig albern vorkam. Ich versuchte, meinen Akzent zu verbergen, wollte lieber als Holländerin durchgehen. Ich glaube, die Franzosen hätten den Unterschied wohl nicht mal bemerkt, aber na ja.

Zwischen all den kleinen Reisen in die Vergangenheit saß ich dann mit der Familie meines Mannes am Tisch, bei diesem schlechten Wetter viel und lang. Die Geselligkeit hat mir gefallen und auch das gute ausgiebige Essen. Nur wollte es mir einfach nicht gelingen, einen interessanten Beitrag zur allgemeinen Kommunikation beizusteuern. Es wurde über Tennis gesprochen und hauptsächlich übers Essen und das Wetter. Oder über Bekannte, die ich nicht kannte. Ich schwieg und manchmal langweilte ich mich. Und ich habe mich gefragt, ob es an mir lag, dass sich keiner traute, in meiner Gegenwart über politische Themen, über Umweltschutz oder berufliche Entscheidungen zu sprechen? Das war doch schließlich kein Geschäftsessen, dachte ich. Dass da andere Regeln galten als in Deutschland, hatte ich ja mittlerweile verstanden.

Ich nahm mir vor, den anderen endlich das Gefühl zu geben, dass sie mit mir ganz offen sein konnten, indem ich einfach von selbst ein mir wichtiges Thema ansprach. Ich suchte also krampfhaft nach einem geeigneten Gesprächsthema für das bevorstehende Mittagessen und entschied mich für den neuen Skandal des französischen Präsidenten. Dazu konnten wenigstens alle etwas beisteuern, und ich kam nicht so neunmalklug daher. Es gab Bohnen und Kartoffeln – ehemals tiefgefroren und vorgewürzt – und dazu ein großes Stück Entrecôte, für alle roh und blutig und für mich gut durch, also ziemlich hart. Sofort wurde über das Fleisch gesprochen, wo es gekauft worden war und dass es sehr gut schmeckte, was es wohl zum Abendessen gäbe und was es neulich bei Freunden gab. Ich versuchte einzustimmen, dass es köstlich sei, doch es kam mir vor, als glaubte man mir nicht. Niemand ging auch nur ansatzweise auf meinen Kommentar ein. Als eine Pause entstand, fasste ich mir ein Herz und fragte schnell, aber so, dass es alle gut hören konnten: »*Qu'est-ce que vous pensez de Sarkozy?*« (Was halten Sie eigentlich von Sarkozy?) Befremdliche Stille. Auch Matthieu war plötzlich intensiv mit seinem Essen beschäftigt. Da keiner antwortete, richtete ich mich direkt an den Vater, den Herrn des Hauses. »*On a entendu en Allemagne qu'il y avait ce grand scandale.*« (In Deutschland hat man von diesem großen Skandal gehört.) Nach einer kurzen Pause kam endlich ein leises »Ah« seitens meines Fast-Schwiegervaters, der dabei keine Sekunde von seinem Teller aufschaute, sondern ruhig fortfuhr: »*On entend beaucoup de choses. Je ne sais pas. Je ne peux pas juger.*« (Ach, man hört so einiges. Ich weiß nicht. Ich kann es nicht beurteilen.) Und kaum hatte er das zu Ende gesprochen, fügte er hinzu. »*Elle est vraiment bonne, cette viande!*« (Es ist wirklich gut, dieses Fleisch!) Ich konnte es nicht fassen, Paula! Es musste doch um Himmels willen möglich sein, ein einigermaßen gehaltvolles Tischgespräch zu führen? Wir waren doch in Frankreich, dem Land der Philosophen, der großen Dichter und Denker. Das erste, was ich im Französischunterricht gelernt hatte, war, wie sehr die Franzosen ihre Sprache liebten. Warum in Gottes Namen sprachen sie dann hier ständig nur über Fleisch und Regen?

Ich wagte einen zweiten Versuch: »*Et que dites-vous de la nourriture biologique?*« (Und wie stehen Sie zu biologischer Ernährung?) Mein Freund schaute mich leicht verärgert, fast flehend an. Ich hörte also auf zu fragen und stocherte energisch in meinem Entrecôte herum. Wieder nur allgemeines Schweigen, und als ich mich auf die inzwischen kalten Bohnen konzentrierte, war man auch schon wieder beim Wetter. Wie lange es wohl noch so regnen würde und dass am Nachmittag wieder Tennis im Fernsehen zu sehen sei. Das Tournoi de Roland-Garros, der offizielle Name der French Open, das wollten sie alle zusammen schauen. Ich wusste nicht, ob ich wütend oder einfach nur irritiert sein sollte. Wie konnte man denn so gar keine Meinung haben? »*Pour moi, il n'y a pas moins interessant que de regarder un match de tennis à la télé*« (Für mich gibt es nichts Langweiligeres, als ein Tennisspiel im Fernsehen anzuschauen), sagte ich provokativ. Keiner reagierte auf meinen Beitrag. »*Je vais chercher la salade*« (Ich werde den Salat holen), sagte meine Fast-Schwiegermutter. Und als sie gegangen war, unterhielten sich Matthieu und sein Vater darüber, wer wohl das

Tennismatch gewinnen würde. Den Nachmittag, beschloss ich, würde ich wieder in der Altstadt und in den herrlichen Dessousläden von Rouen verbringen.«

Was ist diesmal schiefgelaufen?

Hier prallen deutsche Direktheit und französische Vornehmheit geradezu köstlich aufeinander. Mit jeder Frage, die Katja stellt, die nicht das Essen, das Wetter oder das letzte Tennismatch betrifft, katapultiert sie sich ins Aus der Tischunterhaltung. Denn zum einen ist sie noch nicht offiziell Teil der Familie und damit auch keineswegs befugt, die Themen am Tisch auf so direkte Art und Weise vorzugeben. Auch wenn das keineswegs bestimmend oder tonangebend von ihr gemeint war. Und zum anderen sind die Themen, die Katja in ihrer Verzweiflung ausgewählt hat, genau die falschen. Weder Politik noch Bionahrung sind in Frankreich eine willkommene Mittagstischablenkung. Zu dieser Tageszeit, besonders im Urlaub, möchte man sich leicht und unverfänglich unterhalten, das Gute und Schöne loben und den weiteren Verlauf des Tages beplaudern. Da haben Sarkozy und biologische Trends, die ohnehin in Frankreich unbeliebt sind, genauso übrigens wie die Frage der Mülltrennung, einfach nichts zu suchen. Deshalb wird darauf auch kaum oder gar nicht eingegangen. Selbst Katjas Freund sitzt hier zwischen den Stühlen, denn er hat die Lage sofort durchschaut, möchte aber seine Liebste auch nicht vor den anderen zurechtweisen. Zumal er weiß, dass sie sich das als gleichberechtigte Frau auch nicht gefallen ließe. Also hat er ihr durch seinen Themenwechsel zu verstehen gegeben, dass sie sich thematisch auf einem Holzweg befindet. Zurückhaltend und dennoch bestimmend, so wie es die Höflichkeit der Franzosen verlangt.

Was können Sie besser machen?

Es gilt also größte Sorgfalt sowohl bei der Themenauswahl als auch bei der Art und Weise des sich Einbringens, wenn man in Frankreich zu Tisch gebeten wird. Hätte Katja angefangen, über die aktuelle Filmlandschaft zu sprechen und dann von ihrem Lieblingsfilm erzählt, locker, charmant und unterhaltsam, und anschließend gefragt, ob jemand den Film auch mag oder einen anderen empfehlen könne, wäre das für alle etwas »bekömmlicher« gewesen. Ob mit oder ohne Katja, ob privat oder geschäftlich, gewisse Themen werden bei Tisch einfach nicht angesprochen.

La conversation

La conversation ist in Frankreich eine hoch bewertete Kunstform. Für die Franzosen bedeutet sie nicht nur, dass man jemanden von seiner Idee überzeugen kann, sondern es geht vor allem darum, sowohl in der Schriftsprache als auch im mündlichen Ausdruck besonders eloquent zu sein. Um Meister dieser Kunst zu werden, beginnen die Franzosen damit bereits im Kindergarten; sie lernen, bei jeder Gelegenheit hübsch »danke, Mama« und »bitte, Mama« zu sagen, nicht laut zu sein, immer zu gehorchen und auf Fragen stets höflich und geistreich – soweit es für ein Kindergartenkind möglich ist – zu antworten. Schule und Universität dienen in erster Linie dazu, den Umgang mit der französischen Sprache zu perfektionieren. Während in der Schule vor allem das Schriftliche geschult wird, legt man in der Universität großen Wert auf die akkurate mündliche Beherrschung des Französischen. Dafür gibt es feststehende Redewendungen und Formulierungen, die sich jeder Student anzueignen hat.

Dabei dient die Kunst der Konversation in erster Linie dazu, eine gute Figur zu machen, nicht um Ansichten und Meinungen auszutauschen. Während Deutsche oft eine Kommunikation mit der

Frage beginnen »Was machen Sie beruflich?« oder »Wie heißen Sie?«, kann eine solche Frage in Frankreich schnell unhöflich und indiskret wirken. Franzosen sprechen zunächst am liebsten über das Wetter, über Regen und Sonnenschein: *la pluie et le beau temps*. Wenn sich die Kommunikation als gut erweist, geht man langsam zu persönlicheren Themen über. Doch auch hier geht es wieder darum, selbst eine besonders gute Figur abzugeben. Ideen werden in die Runde geworfen, man kommt vom Hundertsten ins Tausendste (*passer du coq à l'âne*; wörtlich: vom Gockel zum Esel kommen), antwortet auf ernste Fragen mit Witzen oder unterbricht seinen Gesprächspartner mitten im Satz – wenn man die hohe Kunst der Konversation beherrscht. Es ist die ewige Lust am Spiel. Gewonnen hat der, dem beim verbalen Schlagabtausch das letzte Wort gehört und dabei äußerst diskret und entspannt geblieben ist. *Le bon mot* (das schöne Wort) ist, was zählt, auf die Verpackung kommt es an. Und wenn man das einmal weiß und am besten ein paar Mal beobachtet hat, kann die verspielte Leichtigkeit, mit der dann auch ernstere Dinge des Lebens auf den Tisch kommen, großen Spaß machen.

38 Ein Sprung ins kalte Wasser *oder* eine haarige Angelegenheit

Paula schafft es immer, deutsch auszusehen

Es war eine tolle Idee von Katja gewesen, sich im Quartier Les Halles zu treffen. Paula liebte das bunte Treiben in den Straßen mit ihren vielen Boutiquen, Secondhand- und auch Sexshops. Doch die Markthallen selbst hatte sich Paula ganz anders vorgestellt. Anstelle des im zwölften Jahrhundert erbauten Marktzentrums, dem sogenannten »Bauch von Paris«, den Émile Zola in seinem Roman »Le ventre de Paris« (1873) beschreibt, stand vor ihnen ein riesiges modernes Einkaufszentrum – Forum Les Halles. Paula war enttäuscht.

»Die gusseiserne Halle aus dem 19. Jahrhundert ist schon 1969 abgerissen worden. Hier klaffte lange Zeit *le trou de Paris*, das ›Loch‹ von Paris, eine Riesenbaustelle«, erklärte Katja ihrer Freundin. »Keine Angst, ich habe dich nicht in eine Shopping-Mall entführt. Hier gibt es auch Kinos, Theater, Restaurants, Cafés, das Centre Océanique Cousteau und das Musée Français de l'Holographie«. Paula war alles andere als überzeugt. »Komm mit, du wirst deinen Spaß haben.« Katja zog sie hinein und bald standen die beiden an der Kasse eines riesigen Schwimmbades. »Das ist eine Überraschung für dich«, sagte Katja und kaufte zwei Tickets. »Du willst ernsthaft schwimmen gehen? Ich habe überhaupt keine Badesachen dabei.« Katja zwinkerte. »Ich aber«, sagte sie und zog einen Badeanzug und ein Handtuch für Paula aus ihrer großen Tasche. Paula musste grinsen: »Man merkt schon, dass du deutsch bist.« »Und du auch«, erwiderte Katja zufrieden, »sonst wärst du jetzt niemals mitgekommen.«

Katja hatte nicht zu viel versprochen – das Schwimmbad war gigantisch. Die Bahnen 50 Meter lang und der Sprungturm 15 Meter hoch. »Es ist das größte Schwimmbad von Paris«, sagte Katja, während sie vorausging. Paula folgte ihr mit offenen Augen. »Lass uns hier die Liegen nehmen«, sagte Paula und belegte mit ihrem Handtuch eine weiße Liege in einer ruhigen Ecke der Halle. Und bevor Katja etwas erwidern konnte, schrie Paula begeistert: »Wer als Erstes im Wasser ist!«, und sprang auch schon hinein. Katja folgte ihr. Nachdem sie ein paar Bahnen geschwommen waren, eilte Paula zu ihrem Handtuch zurück, um sich abzutrocknen und auf ihrer Liege niederzulassen. Doch ihr Handtuch war beiseitegeschoben und dort lag jemand anderes. Dieser jemand war ein alter dicker Mann und er lag sogar noch zu einem Teil auf Paulas Handtuch. Empört zog sie es unter seinem Hintern weg. Der Mann wachte auf, und bevor Paula losmeckern konnte, ging Katja mit einem gesäuselten »*Excusez-moi, Monsieur*« dazwischen. »Unverschämtheit«, zischte Paula, und die beiden Frauen ließen sich auf anderen Plätzen nieder.

Doch nach kurzer Zeit war Paulas schlechte Stimmung verzogen, und sie und Katja lachten schon wieder herzhaft. Und zogen damit die Aufmerksamkeit einer Gruppe Jugendlicher auf sich, die gerade an ihnen vorbeischlenderte. Die Jungs schauten Paula von oben bis unten an und fingen dann auch wie verrückt an zu lachen. »Worüber lachen die denn?«, fragte Paula verunsichert. Katja schaute nun ebenfalls mit Adleraugen an Paula herunter: »Ich glaube, ich weiß, warum ...«

Was ist diesmal schiefgelaufen?

Vom Beckenrand ins Wasser zu springen, ist nicht nur in deutschen Schwimmbädern verboten, erst recht ungeduscht. Doch das nur am Rande. Den eigentlichen Fauxpas hat Paula ganz woanders begangen. Ein typisch deutsches Verhalten, das in Frankreich gar nicht gut ankommt: mit seinem Badehandtuch einfach eine Liege zu belegen. Es ist nicht nur ein Klischee: Die Deutschen erkennt man im Urlaub daran, dass sie morgens noch vor dem Frühstück an den Pool gehen, eine Badeliege mit ihrem Handtuch blockieren und dann manchmal erst Stunden später wieder aufkreuzen. Das gilt in Frankreich als schlichtweg unmöglich – und es hält sich auch keiner daran. Es kann einem also durchaus passieren, dass man zurückkommt und sich jemand anderes auf der »reservierten« Liege niedergelassen hat. Das Nicht-Blockieren gewährleistet, dass es eigentlich immer eine freie Liege gibt, wenn man eine braucht. Eine weitere Peinlichkeit, für die die Jungs Paula auslachen, ist ihre Körperbehaarung. Paula hat es schlichtweg versäumt, sich die Beine zu rasieren. Während behaarte Frauenbeine in Deutschland nichts Besonderes sind, sind sie in Frankreich ein absolutes No-go. Das gilt erst recht für Achsel- oder sichtbare Schamhaare.

Was können Sie besser machen?

Wenn Sie nicht unangenehm auffallen und allgemeinen Unmut auf sich ziehen möchten: Blockieren Sie keine Liegen oder Sitzplätze, die Sie nicht ausdrücklich gebucht haben (wie zum Beispiel im Theater). Versuchen Sie sich an die Körperhygiene der Franzosen zu halten und entfernen Sie sichtbares Körperhaar (Achseln, sichtbare Schamhaare, Unterschenkelbereich der Beine) entweder mit einem Rasierer oder in einem – auch in Deutschland mittlerweile in fast jeder Stadt anzutreffenden – Enthaarungsstudio, wo Körperhaar mit Wachs (relativ) kurz und schmerzlos entfernt wird. Oder Sie lassen es sein und stehen souverän über möglichen Blicken.

Für Männer, die ein Schwimmbad besuchen, gilt: Bitte tragen Sie keine langen weiten Badehosen. Zu viele Menschen tragen auch außerhalb des Pools solche Shorts, weswegen sie aus hygienischen Gründen in französischen Schwimmbädern tabu sind. Das, was Amerikaner belustigt *Speedo* nennen, nämlich hauteng anliegende Männerbadehosen, ist in Frankreichs Schwimmbädern nach wie vor das einzig erlaubte Herren-Bekleidungsstück. Man wird wirklich mit einer großen Badehose nicht ins Schwimmbad gelassen! Das gilt auch schon für kleine Kinder! Auch Babys und Kinder müssen Schwimmwindeln oder/und Badehosen tragen, die eng anliegen.

Wundern Sie sich nicht, wenn es gemischte Dusch- und Umkleidebereiche gibt, das finden die Franzosen ganz normal.

39 Verlan – wer was?

Wie Paula sich in der Buchstabensuppe verheddert

Juliana sah aus wie eine kolumbianische Tänzerin. Sie trug riesige Kreolen, hatte verschieden lange Ketten und ein glitzerndes, buntes Tuch um den Hals. Paula war beeindruckt. »*Ça te plaît?*« (Gefällt es dir?), fragte Juliana, als Paula in ihr Zimmer kam. »*Trop cool!*« (Echt cool!) Die beiden Mädchen waren allein zu Hause. Julianas Eltern hatten sich fürs Wochenende aufs Land zurückgezogen, und endlich hieß es: sturmfrei. Und das wollten sie ausnutzen. Paula fand sich plötzlich ganz schön langweilig in ihrem Jeans-T-Shirt-Look und fragte Juliana, ob sie noch etwas für sie zum Anziehen hätte. Als die beiden Mädchen schließlich die Wohnung verließen, sah das Bad aus, als hätte eine Bombe eingeschlagen, und der teure Gin von Julianas Vater hatte für den Aperitif herhalten müssen. Heute wollten die beiden Spaß! Es war schließlich Samstag und sie waren in Paris. Das erste Ziel war die Party von François, ein langweiliger Klassenkamerad, dessen Eltern ebenfalls verreist waren und der die halbe Schule in den Partykeller eingeladen hatte. Allerdings wohnte François in Saint-Germain-en-Laye, nicht weit von der Schule, und sie hatten eine Stunde mit dem RER vor sich. Als sie den Weg zum Haus hinaufliefen, war Paula fast sprachlos. Was für ein Anwesen! Der Garten war erleuchtet, der Pool auch und das Haus selbst war einfach nur riesig. Schön oder hässlich, es war gigantisch. »*Et alors?*« (Na, und?), sagte Juliana und hakte sich bei Paula unter. Sie würden nur so lange bleiben, wie sie wollten. Ganz Paris lag ihnen heute schließlich zu Füßen. Der Partykeller tobte, Juliana traf gleich mehrere Leute und Paula setzte sich mit einem Cocktail auf eines der vielen weißen Sofas. Wahnsinn, dieser Luxus!

»*Pas mal, la ›cinepi‹.*« (Nicht schlecht, die »cinepi«.) Ein dunkelhaariger Typ mit Sonnenbrille hatte sich zu Paula aufs Sofa gesetzt. »*Comment?*« (Wie bitte?) »*Vâchement cool, la piscine!*« (Tierisch cool, der Swimmingpool!) »*Ah, oui!*« »*Je suis Michel. T'as envie d'un ›tarpé‹?*« (Ich bin Michel. Hast du Lust auf ein »tarpé«?), fragte er Paula. »*Quoi?*« (Was?) Der Typ reichte ihr seinen Joint und Paula, die eigentlich nie rauchte, nahm vorsichtig einen kleinen Zug. Vor diesem James Dean wollte sie auf keinen Fall wie die langweilige Austauschschülerin wirken. Und heute war Party angesagt! »*Ça te plaît, la ›teuf‹?*« (Gefällt dir die »teuf«?) Irgendwie kam und kam Paula nicht mit. Lag das an dem Zeug oder verstand sie plötzlich kein Französisch mehr? Und wo um Himmels Willen steckte Juliana? »*Désolée, il faut que je cherche ma copine!*« (Entschuldige, aber ich muss meine Freundin suchen!) »*C'est pas la ›meuf‹, là-bas?*« (Ist das die »meuf« da drüben?) Paula verstand schon wieder nichts. Wie der redete, mit seiner albernen Sonnenbrille. Das war ihr alles zu blöd, sie stand einfach auf, hauchte ein »*Salut*« in seine Richtung und hoffte, der würde ihr heute nicht noch einmal über den Weg laufen.

Juliana stand umzingelt von drei Jungs in der Mitte des Kellers und lachte laut und herzhaft. Paula beneidete sie um ihre Lockerheit, ihre Schlagfertigkeit und die gute Laune, die sie immer ausstrahlte. Danach konnte man fast süchtig werden. »*Ça va?*« Paula mischte sich in die Gruppe, ihr Kopf drehte sich leicht, aber angenehm, und Juliana stellte sie stolz als ihre beste Freundin vor. Das ging runter wie Öl. Der Abend hielt noch einiges für sie bereit, das fühlte Paula jetzt und hatte den komischen Typen mit seinen noch komischeren Begriffen schon fast wieder vergessen. Juliana schlug vor, die Party zu verlassen, um noch tanzen zu gehen. Sie wusste von ein paar Freundinnen, dass die in einem angesagten Schuppen in der Rue Oberkampf waren. Paula wollte unbedingt mit. Die schlechte Laune hatte sie bei dem Typen und seiner blöden Geheimsprache gelassen. Kurz darauf tanzten die beiden umzingelt von jungen Männern und ließen sich einen Drink nach dem anderen spendieren. Wie gesagt, ganz Paris lag ihnen zu Füßen!

Was ist diesmal schiefgelaufen?

Saint-Germain-en-Laye ist einer der reichsten Vororte von Paris, eine Stadt im Westen der Hauptstadt in der Region Île-de-France. Hier wohnen mehrheitlich Diplomaten, Ärzte und Anwälte. Und eben viele Familien, die ihre Kinder auf die internationale Schule schicken, damit sie möglichst viele Fremdsprachen lernen und für die globale Geschäftswelt gerüstet sind. Daher erstaunt es überhaupt nicht, dass der Partykeller luxuriös und großzügig ausgestattet ist. So lebt man in dieser Gegend und das zeigt man gern. Die Beleuchtung rund um das Haus dient nicht nur dem Schutz vor Diebstahl, sondern ist durchaus auch dafür da, um Eindruck zu schinden. Paula war nicht nur dadurch verunsichert. Der Typ, der sie angesprochen hatte, hat mit Worten um sich geworfen, die Paula einfach nicht kannte. Kein Wunder, handelte es sich doch um Begriffe aus einer ganz eigenen Jugendsprache, dem sogenannten *Verlan*. Als Ausländer muss man diesen Slang richtiggehend lernen, wie ein zweites Französisch, will man sich sicher darin bewegen.

Verlan

Verlan wird in Frankreich seit den Sechzigerjahren vor allem unter Jugendlichen gesprochen. Inzwischen ist es eine weit verbreitete und beliebte Form der Umgangssprache, die keineswegs in den *banlieues*, den Vororten von Paris, erfunden wurde, wie immer wieder behauptet wird, sondern eine lange Tradition in ganz Frankreich hat. Schon im 15. Jahrhundert wurde das Prinzip der »Buchstabenverdrehung« verwendet. Heute hat es seinen festen Platz in der Popkultur, unter Jugendlichen aus allen Schichten und sogar in den Medien. Man kommt also kaum noch drum herum.

Das Grundprinzip des *Verlan* beruht darauf, die Silben eines Begriffs zu vertauschen und so ein neues Wort zu schöpfen. Sogar die Bezeichnung »*Verlan*« ist schon in *Verlan* verfasst: Sie kommt nämlich vom französischen *à l'envers* (umgekehrt). Die Schwierigkeit für das Verständnis des *Verlan* besteht darin, nachzuvollziehen, welche Silben verdreht wurden. So wird aus der *métro* dann *tromé* und aus *bizarre* (komisch) *zarbi*. Eine andere Verdrehungsmethode ist die Folgende: Man nimmt den ersten und letzten Konsonanten eines Wortes, vertauscht diese beiden und setzt ein »eu« dazwischen. So zum Beispiel bei *femme* (Frau), sodass am Ende *meuf* herauskommt. Oder auch *fête*, die durch dieses Prinzip zu *teuf* wird. Die ursprünglichen Begriffe stammen oft auch schon aus der Umgangssprache, was das Verständnis natürlich noch erschwert. Der junge Mann, der Paula etwas zu rauchen angeboten hat, ging von dem Wort *pétard* aus, das umgangssprachlich für Joint steht. Daraus wurde dann *tarpé*. Genauso wie der Begriff *mec* für »Typ«, aus dem dann *keum* wird. Dieses Spiel kann unendlich fortgeführt werden.

Was können Sie besser machen?

Paula hätte einfach die Begriffe erfragen können, die sie nicht kannte, um sich deren Bedeutung erklären zu lassen. Statt wegzurennen, hätte sie vielleicht mit dem geheimnisvollen Sonnebrillenträger am Ende sogar ein charmantes Zwiegespräch führen und nebenbei noch etwas lernen können. Aber der Abend war ja noch jung …

40 Es weihnachtet

Wieso Paula es nicht schafft, Katja einzuladen

Es war schon spät im Jahr und die Straßen von Paris hatten sich in ein Lichtermeer verwandelt. Zwischen den Häusern waren unendlich viele Lichterketten gespannt, Geschäfte und Schaufenster waren liebevoll dekoriert. Es war kalt, doch das war für die Pariserinnen kein Grund, sich nicht schick anzuziehen und kurze Röcke zu tragen. Eine von diesen Pariserinnen war Paula. Obwohl ihr Atem in der Luft gefror, hatte sie sich an die Mode angepasst und trug stolz und glücklich eine hübsche Strumpfhose und einen relativ kurzen Wollrock zu den eleganten Stiefeln. Mit jedem Schritt atmete sie die klirrend kalte Luft tief ein, während sie durch St. Germain-des-Prés in der sogenannten *Rive gauche* schritt. Als sie den Platz St. Germain überquerte, betraten gerade zwei Priester ein Cafe und ein Mann spielte auf dem Akkordeon Weihnachtslieder.

Rive droite und *Rive gauche*

Paris wird durch die Seine in zwei Hälften getrennt, die zwar längst zu einer Stadt zusammengewachsen sind und doch unterschiedlicher nicht sein könnten. Die *Rive droite* (rechtes Ufer), nördlich der Seine, das ist dort, wo das Geld verdient und wieder ausgegeben wird, das Paris der Finanzen und des Handels. Hier befindet sich das Geschäftsviertel Les Halles, die glamouröse Einkaufsstraße Champs-Élysées, hier haben die großen Kaufhäuser *Galeries Lafayette* und *Le Printemps* ihren Platz sowie die teuren Designer-Boutiquen der Rue du Faubourg Saint Honoré.

Die andere Seite, die *Rive gauche* (linkes Ufer), südlich der Seine gelegen, wird als Intellektuellenviertel bezeichnet. Sie verläuft vom Quartier Latin über St. Germain-des-Prés bis hin zum Montparnasse-Viertel. Hier haben sich Wissenschaft und Kunst niedergelassen, hier sitzt die berühmte Universität Sorbonne, hier haben sich fast alle bedeutenden Verlage, die meisten Buchhandlungen und Galerien angesiedelt. Wer die *Rive gauche* liebt, verachtet die *Rive droite* und umgekehrt. Ein altes Spiel, das nur zu gern kultiviert wird, und doch ist längst unumstritten: Nur zusammen ergeben sie das Paris der Gegensätze, das wir alle so lieben.

Paula kam etwas verspätet in das ehrwürdige *Les Deux Magots*, wo Katja sie mit einem strahlenden Lächeln erwartete. »Ich dachte, das musst du mal sehen«, begann sie gleich. »Dieses Café gehört einfach zu Paris. Es war ab 1885 und vor allem in den Zwanziger- und Dreißigerjahren des letzten Jahrhunderts Treffpunkt für Künstler, Literaten und Intellektuelle.« Paula schaute sich neugierig um. Lebensgroße, aufwendig geschnitzte und bemalte Holzfiguren schauten auf die Gäste herab. Diese und auch der Rest der Einrichtung wirkten fast etwas asiatisch. Komisch. »André Gide, Simone de Beauvoir, André Bréton, Sartre, Truffaut ... alle waren hier. Heutzutage wird hier sogar ein eigener Literaturpreis vergeben!« Paulas Augen strahlten. Katja bestellte zwei *tartes aux cerises* (Kirschkuchen) und *café au lait* dazu.

»Was machst du an Weihnachten?«, fragte Paula, während sie genüsslich an ihrem Milchkaffee nippte. »Wir bleiben diesmal hier und die Verwandten kommen zu uns.« Paula war beeindruckt »Toll, das stelle ich mir wirklich schön vor, Weihnachten in Paris.« »Nein, eigentlich ist Weihnachten in Deutschland viel schöner«, entgegnete Katja. »Viele Traditionen sind in Frankreich nicht so erhalten geblieben und werden jetzt sogar aus Deutschland übernommen. Wie zum

Beispiel die Weihnachtsgans. An Weihnachten hat man in Frankreich immer das Beste und Teuerste gegessen, also Austern, *foie gras*, Räucherlachs. Dazu natürlich Champagner. Manche essen auch Schnecken und Froschschenkel an Weihnachten. Hauptsache, es ist etwas Besonderes. Aber mittlerweile gibt es Austern das ganze Jahr über und Räucherlachs ist wirklich nichts Besonderes mehr.« »Stimmt«, sagte Paula, »und irgendwie freue ich mich schon auf Deutschland, auf den Schnee, das Plätzchenbacken, auf die Weihnachtsgans und die Kerzen am Baum.« Ihr wurde ganz warm ums Herz bei dem Gedanken an Weihnachten daheim, fast so, als sei sie eine Soldatin und sehne den Fronturlaub herbei. »Ja, echte Kerzen am Tannenbaum gibt es hier nicht«, schmunzelte Katja. »Wollen wir noch ein bisschen shoppen gehen?«, fragte Paula. »Ich brauche noch ein paar Geschenke«. »Sehr gerne, wenn es nicht gerade hier in der teuren Gegend ist«, zwinkerte Katja zurück. »Ich lade dich ein«, sagte Paula und gab dem Kellner ein Zeichen. Doch bei einem Blick in den Geldbeutel stellte sie fest, dass sie erst noch zum Geldautomaten musste. Wie ärgerlich. »Tut mir leid, ich muss erst Geld abheben«, sagte sie zu Katja, und zum Keller gewandt: »*Je paie un café et une tarte aux cerises.*« (Ich zahle einen Kaffee und einen Kirschkuchen) »Lass doch«, sagte Katja, doch Paula winkte ab. »Du hast schon die letzten Male bezahlt. Und dafür reicht mein Geld noch.« Der Kellner brauchte einen Moment, bis er die Summen auseinandergerechnet hatte. »*Çe n'est pas facile*« (Das ist nicht leicht), sagte er leicht genervt. Also, der stellte sich an, dachte Paula. »*Vous êtes Allemandes?*« (Sind Sie Deutsche?) Paula nickte. Woran hatte er das jetzt gemerkt? Und unfreundlich war er plötzlich auch noch, da ließ sie es lieber mit dem Trinkgeld bleiben. Paula und Katja zahlten getrennt und verließen voller Shoppinglaune das *Deux Magots*.

Was ist diesmal schiefgelaufen?

In Frankreich zahlt man niemals getrennt. Man wird Sie also nie fragen »zusammen oder getrennt«, sondern immer eine Gesamtrechnung bringen. Sagen Sie also nicht *séparément* (getrennt), wenn Sie zahlen möchten, wenn Sie nicht als unhöflicher Geizkragen erscheinen wollen. Paula hat mit ihrer Entscheidung, dem unfreundlichen Kellner kein Trinkgeld zu geben, den Eindruck, sie sei ein Pfennigfuchser, noch verstärkt. Wenn Sie in einer größeren Gruppe in einem Lokal speisen, können Sie die Gesamtrechnung untereinander aufteilen. Das heißt: Rechnungssumme geteilt durch Anwesende; nicht: Ich hatte aber nur eine Vorspeise. Seien Sie großzügig!

Les Deux Magots bedeutet übersetzt »die zwei Händler«. Zu Beginn des 19. Jahrhunderts war hier ein Lagerraum für Kunstgewerbeartikel aus dem fernen Osten, daher die asiatischen Holzfiguren, der um 1885 in ein Café und Likörlokal umgewandelt wurde. Der ungewöhnliche Ort war Anziehungspunkt berühmter Schriftsteller und Maler, die *Les Deux Magots* zu dem ehrwürdigen Pariser Café machten, das es heute ist.

Was können Sie besser machen?

Paula hätte bereits etwas früher drauf achten müssen, sich nicht immer von Katja einladen zu lassen. Und spätestens in dem Moment, in dem sie ankündigt, für beide zu zahlen, sollte sie sich sicher sein, auch genügend Geld dabeizuhaben. Als sie bemerkte, dass ihr Geld nicht reicht, hätte sie einfach Katja zahlen lassen sollen, um sich ein anderes Mal zu revanchieren. Da Katja auch Deutsche ist, wusste sie das Verhalten ihrer Freundin einzuschätzen. Franzosen jedoch wären durch eine solche Handlung eines Freundes oder einer Freundin sehr irritiert gewesen. Wenn Sie Freunde oder Bekannte in Frankreich haben, werden Sie es schnell merken: Franzosen lieben es, ihre Gäste einzuladen. Auf einen Kaffee, auf ein Bier, auch zum Essen. Das ist ein feiner Zug. Sie sollten allerdings aufpassen, dass nicht immer Sie der oder die Eingeladene sind, denn das würde man Ihnen auf Dauer doch übel nehmen.

Weihnachten

Offizieller Weihnachtsfeiertag ist der 25. Dezember, nicht wie bei uns auch der 26. Es gibt einen Weihnachtsbaum, an dem man in Frankreich schon lange keine echten Kerzen mehr findet. Beschert wird in der Regel am Morgen des 25., denn *Père Noël* kommt in der Nacht vom 24. auf den 25. Er wird praktisch nie gesehen, daher ist es auch nicht üblich, sich als Weihnachtsmann zu verkleiden. Auch an Weihnachten wird in Frankreich natürlich eines getan: gegessen. Ein traditionelles Weihnachtsessen besteht aus: *foie gras*, Austern, Champagner und Räucherlachs. Also aus Delikatessen, aus allem, was lieb und teuer ist. Da es Räucherlachs mittlerweile in Hülle und Fülle gibt, tritt dieser zu Weihnachten etwas in den Hintergrund. Die deutsche Tradition der Weihnachtsgans ist in Frankreich zurzeit stark im Kommen, ebenso der alte Brauch, eine *dinde aux marrons* (einen Truthahn mit Maronen) zu essen. Traditionelles Weihnachtsdessert und ein absolutes Muss ist die *Bûche de Noël*, ein Kuchen, der das Aussehen eines Baumstamms oder eines Holzscheites hat. Der äußere dunkle Schokoladenüberguss umrandet meist einen hellen Biskuitteig, der mit Buttercreme gefüllt ist. Ursprünglich soll das Symbol des Holzscheites auf die Kelten zurückgehen – die Wintersonnenwende wurde mit brennenden Scheiten begrüßt. Brannten sie die ganze Nacht, brachte das Glück und einen guten Winter. Von dem Feuer ist den Franzosen die Form ihres Kuchens geblieben. Die *Bûche de Noël* wird in der Regel nach der Mitternachtsmesse am 25. Dezember serviert.

41 Mona Lisa mit Messer und Gabel

Warum Paula an den Tischmanieren scheitert

Die Schlange vor dem Louvre schien gar kein Ende nehmen zu wollen. Sie standen sich jetzt schon eine geschlagene Viertelstunde die Beine in den Bauch und es ging und ging nicht voran. »Irgendwie finde ich es fast besser, wir gehen einfach spazieren«, sagte Paula, die schlecht gelaunt war. »Quatsch!«, erwiderte Katja sofort. »Du kannst doch nicht ein Jahr in Paris gewesen sein, ohne ein einziges Mal die Mona Lisa im Original gesehen zu haben.« Da hatte sie auch wieder recht. »Wobei die Mona Lisa nicht mal das schönste Bild im Louvre ist. Und du wirst sehen, wie klein sie ist.« Katja erwartete irgendeine Reaktion, aber Paula hörte ihr gar nicht zu. »Was ist denn los mit dir? Wo drückt der Schuh?« Katja sagte das voller Humor, aber Paula war es ziemlich ernst. »Ach, irgendwie habe ich wirklich Probleme mit Claudine«, begann Paula. »Sie ist immer so perfekt oder zumindest will sie es sein. Und ich mache ständig alles falsch, so kommt es mir zumindest vor.« Katja ahnte, worum es ging, ließ Paula aber erst einmal reden. »Wir sitzen beim Abendessen, ich esse den Salat, sie schaut mich nur von der Seite an mit diesem Blick, der schon alles sagt. Dann essen wir Hühnchenkeulen, ich nehme sie in die Hand, um sie abzunagen, wieder kommt dieser Blick. Aber ich habe doch gelernt, dass man Geflügel in die Hand nehmen darf. Dann kommt die Nachspeise – Nektarinen. Die Dame des Hauses redet stundenlang darüber, ob sie jetzt schon reif genug sind oder nicht. Das ist mir echt zu viel. Ich nehme einfach eine Nektarine und beiße hinein. Punkt. Wieder dieser Blick. Da sehe ich, dass Madame die Nektarine mit Messer und Gabel isst. Ich versuche das auch – und schwups, fällt mir das ganze Ding unter den Tisch. Ich habe nicht nur meinen Rock eingesaut, sondern bin auch noch den Tränen nah. Musste Mona Lisa auch alles mit Messer und Gabel essen?«, fragte Paula schließlich und beide lachten. Die Schlange war noch lang genug, sodass Katja ihr in Ruhe antworten konnte.

Was ist diesmal schiefgelaufen?

Natürlich finden sich in Frankreich auch Menschen, die sich nicht an irgendwelche Vorgaben halten. Doch die meisten kleinen Franzosen und Französinnen bekommen in den frühesten Tagen ihrer Kindheit bereits Tischmanieren eingeimpft, denn diese gehören zum *savoir vivre*. Am guten, soll heißen richtigen Benehmen bei Tisch lässt sich die Erziehung ablesen und an der Erziehung die Stellung der Familie innerhalb der Gesellschaft. Das ist wichtig.

Zu diesen Tischmanieren gehört ohne Zweifel, dass man Hühnchenkeulen nicht in die Hand nehmen und wie ein Höhlenmensch abnagen darf, das wäre sehr unfein. In traditionellen Kreisen wird keine Speise mit der Hand berührt (außer Brot). Das gilt auch für Meeresfrüchte (Krebse und andere Schalentiere) und sogar für Obst. Es gibt Leute, die können eine Orange mit Messer und Gabel schälen, entkernen und essen. Auch wenn uns das manchmal an den Beginn des 20. Jahrhunderts erinnert, so legt man doch in vielen Kreisen in Frankreich großen Wert auf diese Manieren.

Was können Sie besser machen?

Grundsätzlich ist es natürlich immer ratsam, sich an die Tischmanieren eines Hauses anzupassen, wenn man von den Gastgebern respektiert werden will. Aber man muss es auch nicht übertreiben. Wenn Paula noch nie eine Nektarine mit Messer und Gabel gegessen hat, dann ist es wahrscheinlich ratsamer, es auch nicht zu versuchen. Zumindest dann nicht, wenn man es nicht alleine für sich schon einmal ausprobiert hat. Um zum Beispiel eine Orange mit Messer und Gabel zu essen, braucht es durchaus Übung. Die Frage ist: Warum sollte man sich das antun? Paulas Wille und Bereitschaft sich anzupassen, sind schon liebenswert an sich. Doch was für Paula ein Kulturunterschied ist, ist für Claudine ein Klassenunterschied, da diese sich wahrscheinlich nicht vorstellen kann, dass es in Deutschland üblich ist, Hähnchenschenkel im familiären Umfeld mit der Hand zu essen. Vielleicht könnte man dies thematisieren, um – wenn man sich denn mal aus Versehen daneben benommen hat – nicht den Eindruck zu hinterlassen, man hätte eine schlechte Kinderstube genossen. In vielen Situationen kann es durchaus hilfreich sein, sich vorab über die Tischmanieren zu informieren und sie im Falle des Falles auch zu beherrschen.

Die Top Five der Tischmanieren

1 Sich gerade halten, nicht vorn auf der Stuhlkante sitzen, sondern hinten, der Rücken berührt die Lehne. Beide Füße stehen auf dem Boden, nicht ein Bein über das andere schlagen. Und die Beine erst recht nicht unter den Hintern schieben.

2 Nicht den Kopf aufstützen, die Ellenbogen beim Essen vom Tisch nehmen. Sie nehmen sonst zu viel Platz ein und könnten den Nachbarn stören. Die Unterarme können locker die Tischkante berühren. Zwischen zwei Gängen, während der Konversation, ist es erlaubt, die Hände über dem Teller zu kreuzen, zusammenzufalten und dazu die Ellenbogen auf den Tisch zu stützen. Aber möglichst dicht am Teller.

3 Beim Essen, am Tisch, wird nie gelesen. Sie können mal darauf achten: In einem Café oder beim Hotelfrühstück wird man kaum ein Paar finden, das sich in seine jeweilige Lektüre vertieft. Der Esstisch gehört der Konversation. Und beim Sprechen wird das Besteck gern vorübergehend abgelegt.

4 Vor und nach dem Trinken den Mund mit der Serviette abtupfen.

5 Früchte mit Messer und Gabel essen.

Die Idee, auf einem Friedhof spazieren zu gehen, fand Paula irgendwie sentimental. Wahrscheinlich würden sie da lauter alte Leute treffen, die ihr Efeu pflegten. Aber eigentlich war es ihr auch egal, wo sie sich mit Katja traf. Es war immer lustig und überraschend. Noch überraschender fand sie es allerdings, als plötzlich eine Gruppe junger Leute um die Friedhofsecke kam, die alle ungefähr Paulas Alter hatten. Sie waren ziemlich modisch gekleidet, redeten laut und überholten sie. Ohne die Deutsche eines Blickes zu würdigen, gingen sie an ihr vorbei durch das Friedhofstor, an dem Katja bereits auf sie wartete. »Wahrscheinlich pilgern sie zum Jim-Morrison-Grab«, meinte Katja, die Paulas verwundertem Blick gefolgt war.

Eine Zeitlang schlenderten sie schweigend durch die Grabreihen, beide wurden sehr nachdenklich. »Es ist schon merkwürdig, wie sehr man mit dem Land seiner Herkunft in Verbindung gebracht wird. Ich frage mich, ob man das jemals hinter sich lassen kann«, sagte Paula in Gedanken versunken. »Wozu denn?« Katja war ebenfalls nachdenklich geworden. »Wichtiger ist doch, dass es positive Dinge sind, die einen ausmachen. Meistens hat das ja sowieso nichts mit den Vorurteilen zu tun, die andere dir gegenüber haben.« Katja schien schon öfter darüber nachgedacht zu haben. »Wie meinst du das genau?«, wollte Paula wissen. »Die Franzosen haben ein merkwürdiges Bild von den Deutschen. Mir fällt ad hoc ein Erlebnis ein, das ich mal hatte.« Paula konnte von Katjas Geschichten nicht genug bekommen. »Schieß los!«, sagte sie.

»Also, jedes Mal, wenn wir in den Urlaub fahren, wird unsere kleine Tochter krank.« Jetzt konnte Katja darüber lachen, die Kinder waren in der *Ecole maternelle* (Kindergarten und Vorschule) und sie saß gemütlich mit Paula beim Thermoskannenkaffee in dickem Schal und Mütze auf einer Friedhofsbank. »Wir kamen aus einem Urlaub zurück und wollten gleich weiter zu Matthieus Bruder André und dessen Familie. Im Flieger nach Paris bekam die Kleine Durchfall, ich verbrachte den Flug praktisch vor und in der Toilettenkabine. Trotz des Kleinkindes in meinen Armen wurde ich argwöhnisch beäugt, der Eingang zum Cockpit befand sich schließlich gleich neben der Toilette. Aber die einzige Form von Terrorattacke ging von dem Gestank der Windeln aus.« Sie musste lachen und Paula lachte mit. »Als wir dann bei Matthieus Bruder ankamen, hatte ihr die Klimaanlage im Flugzeug arg zugesetzt, sie hustete und hatte eindeutig Bronchitis. Andrés drei Kinder hatten sich sehr auf die halb-französische Cousine gefreut, die jetzt allerdings mit übelster Laune nur noch auf dem Arm getragen werden wollte. Verständlich. Aber so ein kleines heulendes und schreiendes Kind kommt gar nicht gut an. André und seine Familie wohnen in Buc, das liegt in der Nähe von Versailles. Die etwas noblere Elite von Paris hat sich hier ihre Vorstadthäuschen erkämpft – mit Garage, Garten und Heckenrosen.« »Ja, ich kenne Buc«, warf Paula ein, »zumindest weiß ich, wo das ist.«

»Dort kommt man sich vor wie in den Staaten: weit und
breit keine Geschäfte, Kneipen oder öffentliche Einrich-
tungen. Selbst zum Briefkasten muss man mit dem Auto
fahren. Schließlich fuhr mich meine Schwiegermutter zur
Apotheke, während sich Matthieu zu Hause mit dem Rest
der Familie schon mal auf die gemeinsame Zeit einstimmte.
Warum wir die Aufgaben nicht anders verteilt hatten, fragte
ich mich, als ich der Apothekerin gegenüberstand und ihr
versuchte zu erklären, was meine Tochter denn nun für
Krankheitssymptome aufwies. Fieberzäpfchen, das heißt
suppositoire. Doch die Apothekerin wollte das Krankheitsbild
genau beschrieben haben. Ich fing also an zu erklären: Durchfall ... – bei diesem Wort half mir meine Schwiegermutter
–, Husten, Bronchitis. ›*Elle a le nez qui coule?*‹ (Läuft auch
die Nase?) Ein bisschen. ›*Avez-vous déjà utilisé un mouche-
bébé?*‹ (Benutzen Sie bereits ein *mouche-bébé?*) *Mouche* heißt
Fliege. Die Babyfliege? Für die Nase? Ich schaute sie ratlos an, schüttelte den Kopf. Sie blickte mit großen Augen
zurück: ›*Vous n'avez pas de mouche-bébé?*‹ (Haben sie gar kein
mouche-bébé?) Die Frage klang wie: ›Wie, Sie haben gar kein
fließendes Wasser zu Hause?‹ und ärgerte mich. Dabei über-
schlug sich die Apothekerin in Freundlichkeit und lächelte
mich gleichzeitig mitleidig an. Ohne zu zögern holte sie jetzt
eine Schachtel aus dem Regal, öffnete sie und zeigte stolz
eine Plastikapparatur. Dort war an einer Saugvorrichtung
ein Plastikschlauch angebracht, und durch einen Unterdruck
konnte man damit Babys und Kleinkindern Popel aus der
Nase ziehen. ›*Merci*‹, sagte ich freundlich und versuchte, höflich zu bleiben. ›*Je n'ai pas besoin d'un mouche-bébé.*‹ (Vielen
Dank, aber ich brauche kein *mouche-bébé*). Die Apothekerin

ließ das nicht gelten. ›*Mais tous les enfants en France ont un mouche-bébé. C'est vraiment pratique!*‹ (Aber alle Kinder in Frankreich haben ein *mouche-bébé*. Das ist wirklich praktisch!) Sie schaute jetzt Verständnis heischend zu meiner Schwiegermutter, die bestätigend nickte. Ich merkte, wie sich unterschwellig Wut in mir aufbaute: Da hatte meine Tochter Durchfall und Bronchitis und man versuchte mir mit allen Mitteln, einen Haufen Plastik zur Nasenpopelentfernung zu verkaufen. ›*J'avais eu un mouche-bébé, mais je l'ai jeté à la poubelle.*‹ (Ich hatte so ein Ding und habe es in den Mülleimer geworfen.) Ich hoffte, dass das Thema damit erledigt war. Doch weit gefehlt! ›*C'est dommage, parce qu'il n'y a pas mieux.*‹ (Das ist schade, denn es gibt nichts Besseres.) Wieder schaute sie meine Schwiegermutter an, als suche sie Hilfe, und meine Schwiegermutter wiederum schaute mich an, als sei ich ein kleines bockiges Kind. ›*Ma pédiatre disait que ce n'était pas bien de l'utiliser.*‹ (Meine Kinderärztin hat mir von dem Gebrauch abgeraten, das sei sehr unangenehm fürs Kind.) Das stimmte auch! Wir hatten so eine ähnliche Vorrichtung, ohne Schlauch und den ganzen Klimbim, aber vom Prinzip her dasselbe. Meine Kinderärztin in Deutschland zeigte mir, wie man Nasenschleim ausstreichen kann, indem man mit den Fingern von der Stirn die Nase des Kindes bis nach unten gleitet. Das mal am Rande bemerkt. Die Apothekerin fühlte sich jetzt anscheinend in ihrer Apothekerinnenehre gekränkt. Während sie ihre Freundlichkeit noch steigerte, wurde ich immer unfreundlicher und ungeduldiger. ›*Peut-être*‹, sagte ich gereizt, ›*mais je ne suis pas Française, alors ...*‹ (Vielleicht, aber ich bin keine Französin, also ...) Darauf hatte die Dame im Kittel nur gewartet, schließlich hatte sie schon an meinem Akzent gehört, dass ich keine Französin war. ›*Ah, vous n'êtes pas Française, alors, vous venez d'où?*‹ (Ah, Sie sind keine Französin. Woher kommen Sie denn?) Meine Schwiegermutter lächelte. ›*D'Allemagne*‹ (aus Deutschland), antwortete sie stellvertretend für mich. Es klang wie eine Entschuldigung. ›*Ah, d'Allemagne*‹, antwortete die Apothekerin hocherfreut. ›*Ça m'étonne! Vous êtes tellement naturel et bio là-bas. Et vous aimez les choses simples. Ça m'étonne vraiment que vous n'aimiez pas le mouche-bébé en Allemagne.*‹ (Das wundert mich! Sie sind doch derart natürlich und auf Bio bedacht da drüben. Und Sie mögen doch einfache Dinge. Es wundert mich wirklich, dass Sie da nicht auch den *mouche-bébé* lieben.) Aus diesem Satz sprach hinter der freundlichen Fassade eine derartige Überheblichkeit, dass mir der Kragen platzte: ›*Ça me fait vraiment chier que vous essayez de me vendre ce truc en plastique et je dis que je ne le veux pas! J'ai besoin de quelque chose contre la bronchite, un sirop.*‹ (Es kotzt mich an, dass sie mir hier die ganze Zeit etwas zu verkaufen versuchen, was ich nicht haben will! Ich brauche etwas gegen Bronchitis, einen Saft, und keinen Plastikschlauch gegen Babypopel!)

Jetzt fühlte ich mich besser, auch wenn mir noch mehr Mitleid und Ablehnung entgegenschwappten. Ich ahnte, dass ich den Kampf gegen die Apothekerin schon lange verloren hatte. Meine Schwiegermutter und die Apothekerin wechselten jetzt auch schweigende Blicke und die Apothekerin antwortete ebenso freundlich wie zuvor: ›*En France, c'est interdit de vendre du sirop pour les bébés. Ça ne se fait plus.*‹ (In Frankreich sind mittlerweile alle Hustensäfte für Säuglinge und Kleinkinder vom Markt genommen worden. Die dürfen nicht mehr verkauft werden.) Ausgerechnet Hustensaft! Das nahmen doch alle Kinder, da gab's doch rein pflanzlichen. Diese Apothekerin tat ja gerade so, als ob der Rest der Welt in Dummheit verkam! ›*Nous, on vend les suppositoires contre le mal à la gorge.*‹ (Wir hier in Frankreich verkaufen Zäpfchen gegen Halsschmerzen.) Aha, Zäpfchen gegen Halsschmerzen, das hatte ich auch noch nie gehört. ›Okay‹, sagte ich, ›geben Sie mir diese Zäpfchen und welche gegen Fieber.‹ Ich wollte hier bloß noch raus. Denn gegen diese Waffen der Freundlichkeit kam ich ja doch nicht an. Mit jedem Satz wurde ich nur unfreundlicher und genervter und bestätige damit nur weitere Vorurteile gegenüber den Deutschen. Von denen ich jetzt ahnte, dass sie ganz schön tief saßen. Am Ende rang ich mir noch ein halbwegs freundliches *Merci, au revoir!* ab und fragte mich, wie man sich ausgerechnet mit einer Apothekerin so streiten konnte. Eins wusste ich sicher: In diese Apotheke würde ich nie wieder einen Fuß setzen. Im Auto sagte ich zu meiner Schwiegermutter: ›*Elle était insupportable. Elle m'a perdu comme cliente.*‹ (Diese Frau ist unerträglich. Sie hat mich als Kundin verloren.) Meine Schwiegermutter warf mir einen verständnislosen Blick zu und schwieg höflich.«

Paula schüttelte den Kopf. Jetzt waren sie an Jim Morrisons Grab angekommen. Das war unschwer daran zu erkennen, dass eine Horde pubertierender Jungs und Mädels davor saß und weinend »This Is The End« aus einem Ghettoblaster hörte, während sie einander fest an den Händen hielten.

Was ist diesmal schiefgelaufen?

Hier treffen verschiedene Höflichkeitsvorstellungen und natürlich Vorurteile aufeinander. Die Apothekerin war wahrscheinlich selbst noch nie in Deutschland und hat ihre Vorurteile, die es in dieser Form in Frankreich nach wie vor gibt (genauso übrigens wie wir uns »den Franzosen« stereotyp vorstellen), anhand von Katja bestätigt gesehen. Deutsche essen Bionahrung, was so viel heißt wie verschrumpeltes Essen. Sie machen einen auf natürlich, sind also einfach in ihrer ganzen Art, schminken sich kaum, entfernen sich nicht die Haare, kleiden sich wenig elegant und sind kulturell noch nicht da, wo die Franzosen sind ...

Freundlichkeit und Höflichkeit werden in Frankreich besonders groß geschrieben und gelten als positive Charaktereigenschaften. Wer freundlich bleibt, ist praktisch unantastbar. Auch wenn er oder sie sich dabei bis hin zur kompletten Naivität verstellen muss. Wer nicht mehr freundlich ist und sich gehen lässt, der lässt seinen »animalischen Trieben« freien Lauf und hat damit schon verloren. Höflichkeit und Freundlichkeit können Franzosen, besonders Französinnen, durchaus als Waffe einsetzen.

Die Apothekerin hat zunächst nur helfen wollen. Wenn man einer französischen Apothekerin von einem kranken Kleinkind erzählt, dann versucht sie automatisch, den Arzt zu ersetzen und in diesem Fall die Mutter mit der »Grundausstattung« zu versorgen, um ihr dadurch eine Sicherheit zu geben. Dass Katja diese »Grundausstattung« und damit die gesamte Elternschaft Frankreichs in Frage stellt, kann sie natürlich nicht auf sich sitzen lassen. Hustensaft für Babys und Kleinkinder ist übrigens tatsächlich mittlerweile umstritten und kommt in Kinderkliniken auch in Deutschland kaum noch zum Einsatz.

Was können Sie besser machen?

In Deutschland ist es genau umgekehrt: Wer unfreundlich ist,
hat meistens recht. Überspitzt formuliert natürlich. Ob das der
Busfahrer oder die Kassiererin ist – wenn jemand unfreundlich wird, schüchtert er damit den anderen ein. In Frankreich
funktioniert das nicht so. Wenn jemand unfreundlich wird,
ist es eher ein Zeichen dafür, dass er die Contenance verliert
und sich dem Gespött preisgibt. Wenn man das weiß, kann
man sich vielleicht in manchen Situationen ein wenig besser zusammenreißen und versuchen, höflich zu bleiben, auch
wenn einem innerlich der Kragen platzt. Am besten ist es,
sich nicht auf Grundsatzdiskussionen zum Thema »Wer ist
besser?« einzulassen. Katja hätte auf diese *mouche-bébé*-Dis-
kussion einfach nicht einsteigen müssen.

Die Franzosen meinen, sie seien den Deutschen überlegen,
und die Deutschen finden im Gegenzug die Franzosen arrogant und eitel. Ganz wird man diese Vorurteile nicht aus der
Welt schaffen können, aber man kann sein Gegenüber mit
untypischen Reaktionen überraschen. Das kann sogar noch
mehr Spaß machen und befriedigender sein, als wütend zu
werden.

43 Königskuchen

Warum Paula beim Abendessen unterm Tisch landet

Die Ferien in Deutschland waren toll gewesen. Paula hatte mit ihrer Familie schöne Stunden verlebt, Eva und Manni hatten sogar plötzlich von Frankreich geschwärmt. Die ganzen negativen Erinnerungen waren entweder schon zu Legenden geworden oder ins Positive verkehrt. Paula amüsierte das. Gemeinsam waren sie im Schnee spazieren gegangen, hatten Glühwein auf dem Weihnachtsmarkt getrunken, die Kerzen am Weihnachtsbaum angezündet und sich nach einer knusprigen Gans ihre Geschenke überreicht. Ansonsten hatte Paula stundenlang mit Freunden zusammen gesessen und ihnen von der französischen Etikette berichtet – wie man zu sein hat, was man nicht machen darf und den ganzen Quatsch. Sie hatten gemeinsam darüber lachen können, waren tanzen gegangen und Paula war an Silvester sogar erst um vier Uhr morgens nach Hause gekommen. Keiner hatte sich aufgeregt, sondern sie hatten alle gemeinsam ausgiebig gefrühstückt und die Wünsche für das neue Jahr besprochen. Es war fast ein wenig merkwürdig, jetzt wieder hier in Paris zu sein, so als sei nichts geschehen. Doch innerlich hatte Paula sich ein wenig distanziert und sagte sich: Du musst dich nicht mit allem anfreunden, Hauptsache du hast auch ein bisschen Spaß bei der ganzen Sache. Und schon veränderten sich die Dinge um sie herum.

Als Paula in ihr französisches Zuhause kam, bemerkte sie die lustige Stimmung der Bouchards, und fast wollte sie fragen, warum denn auf einmal alle so gut gelaunt seien, doch das würde man bestimmt als Affront verstehen – willst du etwa sagen, dass wir sonst nicht gut gelaunt sind ... Paula schwieg lieber und wunderte sich, als sogar der sonst so schweigsame Bernard beim Abendessen Witze machte, mit denen er seine Kinder und seine Frau zum Lachen brachte, die tatsächlich einen kleinen Schwips hatte, wie Paula bemerkte. Alle beeilten sich beim Essen, sodass es diesmal keine zwei Stunden dauerte, bis sie zur Nachspeise kamen, und plötzlich rief Bernard: »*La galette des rois, où est la galette?!*« (Der Königskuchen, wo ist der Kuchen?!) Und die Kinder stimmten ein. Claudine ließ nicht lange mit dem Kuchen auf sich warten. Er sah etwas merkwürdig aus; ein Haufen Blätterteig, dachte Paula. »*Alors, c'est qui cette année?*« (Also, wer ist dieses Jahr dran?), fragte Claudine belustigt. »*Mais c'est clair*« (Aber das ist doch eindeutig), sagte Bernard, »*c'est Paula!*« (es ist Paula!) »*Oui*«, stimmten Stéphane und Marie sofort zu, »*c'est à Paula!*« (Paula ist an der Reihe!) Paula wurde aus ihren Gedanken gerissen und schaute irritiert von einem Gesicht zum anderen. Was war denn jetzt schon wieder los? »*Quoi?*« (Was?), fragte sie leicht verängstigt. »*Alors, c'est très facile*« (Also, das ist ganz einfach), begann Marie. »*Tu te caches sous la table et Maman te demande pour qui sera le gâteau, et toi, tu réponds*« (Du versteckst dich unter dem Tisch und Mama fragt dich, für wen das nächste Stück Kuchen ist, und du antwortest), ergänzte Stéphane. Paula verstand die Welt nicht mehr. Sie sollte unter den Tisch krabbeln? Waren die jetzt von allen guten Geistern verlassen oder wollten sie sich unbarmherzig über sie lustig machen? Paula schüttelte den Kopf. »*Non, je ne vais pas sous la table*« (Nein, ich gehe nicht unter den Tisch), sagte sie bestimmt. »*Mais Paula!*« (Aber Paula!), riefen alle Bouchards auf einmal und redeten auf sie ein. Paula war wie erstarrt und ließ sich schließlich einfach von Marie und Stéphane unter den Tisch schieben. Da hockte sie nun. »*Alors, je coupe un morceau de la galette des rois. ROUDOUDOU, pour qui est ce morceau-là?*« (Also, ich schneide ein Stück Kuchen von dem Königskuchen. *Roudoudou*, für wen ist dieses Stück?), fragte Claudine. Paula überlegte: War das jetzt ein Trick, um ihre Erziehung zu testen? Konnte sie jetzt etwas falsch machen? »*Pour Bernard*« (Für Bernard), antwortete sie. Der Herr des Hauses kam zuerst, das konnte nicht verkehrt sein. »*Bon, et le deuxième, c'est un grand morceau. ROUDOUDOU, pour qui est ce morceau-là?*« (Gut, das zweite Stück ist ein großes Stück. Roudoudou, für wen ist dieses Stück Kuchen hier?) »*C'est pour vous, Claudine*« (Das ist für Sie, Claudine), antwortete Paula schnell. »*Mais c'est trop pour moi*« (Aber das ist viel zu groß für mich), entgegnete die Dame des Hauses mit der Filmstarfigur. Doch die anderen klatschten: »*Allez, Claudine!*« (Los, Claudine!) Das zweite Stück schien auf Claudines Teller zu landen. Dann waren Stéphane und Marie an der Reihe und schließlich nannte Paula sich selbst am Schluss. Die Teller waren gefüllt und Paula durfte wieder unter dem Tisch hervorkommen. Man aß und alle starrten dabei auf ihr Kuchenstück, als würde dort gleich ein Geist aus dem Marzipanteig springen. Der Kuchen schmeckte sehr viel besser, als er aussah, doch Paula verstand die ganze Aufregung darum nicht. Sie fragte sich, ob die anderen sich abgesprochen hatten, um sich über sie lustig zu machen, oder ob sie langsam selbst paranoid wurde. Während sie darüber nachdachte, biss sie plötzlich mit voller Wucht auf etwas Hartes. Es gab ein lautes Knacken und Paula schrie unwillkürlich auf, das war die Plombe! Oder der ganze Zahn? Was war denn das bloß für ein Kuchen? Alle starrten sie an: »*Mais, c'est elle! C'est Paula!*« (Sie ist es! Es ist Paula!), riefen die Bouchards.

Ein Champagnerkorken knallte und Gläser füllten sich. Paula nahm ihre Serviette und versuchte vorsichtig, ihre Plombe aus dem Mund zu fischen und dabei nicht den ganzen Kuchen mit auszuspucken. Doch was da auf ihrer Serviette landete, war keine Zahnfüllung, sondern eine kleine Porzellanfigur. Paula konnte es nicht fassen. Wie kam denn bitte eine Porzellanfigur in den Kuchen und wieso landete dieses Stück ausgerechnet auf ihrem Teller? Fast wäre ihr Zahn abgebrochen! Doch bevor sie aufstehen und zur Toilette eilen konnte, wurde sie auch schon von Marie und Stéphane umringt. Die setzten ihr eine Krone auf und die ganze Familie hob das Glas und rief »*Vive la reine, vive la reine!*« (Es lebe die Königin!). Paula spürte, wie sie rot anlief, wahrscheinlich sogar dunkelrot. Sie nahm schnell das Glas Wasser vor sich, um es auf ex zu trinken, doch kaum hatte sie zum Trinken angesetzt, da riefen auch schon alle: »*La reine boit, la reine boit!*« (Die Königin trinkt!) Paula verschluckte sich prompt am Wasser und begann wie wild zu husten. Sie hörte gar nicht mehr auf, die Krone fiel hinunter und Paula wollte fluchtartig den Tisch verlassen. Doch Stéphane hielt sie auf und klopfte ihr auf den Rücken. Marie setzte ihr die Krone wieder auf. Was war das nur für ein komisches Schauspiel, in das ich da geraten bin, fragte sich Paula verzweifelt. Jetzt brauchte sie dringend einen Schluck Champagner.

Doch kaum hatte Paula das Glas an die Lippen gesetzt, ging es schon wieder los. *»La reine boit, la reine boit!«*, riefen alle belustigt und aufgeregt und hoben ihre Gläser, um ebenfalls zu trinken. Wurde sie jetzt auch noch nachgeahmt? Paula schaute in lachende Gesichter. *»Qu'est-ce que ça veut dire?«* (Was soll das alles bedeuten?), fragte sie schließlich und schon begannen die Bouchards mit einer Erklärung.

Was ist diesmal schiefgelaufen?

Am 6. Januar wird in Frankreich traditionell das Dreikönigsfest begangen: *l'Epiphanie. Epiphaneia* ist griechisch und bedeutet »Erscheinung«. Diese »Erscheinung des Herrn« hatten die Heiligen Drei Könige Caspar, Melchior und Balthasar, als ihnen am 6. Januar die Geburt des Christuskindes offenbart wurde. Um dieses Ereignis zu würdigen, wird in Frankreich noch heute die *galette des rois*, der Königskuchen, gebacken. Er besteht aus Blätterteig und Marzipan und darin wird eine *fève* (Saubohne) eingebacken. Das ist das kleine Etwas, auf das Paula gebissen hat. Die *fève* war ursprünglich wirklich eine Saubohne, heute nimmt man dafür eine kleine Porzellanfigur. Wer das Kuchenstück mit der Figur erwischt, wird zum König oder zur Königin erklärt, bekommt eine Krone auf den Kopf gesetzt und wird für den Rest des Abends als König behandelt. Die Franzosen machen daraus eine Riesengaudi, je nach Familie wird der König etwas anders gefeiert. Meistens schreien die anderen begeistert, wenn der König sein Glas an die Lippen führt, *»le roi boit, le roi boit!«* (der König trinkt!). Ob diese Sitte auf die Römer oder auf das Mittelalter zurückzuführen ist, bleibt ungeklärt, fest steht, dass das *tirer les rois* (Könige ziehen) wie ein nationales Brauchtum gehandelt wird. Ob zu Hause, bei Freunden, den Verwandten oder sogar im Büro – überall werden Könige geboren. Meistens wird daraus ein lustiges Schauspiel, denn eigentlich wird immer Champagner dazu getrunken. Einer muss unter den Tisch, denn der ist dann tatsächlich »unparteiisch« und sieht nicht, wer das Stück mit der kleinen *fève* bekommt. Irgendwie schaffen es die Eltern aber doch immer, dem kleinsten Kind das Figürchen und damit die Krone zukommen zu lassen.

Während früher wirklich nur am 6. Januar selbst die Könige gezogen wurden, hat man aus dieser Tradition längst ein Event gemacht und das Fest bis Mitte/Ende Januar ausgedehnt. Die schlauen Bäcker haben nämlich längst erkannt, dass die einstigen Revolutionäre doch gerne alle für einen Tag König oder Königin seien wollen, und damit auch alle drankommen können, verkaufen sie ihre Königskuchen zwei Wochen lang.

Das alles konnte Paula nicht wissen. Durch ihr Misstrauen hat sie sich selbst den Spaß an dem Fest genommen, was schade ist, denn es kann durchaus lustig sein, und eigentlich wollen alle die Figur in ihrem Kuchenstück haben und selbst König sein. Viele Franzosen sammeln die *fèves* sogar. Und das Beste ist: An diesem Tag kann man sehr ernste Menschen plötzlich wirklich albern erleben.

Was können Sie besser machen?

Jetzt, da Sie von dem Fest wissen, werden Sie den Spaß bestimmt nicht als persönlichen Angriff empfinden, sondern können vielleicht einfach mitmachen und lustig sein. Sie können übrigens bei jedem noch so kleinen Bäcker (*boulangerie* und *pâtisserie*!), auch am Bahnhof oder am Flughafen einen Königskuchen kaufen und selbst zu Hause einen König oder eine Königin ziehen. Der 6. Januar ist übrigens kein offizieller Feiertag.

Nach der Erklärung der Bouchards hatte sich Paula endlich entspannt zurücklehnen können. Ihre Gastfamilie einmal von der albernen Seite zu erleben, half ihr sicher auch dabei, das noch ausstehende Halbjahr in Paris wirklich zu genießen. Auf jeden Fall fühlte sie sich immer wohler, und als sie nach einem Jahr nach Deutschland zurückkehrte, erging es ihr wie ihren Eltern: In der Erinnerung wurden die schlimmsten Fauxpas zu den lustigsten Geschichten und Paula wollte kein einziges ihrer Fettnäpfchen mehr missen!

Stichwortverzeichnis

Stichwortverzeichnis

Stichwortverzeichnis

Stichwortverzeichnis

Stichwortverzeichnis

Krass, kompromisslos, grotesk:
52 Momentaufnahmen, satirisch verdichtete Essays,
skurrile Geschichten und Reportagen

Andreas Drouve
SELBSTVERSUCH SPANIEN
WAS MIR IN 52 WOCHEN ALLES VOR
DIE HÖRNER GERIET

REICH BEBILDERT, KOMPLETT IN
FARBE

ISBN 978-3-934918-78-8

www.selbstversuch-spanien.de

Stets mittendrin und mit einem Augenzwinkern, schreckt Andreas Drouve vor keinem Tabu zurück und ist niemandem verpflichtet, keinem Stierzuchtbetrieb, keiner Partei, keiner Fluglinie, nicht einmal dem guten Geschmack. Er singt einen Abgesang auf den spanischen Macho, überlistet die Gasgesellschaft, feiert mit Feuerläufern und Stelzentänzern, stößt als Jakobspilger-Souvenir auf das „Gummi des Weges" und gerät in die Tentakel absurdester Bürokratie. Über allem schwebt die Frage: Ist Spanien wirklich so anders? Begleiten Sie Drouve einmal quer durch die Wirrungen seiner Wahlheimat und seien Sie dabei, wenn Spaniens Wirklichkeit die Klischees übertrifft. Manches wird Ihnen Spanisch vorkommen. Manches noch merkwürdiger.

Was als Online-Kolumne bereits eine große Fangemeinde fand und von Medienpartnern wie SPIEGEL ONLINE, Geo.de und ECOS begleitet wird, ist seit Frühjahr 2012 als Buch erhältlich: 52 Momentaufnahmen, satirisch verdichtete Essays, skurrile Geschichten und Reportagen.

www.conbook-verlag.de

Skurrile Anekdoten und wunderbare Geschichten über und quer durch die asiatischen Metropolen.

Holger Hommel
WITWENTRÖSTER UND LILA PUDEL
ASIATISCHE MOMENTE

ISBN 978-3-934918-81-8

WITWENTRÖSTER UND LILA PUDEL - ASIATISCHE MOMENTE. Holger Hommel streift umher - mal als einsamer Spaziergänger im Großstadtdschungel Shanghais, mal in Bali als Lektor an Bord eines fernsehberühmten Traumschiffs. Er arbeitet sich quer durch den asiatischen Kontinent und sucht verzweifelt nach einem Universalschlüssel für die so unterschiedlichen Regionen. Dass er dabei nie fündig werden würde, war ihm durchaus bewusst - dass die Suche allerdings so viel Erstaunliches zu Tage fördern würde, verblüffte ihn dann doch...
Begleiten Sie Holger Hommel unter anderem auf einer Wassermelone durch Bali und lassen Sie sich mit ihm Hals über Kopf in Taiwan aus dem Linienbus werfen. Erfahren Sie mehr über die Besonderheiten der vietnamesischen Straßenphilosophie oder genießen Sie einfach mal ein Schaumbad in Arabien.

In skurrilen Anekdoten und wunderbaren Geschichten beschreibt Holger Hommel seine außergewöhnlichen Erlebnisse in Asien und beweist Zeile für Zeile, dass Reisen nicht nur spannend und lehrreich, sondern auch äußerst unterhaltsam sein kann.

»Viel zu lachen auf 319 Seiten.«
(Susanne Rehm, Sonntag aktuell)

»Eingefleischte Asienfans merken schon nach wenigen Seiten: Hier schreibt ein Experte. […] Wenn Sie bereits öfter Ihren Urlaub in Asien verbracht haben, werden Sie viel lachen bei der Lektüre und noch häufiger bejahend mit dem Kopf nicken. […] Wenn trübe Winterstimmung droht, Überhand zu nehmen, flugs das Buch besorgen und loslesen!«
(Judith Hoppe, Reise-Inspirationen)

CONBOOK VERLAG
www.conbook-verlag.de

Wenn der Linksverkehr doch bloß die einzige Herausforderung wäre – amüsante Episoden über die Stolperfallen der britischen Gesellschaft.

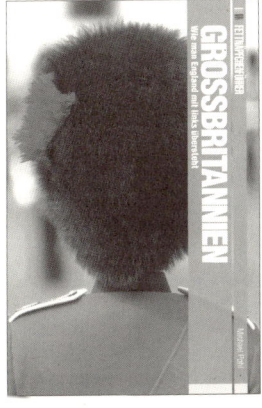

Michael Pohl
FETTNÄPFCHENFÜHRER GROSSBRITANNIEN – WIE MAN ENGLAND MIT LINKS ÜBERSTEHT

ISBN 978-3-934918-46-7

FETTNÄPFCHENFÜHRER GROSSBRITANNIEN – WIE MAN ENGLAND MIT LINKS ÜBERSTEHT. Was ist das bloß für ein Land, in dem die Telefonzellen rot sind und die Autos auf der linken Seite fahren? In dem man morgens fettige Würstchen isst und abends über viele Jahrzehnte um 23 Uhr aus der Kneipe geworfen wurde? Und in dem Popstars wie Robbie Williams und die Beatles genauso verehrt werden wie die königliche Familie?

In jedem Fall ist es ein Land, das manche Besonderheit bietet, wie der frisch gebackene Single Peter auf seiner ersten Reise durch Großbritannien feststellen muss. Denn mit dem Linksverkehr ist es im Vereinigten Königreich leider nicht getan: Schon der Pubbesuch wird zum Fiasko, wenn man nicht ein paar grundlegende Regeln beachtet. Autofahren ist ohnehin eine hohe Kunst. Und auch sprachlich gilt es so manche Feinheit zu berücksichtigen, um nicht in eines von so vielen britischen Fettnäpfchen zu treten.

Peter allerdings lässt auf seiner Reise durch England, Schottland und Wales keines davon aus. Hätte er dieses Buch bloß vorher gelesen...

»Autor Michael Pohl bewahrt Sie vor fatalen Fehlern im Land der Corgis und fettigen Frühstücks-Würstchen. Amüsant und sehr lehrreich.«
(Kathinka Eckardt, FOOD and TRAVEL)

»Herrlich witzig schildert der Autor anhand seines Helden, was man über British Lifestyle wissen sollte.«
(News Leben, Juni 2010)

CONBOOK VERLAG
www.conbook-verlag.de

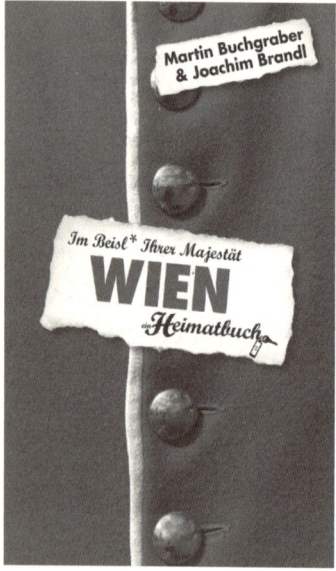

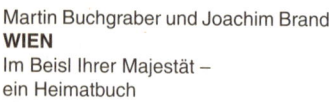

Martin Buchgraber und Joachim Brandl wagen das Abenteuer Wien – und entdecken eine bittersüße, herbe, verführerische Metropole.

Martin Buchgraber und Joachim Brandl
WIEN
Im Beisl Ihrer Majestät –
ein Heimatbuch
ISBN 978-3-934918-88-7

Als Senkrechtstarter des österreichischen Kabaretts gelten **Buchgraber & Brandl** seit ihrem ersten gemeinsamen Auftritt beim *Grazer Kleinkunstvogel* 2004, bei dem sie auf Anhieb den zweiten Platz belegten. Inzwischen sind weitere Auszeichnungen hinzugekommen, ein Undercover-Schlageralbum und drei Bühnenprogramme entstanden. Besonders stolz sind Buchgraber & Brandl auf den *Österreichischen Kabarett-Förderpreis* und eine ehrenvolle Erwähnung beim *Pischelsdorfer Schlagerfestival*.

»Die beiden Autoren Martin Buchgraber und Joachim Brandl schaffen es, von der ersten Seite bis zur letzten mit witzigen Anekdoten die Wiener Mentalität zu beschreiben. Beim Lesen kommt man oft ins Schmunzeln, manchmal sogar ins Lachen, da die einzelnen Kapitel mit viel Witz und Charme gespickt sind.« (suite 101)

Die Heimatbuch-Reihe

CONBOOK VERLAG
www.conbook-verlag.de

Alles zu den Heimatbüchern: **www.heimatbuch.de**

Murat Topal
BERLIN
Ich hab noch einen Döner an der Spree –
ein Heimatbuch
ISBN 978-3-934918-84-9

© Print by Katja Renner

Locker und lehrreich präsentiert **Murat Topal** in amüsanten Episoden voll Multikulti, Action und Augenzwinkern sein ganz persönliches Berlin.

Murat Topal, Deutsch-Türke und gebürtiger Berliner, arbeitete zehn Jahre lang als Polizist im Bezirk Kreuzberg, bevor er sich ganz dem Dasein als Comedy-Künstler widmete. Bekannt ist er unter anderem durch Auftritte in verschiedenen TV-Sendungen und durch die Serie *Spezialeinsatz*, in der er die Hauptrolle spielt. Seit Februar 2011 tourt er mit seinem dritten abendfüllenden Bühnenprogramm *MultiTool – Der Mann für alle Fälle* durch Deutschland.

»**Der CONBOOK Verlag hat mit seiner Reihe *Heimatbuch* voll ins Schwarze getroffen.**«
(suite 101)

Die *Heimatbuch*-Reihe

CONBOOK VERLAG
www.conbook-verlag.de

Alles zu den Heimatbüchern: **www.heimatbuch.de**

FETTNÄPFCHENFÜHRER

www.fettnäpfchenführer.de

Die Buchreihe, die sich auf vergnügliche Art dem Minenfeld der kulturellen Eigenheiten widmet.

ÄGYPTEN
ISBN 978-3-934918-59-7

BRASILIEN
ISBN 978-3-934918-92-4

CHINA
ISBN 978-3-934918-54-2

FRANKREICH
ISBN 978-3-934918-74-0

NEU ab März 2012

GRIECHENLAND
ISBN 978-3-934918-82-5

GROSSBRITANNIEN
ISBN 978-3-934918-46-2

NEU ab März 2012

INDIEN
ISBN 978-3-934918-85-6

ITALIEN
ISBN 978-3-934918-47-4

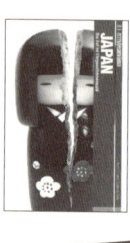
JAPAN
ISBN 978-3-934918-45-0

NEU ab März 2012

KANADA
ISBN 978-3-934918-77-1

NEUSEELAND
ISBN 978-3-934918-58-0

NORWEGEN
ISBN 978-3-934918-56-6

ÖSTERREICH
ISBN 978-3-934918-76-4

NEU ab März 2012

PORTUGAL
ISBN 978-3-934918-86-3

RUSSLAND
ISBN 978-3-934918-48-1

SCHWEDEN
ISBN 978-3-934918-43-6

SPANIEN
ISBN 978-3-934918-75-7

SÜDAFRIKA
ISBN 978-3-934918-42-9

USA
ISBN 978-3-934918-44-3

CONBOOK VERLAG
www.conbook-verlag.de